U0750954

厦｜门｜大｜学｜法｜学｜院｜经｜济｜法｜学｜文｜库

朱崇实 刘志云 总主编

风险社会中的法律责任制度改变：
以经济法为中心

阳建勋 著

厦门大学出版社 国家一级出版社
XIAMEN UNIVERSITY PRESS 全国百佳图书出版单位

"厦门大学法学院经济法学文库"编辑委员会

主编：朱崇实

委员（按姓氏拼音为序）：

郭懿美　林秀芹　卢炯星　刘志云

李　刚　肖　伟　朱崇实　朱晓勤

总　序

与传统的部门法相比,经济法在我国产生比较晚,它肇始于改革开放以后的巨大变革时代,从一开始就立足于国家控制经济和经济体制改革,经历了从计划经济到"有计划的商品经济"再向市场经济跃迁的经济体制改革进程。也正因为此,经济法具有很强的本土性,中国经济法学研究从一开始就充分关注本土性问题。同时,不断变革的时代背景也决定了经济法是中国法律体系中最活跃的,也是最易变的法律。自身成长壮大的需要和社会经济变革的要求,都注定它必须面向不断试错的、渐进的社会转型,回应市场经济跌宕起伏的动态,在完成型塑我国社会经济的过程中不断发展、嬗变和成熟。

自改革开放以来,伴随着社会主义市场经济体制的逐步确立,经济法研究在我国蓬勃兴起,各种理论观点交相辉映。过去的 30 余年里,在与其他部门法的论争中,经济法学界逐渐廓清了诸多方面的混沌认识,并在向市场经济转轨的经济社会变迁历程中,辅助立法部门构建起中国的经济法律体系,确立了经济法在整个社会主义法律体系中不可替代的独立性地位。特别是伴随着《中国人民银行法》《银行业监督管理法》《企业所得税法》《反垄断法》《企业国有资产法》等一批经济立法的生效,以宏观调控法和市场规制法为主体的经济法律体系逐步建立起来了。在整个法律框架内,经济法在我国的社会经济生活中所起的作用越来越重要,并将同其他部门法,特别是宪法、民法、行政法等协调配合,共同实现法律体系对社会经济的调整功能。

厦门大学法学院是全国较早开展经济法教学和科研的单位之一。1980年厦门大学法律系复办时,就开设了经济法课程,并在民法教研室中设立了经济法教研组;1982 年正式成立了经济法教研室;1994 年经国家教委批准,设立了经济法专业,开始培养本科生人才;1996 年经国务院学位委员会批准,设立

了经济法硕士点,开始招收硕士研究生;2004 年,厦门大学经济法学研究中心成立;2005 年,开始挂靠其他专业博士点招收"金融法、法律经济学"方向的博士研究生。2006 年,在获得法学一级学科硕士、博士学位授予权的基础上,我校设立了经济法博士点,成为我国经济法高层次专门人才的培养基地之一。立足于现有基础,厦门大学法学院经济法学科将保持并发扬在金融法、经济法基础理论与宏观调控法和财税法等研究方向上的鲜明特色,坚持"国内经济法与国际经济法问题相结合,以国内经济法为主"和"法学与经济学相结合,以法学为主"的原则,顺应经济全球化和世界经济一体化的时代发展潮流,以我国建设社会主义法治国家和市场经济体制为契机,积极开展经济法学理论研究与制度构建工作,在国内经济法学界继续保持较高的学术地位和学术影响。

"厦门大学法学院经济法学文库"的编辑出版,是依托厦门大学经济法教研室和厦门大学经济法研究中心进行学科建设和发展的一项新举措,以"前沿意识、精品理念"为指导,以系列学术专著、译著的形式,集中展现我国经济法领域的专题研究成果,促进学术繁荣和理论争鸣。"文库"稿件的来源以厦门大学法学院的学者、校友在经济法领域的专著、译著为主,也欢迎国内经济法学者和司法机关的工作人员不吝惠赐佳作。"文库"坚持作品的原创性,理论构建与司法实践并重,崇尚严谨的治学态度,鼓励学术上的革故鼎新与百家争鸣。在出版经济法学专家学者力作的同时,也关注经济法学界的新人新作,包括在优秀博士学位论文基础上扩充整理的学术专著,在他们的学术之路上扶上一马、送上一程。

我们期望"文库"不但成为经济法专家学者交流思想的平台,成为青年才俊迈向学术生涯的入口,成为经济法学研究成果汇集的智库,更力图使其能为变动不居的社会主义市场体制运行提供前沿理论探索和阶段性制度保障,为中国的法治之路贡献自己的绵薄之力。

"厦门大学法学院经济法学文库"编辑委员会

2010 年 11 月 8 日

目　　录

风险社会中的法律责任制度改变:以经济法为中心

厦门大学法学院经济法学文库

目录

风险社会中的法律责任制度改变：以经济法为中心

厦门大学法学院经济法学文库

导　论

一、选题背景与研究意义

　　拉德布鲁赫说："经济法究竟是一个新的法律领域,或者不过是一种法律思想方法在各个领域的适用,尚可争辩。"①此种争辩在中国之激烈与精彩也许远非拉德布鲁赫当年所能预料。近年来成了经济法基础理论研究热点的经济法责任问题,尤其是其独立性之争再次证实了拉德布鲁赫"尚可争辩"的判断,而争辩之激烈却又非其所能预料。2003 年 8 月由北京大学和青海民族学院共同主办的第四届经济法前沿理论研讨会的主题就是经济法责任;同年 9 月在安徽黄山举行的十三省市区法学会第十九次经济法学术研讨会上,与会代表就经济法责任问题展开了积极的探讨,如有代表就对曾经盛行的"经济法责任综合论"提出了质疑;同年在北京召开的第十一届全国经济法理论研讨会上,经济法责任问题再次成为讨论热点;2009 年 4 月 25 日、26 日由南京大学法学院主办的第六届中国青年经济法博士论坛的主题还是"经济法上的责任问题"。

　　经济法责任问题成为经济法基础理论研究的热点并非偶然。法是一种包含强力的社会控制手段,"调整和安排必须最终地依靠强力,纵使它们之所以有可能,除了一种反社会的残余必须加以强制,主要是由于所有的人都有服从

---

　　① ［德］拉德布鲁赫:《法学导论》,米健、朱林译,中国大百科全书出版社 1997 年版,第 80 页。

的习惯"①。法律责任就是法的强力的直接体现。法的责任问题是法理学上的一个基本问题,法律责任是法学上的一个基本范畴,也是保障法律运行的重要机制,研究法律责任既是法的实践的需要,也是法学发展的学术需要。②研究经济法责任问题,其原因也不外乎以下两个方面。

其一,是经济法的实践的需要。在德国法上,存在着对国家竞争行为如何加以规范的问题。"如果国家以私法组织形式出现或采取私法的行为方式,其是否还要受到公法的约束?"③国家从事竞争行为的权限何在,应当承担何种责任?这些问题,可以说是现代市场经济国家所面临的共同问题。在我国,"对于宏观调控和市场规制领域发生的违法行为如何全面追究法律责任,其实是久已存续的问题,只是现在越来越突出了"④。由美国次贷危机所引发的全球金融危机、三鹿"毒奶粉"事件等食品安全事故也引起了人们对现行法律责任制度的反思。这也反映出作为经济法之主要构成的市场规制法与宏观调控法在责任制度方面的不足。因此,加强经济法责任理论研究是经济法实践的客观需求。

其二,研究经济法的责任问题也是促进经济法学发展和走向成熟的需要,是经济法学界在多年的学术积累后进一步深入研究经济法的自觉行为。经济法理论研究一直存在总论与分论脱节的不足之处,其中一个重要的原因就是经济法责任理论的缺失。经济法责任理论是经济法基本原理的综合体现,是联结经济法总论和经济法分论的一个最佳纽带。没有这样的一个纽带,经济法理论的自足性难免要受到质疑。

可见,经济法学要走向成熟,摆脱"七分经济三分法"的诟病,成为真正意义上的法学,也有赖于经济法责任理论研究的深入和完善。民事责任、刑事责

风险社会中的法律责任制度改变:以经济法为中心

厦门大学法学院经济法学文库

---

① [美]罗斯科·庞德:《通过法律的社会控制》,沈宗灵译,商务印书馆1984年版,第15页。

② 参见张文显:《法哲学范畴研究》,中国政法大学出版社2001年版,第116页。

③ [德]乌茨·施利斯基:《经济公法》,喻文光译,法律出版社2006年版,第129页。

④ 张守文:《经济法理论的重构》,人民出版社2004年版,第429页。

任和行政责任都是各自部门法学者研究的重要领域,出现了许多的研究成果。^① 这些研究极大地促进了这些部门法学研究的深入,提高了这些部门法理论的自足性与说服力。与其他部门法学界相比,经济法学界对于本部门法的责任理论的研究可谓逊色不少。其中原因,客观上而言,经济法是一种新兴的法律现象,在经济法的初步发展时期,经济法学的理论积淀有限,还不足以支撑开展本部门法的责任理论研究。从主观上看,由于当时对经济法的争议较大,与责任问题相比,经济法的调整对象、概念及其价值等围绕经济法的独立地位的问题显得更加重要,经济法学者更急于去论证经济法是一个独立的法律部门,经济法的责任问题虽曾有人涉及,却未为经济法学界所重视。

经济法实践的需要和经济法理论趋向成熟使得经济法的责任问题成为经济法研究的热点。研究的理论意义在于,促进经济法责任理论研究的深入,增强经济法理论的自足性;研究的实践价值在于,促进经济法的有效实施,从而全面有效地追究市场规制领域和宏观调控领域发生的违法行为的法律责任,以维护公正合理的社会经济秩序。

二、研究思路与内容结构

经济法产生与发展所处的社会生活时代是风险社会的时代。风险社会对传统法律制度提出了全面的挑战。传统部门法为了应对风险社会的挑战都在试图拓展其责任制度。民法的现代化,如现代民事责任体系中危险责任的确立与扩张;安全刑法的产生;风险社会中的公共行政与行政责任的发展以及世界风险社会中的国际责任及国际争端解决机制的新挑战等。经济法责任制度是为了应对风险社会挑战,满足风险社会的责任制度需求的另一种路径选择。因此,从风险社会的语境来研究经济法责任问题有助于解决以往研究的两个困境,即"什么是经济法责任"及"经济法责任独立性"。本书正是以经济法责任制度应对风险社会的挑战为主线,运用风险社会理论和语义分析方法、经济

---

① 在这三大部门法领域,出现了一批研究部门法法律责任方面的专著,如:郭明瑞、房绍坤、於向平:《民事责任论》,中国社会科学出版社 1991 年版;谢邦宇、李静堂:《民事责任》,法律出版社 1991 年版;张明楷:《刑事责任论》,中国政法大学出版社 1992 年版;张智辉:《刑事责任通论》,中国警官出版社 1995 年版;冯军:《刑事责任论》,法律出版社 1996 年版;沈开举、王钰:《行政责任研究》,郑州大学出版社 2004 年版;朱新力、余军主编:《行政法律责任研究——多元视角下的诠释》,法律出版社 2004 年版;张志勇:《行政法律责任探析》,学林出版社 2007 年版;等。

分析方法,阐释经济法责任产生与发展的社会基础,辨析经济法责任的独立性之争,分析市场主体责任与政府责任的特征及其风险根源,探讨经济法责任实现的诉讼机制选择与创新,力求突破经济法责任研究的困境。

基于以上研究思路,本书的具体内容如下:

第一章阐述风险社会对传统法律责任体系的挑战及其内部修正。从"风险社会""风险"与"法律责任"的含义入手,引入了风险社会理论,比较了法理学界关于法律责任的主要理论,分析了在风险社会中传统法律责任体系面临的主要挑战,为从风险社会语境研究经济法领域的法律责任问题进行了必要的理论铺垫。

第二章以风险社会为背景分析了经济法产生的原因以及在经济法领域出现的新型责任形态;继而述评了以往经济法领域的法律责任研究,指出了以往责任研究存在的两个主要困境——"什么是经济法责任"以及"经济法责任的独立性",分析了以往研究的基本思路及其局限性,提出经济法责任研究要进行语言学转向;接下来分析了这一转向的哲学渊源、法理学背景以及经济法自身的特殊原因,并从特定语境分析了"经济法责任"的含义,提出了本书对"经济法责任"这一概念的把握。

第三章针对经济法责任的独立性之争,从民法现代化语境与经济法语境的冲突、多重行政法语境之冲突、统一经济法语境的缺失以及风险社会中法律责任制度变革的不同路径等视角对这些争议予以辨析,剖析争议产生的原因,指出独立的经济法责任是经济法学者的一种应然判断,是为了满足风险社会责任制度需求的一种主观建构。这种应然判断也有其实然基础,在经济法领域确实出现了一些新的责任形态,如惩罚性赔偿、禁止令、恢复原状、缺陷产品强制召回、信用减等,只不过这些责任形态还不如传统法律责任形态那样具有较强的系统性。从这个意义上看,经济法责任是一种正在形成中的独立的部门法责任,主张独立的经济法责任的新型责任论具有一定的前瞻性;经济法责任的独特性应当成为建构独立之经济法责任的重点,政府之经济法责任则是建构独立之经济法责任的难点。

第四章探讨市场主体责任社会性与身份性及其风险根源。首先,从风险的外部性视角研究市场主体之经济法责任的社会性,认为风险社会中市场主体行为风险的外部性日益凸显,而解决外部性的以往法律责任制度存在诸多不足,经济法责任在解决外部性方面的优势能够弥补以往法律责任制度的不足,经济法责任的社会性反映了解决风险社会中风险的外部性、满足人类社会共同需求的迫切需要。其次,从风险地位的不平等性视角研究了市场主体之经济法责任的身份性,认为风险社会中市场主体的风险地位具有不平等性,基于不平等风险地位的身份调整及其相应的角色责任的加强,实质上是以法律制度的方式对不平等风险地位的平衡,或者说是法律制度对风险的重新分配。这种分配在法律形式上表现为主体之间权利义务的调整,调整的原则是对弱势主体的倾斜保护原则,相应地导致了其责任的身份性。

第五章从政府的双重风险地位视角以宏观调控为重点探讨了政府的责任两难及其风险根源,然后评析了克服两难的三种进路,重点探讨了宏观调控的软法规制,指出政府在宏观调控中的责任两难只是硬法上的责任两难,因为硬法在规制宏观调控裁量时存在失灵,宏观调控权需要硬法与软法的混合控制。因此,宏观调控的法治化也不能仅仅依赖于宏观调控硬法,在继续强化硬法控制力的同时,还应当注意充分发挥宏观调控软法的功能。

第六章以风险社会中的诉讼机制变革为背景研究经济法责任实现的诉讼机制选择与创新。首先分析传统诉讼模式的形成及特点、风险社会对传统诉讼模式的挑战及其诉讼机制变革对挑战的回应;然后辨析了经济法责任实现的诉讼模式之争,从风险社会中诉讼机制变革的一般规律出发,提出了经济法责任实现的诉讼机制选择与创新。

此外,在第四章与第五章中,选取了风险社会中的两个典型个案——美国次贷危机之后提出的金融危机责任费和金融危机背景下的中央银行问责制变革,分别从市场主体责任的社会性、身份性和政府责任两难及其克服的视角对其进行了剖析,这也是对前述研究所得出的理论观点进行的现实运用与验证。

三、研究特色与主要创新

首先,本书在研究视角上独具特色,尝试性地将风险社会理论引入了经济法研究领域,以图揭示经济法责任产生与发展的风险根源以及经济法责任的风险控制功能。与以往经济法责任研究侧重于其价值与利益诉求相比,本书侧重于从风险管理、控制与预防的视角探讨经济法责任制度与现实的风险社会生活实际之间的联系。此种研究思路不再局限于从自然主义的角度思考责任问题,而是从社会的角度,如一系列承担责任和使人们负有责任的社会实践来发现应负责任的意义以及责任是什么的"真相";不再只是抽象地思考责任,而是一种"语境中的法律"运动的继续,在"语境中的法律"运动中,法律不再是

自治的话语空间或封闭的分析体系，而是社会规范生活的一部分。^① 在特定的语境中思考责任，"表达的是联系特定的社会、特定的时间、特定的社会行动以及特定的价值体制来思考责任，我们可以有很多收获。我的方法并不是认为只能够结合语境来认识责任，也不认为从语境上不确定的抽象分析中或者法律原理的细致分析中学不到任何东西。但是我主张如果脱离具体环境我们无法认识到关于责任的所有问题"^②。同样，从风险社会语境来研究经济法责任并不是要否定以往对经济法责任问题的抽象分析，而是力图在此基础上结合具体的社会环境对其力求更为全面的认识。

其次，在研究内容上，试图廓清经济法责任独立性之争，运用语义分析方法论证了该独立性之争源于不同部门法语境的冲突，源于风险社会语境下变革传统法律责任体系的不同路径选择；分析了市场主体责任的社会性、身份性，指出其风险根源是市场主体行为风险的外部性与风险地位的不平等性；探讨了宏观调控中的政府责任两难及其导致两难的政府双重风险地位，评析了克服政府责任两难的三种进路；以风险社会对传统诉讼模式的挑战及诉讼机制变革为背景分析了经济法责任实现的诉讼机制选择与创新；对社会现实中的新问题——金融危机责任费与中央银行问责制进行了个案分析。

最后，本书在研究方法上具有一定特色，较多地运用了语义分析方法和经济分析方法。针对"什么是经济法责任"定义之争，借鉴哈特的理论，提出经济法责任研究要进行语言学的转向；在分析经济法责任社会性和宏观调控法律责任的两难时，较多地运用了经济分析方法，如经济学中的外部性理论与宏观经济理论。

---

① 参见［澳］皮特·凯恩《法律与道德中的责任》，罗李华译，商务印书馆 2008 年版，第 416～417 页。

② ［澳］皮特·凯恩《法律与道德中的责任》，罗李华译，商务印书馆 2008 年版，第417～418 页。

风险社会中的法律责任制度改变：以经济法为中心

厦门大学法学院经济法学文库

第一章

风险社会对传统法律责任体系的挑战及其内部修正

第一节 "风险社会"、"风险"与"法律责任"

一、"风险社会"的含义探析

(一)从前工业社会到工业社会

1.前工业社会的风险状况。我们生活在一个"除了冒险别无选择的社会",[①]风险是自人类社会以来客观存在的一种社会现象,在工业社会之前的社会发展中也不能否认风险。只是在前工业社会,"由于实践水平的限制,人类处于相对孤立的地域,社会生活的风险在范围和规模上是相对狭小的,后果的危害程度也被限制在地域的范围之内,风险的类型、性质和应对方式相对较为简单和单一"[②]。自然风险是主要的风险类型。

2.工业社会的风险发展。工业社会创造的工业文明代替了前工业社会的

---

① Luhman N. , *Risk：A Sociological Theory*，De Gruyter，1993，p. 218.

② 庄友刚：《跨越风险社会——风险社会的历史唯物主义研究》，人民出版社 2008 年版，第 17 页。

农业文明,也带来了"震撼世界翻天覆地的变化"。① 这种变化体现了人类改造世界能力的巨大提升;是一种"熟人社会"向"陌生人社会"的转变;是风险的日益加深和加剧,在全球市场形成的同时也孕育了世界性的社会风险。人类实践在"成功"应对自然风险的同时又引发新的风险,而且人类实践活动引发的风险成为社会生活中风险的主要类型,其风险危害程度加深,危害的范围不断扩大。阿尔温·托夫勒说:"工业社会生态污染和资源利用所出现的问题,已经达到与从前根本不同的新水平。"②

(二)从工业社会到风险社会

"风险社会"概念的提出是在 20 世纪 80 年代。贝克在 1986 年的《风险社会》中基于一种后工业主义习惯下的反思性现代性指出:"现代性正从古典工业社会的轮廓中脱颖而出,正在形成一种崭新的形式——(工业的)'风险社会'。"③从而首次提出了"风险社会"概念。究竟什么是风险社会? 有人将其归纳为三种不同的理论:一是以"新风险"为代表的现实主义者,认为风险社会的出现是由于出现了新的影响更大的风险;二是文化意义上的风险社会,以范·普里特威茨的"灾难悖论"理论及拉什等人的风险文化理论为代表;三是以贝克、吉登斯等为代表的制度主义者,他们对风险的分析更为全面深刻、影响更为广泛。④ 鉴于贝克、吉登斯的风险社会理论的广泛影响,尤其是其制度主义的视角与法律具有的紧密联系,下文就对贝克、吉登斯的风险社会理论的主要观点略做简述,以为从风险社会语境分析经济法责任提供理论支撑。

(三)贝克的风险社会理论

贝克的风险社会理论以区分两种现代化为前提,传统的现代化与工业社会的现代化,或者表述为古典的现代化与反思性的现代化。贝克认为,19 世纪以来古典现代化导致了社会思想本质上的一个神话——"发达的工业社会,连同它的工作和生活方式,它的生产部门,它的立足经济增长的思想范畴,它对科学技术的理解与它的民主模式,是一个彻底现代的社会,是现代性的顶峰——甚至设想超过它的可能性也是没有意义"⑤。但是这个神话正在被一

---

① 《马克思恩格斯选集》第 1 卷,中共中央编译局译,人民出版社 1995 年版,第 277 页。

② [美]阿尔温·托夫勒:《第三次浪潮》,朱志炎译,三联书店 1983 年版,第 175 页。

③ [德]乌尔里希·贝克:《风险社会》,何博闻译,译林出版社 2004 年版,第 2 页。

④ 参见杨雪冬等:《风险社会与秩序重建》,社会科学文献出版社 2006 年版,第 27~29 页。

⑤ [德]乌尔里希·贝克:《风险社会》,何博闻译,译林出版社 2004 年版,第 4 页。

场新的社会运动所颠覆,工业社会精神的一些支柱正在坍塌,现代化的自反身性使其深深卷入了它自身释放并从中获益的风险漩涡之中。这表现在经济、社会、政治、法律等多个方面。

在经济层面上,风险社会颠覆了"财富生产的'逻辑'统治着风险生产的'逻辑'"的传统关系,以往在经济发展居于中性地位的生产力也丧失了清白。如作为第一生产力的科学技术风险引致的"潜在的副作用"的阴影笼罩着其可能增加的财富。古典的现代化使得生产力指数式增长,却也始终伴随着风险的社会生产,并且使危险和潜在的威胁释放到了一个前所未有的程度,一种意味着地球上所有生命自我毁灭这样的威胁。[①] 相应的,生态环境的恶化使得环境成为制约经济增长的一个重要因素。

在社会层面上,社会风险地位凸显,同时伴随着阶级和阶层地位的不平等。风险地位不同于阶级地位。阶级地位是"那儿他们上去了,这儿我们下来了"式的紧张和冲突的社会关系;风险地位则是"'被影响'的'阶级'并没有面对一个不受影响的'阶级'"。[②] 一方面,在全球风险社会,似乎所有人的风险地位都是平等的,即使是"那些生产风险或从中得益的人迟早会受到风险的报应"。[③] 风险扩散的"飞去来器效应"使得"富裕和有权势的人也不会逃脱它们"。[④] 另一方面,风险地位又是不平等的,风险社会并没有排除"风险总是以阶级的或依阶级而定的方式分配","贫穷招致不幸的大量的风险……财富可以购买安全和免除风险的特权"。[⑤] 风险的分配呈现出依阶级而定的风险分配的规律。不仅如此,风险的分配在国际社会产生了新的国际不平等。发达国家危险的工业被大量地转移到贫困的第三世界国家,第三世界的贫困与发达风险工业的破坏力量的结合使第三世界国家的人们直接承受着类似印度博帕尔毒物泄漏事故的风险灾难。但是这些风险也会通过世界市场的相互联系传染给富裕的国家,使其企图通过将危险转移到国外而与风险隔绝的希望

---

① 参见[德]乌尔里希·贝克:《风险社会》,何博闻译,译林出版社 2004 年版,第 6、8 页。

② [德]乌尔里希·贝克:《风险社会》,何博闻译,译林出版社 2004 年版,第 43 页。

③ [德]乌尔里希·贝克:《风险社会》,何博闻译,译林出版社 2004 年版,第 39 页。

④ [德]乌尔里希·贝克:《风险社会》,何博闻译,译林出版社 2004 年版,第 39 页。

⑤ [德]乌尔里希·贝克:《风险社会》,何博闻译,译林出版社 2004 年版,第 36 页。

落空。①

在政治层面上，风险社会中传统政治系统的功能部分丧失，"风险冲突将会使公共机构非合法化"。② 政治不再仅仅以政府的、议会的或政党政治的形式存在，出现了一种在社会的所有其他领域被理解和叙述的"亚政治"(sub-politics)。亚政治外在于并超越了国家—政府政治体制的代表性制度，是一种绕过了代表性意见形成机构的"直接"政治，意味着自下而上的社会形成。③亚政治在形式上表现为西方社会兴起的消费运动、环境生态运动、女性运动之类的"新社会运动"；亚政治的政治诉求是"通过现代的大众传媒和协商民主而不是借助于法定组织和投票民主进入政治系统并合法化"，④"无固定的意识形态，以特定人群的特殊需求为团结的工具"；⑤亚政治实质上是为了能够更好地处理我们所面临的风险的一种新的制度安排。⑥

在法律层面上，贝克以为，西方主导性的法律制度掩盖了风险的真相并使其合法化。他指出："安全和预防性法规并没有充分建立，即使有，它们也不过是一纸空文……资方可以制定严格的安全条例，知道他们无法施行，却硬说条例得到遵守。通过这种方式，资方使自己保持清白，廉价地和问心无愧地把事故和死亡的责任推卸给人们对危险在文化上的无知。"⑦尽管风险问题如生态环境问题违背了公民生存与安全的基本权利，但是在风险的责任承担上却出现了有组织的不负责任，风险的定义演变成一种权力游戏。⑧ 贝克在《解毒剂》一书中形象地指出："公司(生产者)、政策制定者和专家结成联盟制造了当

---

① 参见[德]乌尔里希·贝克：《风险社会》，何博闻译，译林出版社 2004 年版，第 45～49 页。

② [德]乌尔里希·贝克、约翰内斯·威尔姆斯：《自由与资本主义》，路国林译，浙江人民出社 2001 年版，第 131～132 页。

③ 参见[德]乌尔里希·贝克：《世界风险社会》，吴英姿、孙淑敏译，南京大学出版社 2004 年版，第 50 页。

④ 李瑞昌：《"亚政治"与"新社会运动"》，载《复旦学报》(社会科学版)2006 年第 6 期。

⑤ 李瑞昌：《"亚政治"与"新社会运动"》，载《复旦学报》(社会科学版)2006 年第 6 期。

⑥ 参见[德]乌尔里希·贝克：《世界风险社会》，吴英姿、孙淑敏译，南京大学出版社 2004 年版，第 120 页。

⑦ [德]乌尔里希·贝克：《风险社会》，何博闻译，译林出版社 2004 年版，第 46～47 页。

⑧ 参见[德]乌尔里希·贝克：《世界风险社会》，吴英姿、孙淑敏译，南京大学出版社 2004 年版，第 190～191 页。

风险社会中的法律责任制度改变：以经济法为中心

厦门大学法学院经济法学文库

代社会风险,然后再制造一套话语在事后推卸自己的责任。"①如环境法律和法规虽在不断扩张,却没有一个人或一个机构似乎明确地为任何事负责,因为面对越来越危险、越来越明显的威胁,无法通过科学的法律的和政治的手段来确定证据、原因和赔偿。② 究其原因,在于风险社会中责任联系的间接化、责任后果的潜在化、责任的分散化使得按照传统法律责任伦理无法确定具体的责任主体。③ 风险社会中责任伦理的困境凸显了风险社会中法律制度改革的紧迫性。贝克作为一个社会学家未能指出改革的方向或路径,自然无可厚非。如何破解风险社会中责任伦理的困境成为法学界面临的重大课题。

(四)吉登斯的风险社会理论

吉登斯并没有像贝克那样以"风险"命名的著作,其关于风险社会的理论主要散见于《失控的世界:风险社会的肇始》《现代性的后果》《超越左与右》等著作中,但是其关于风险的观点和思想却具有内在的逻辑性和鲜明的现实性。

首先,吉登斯的风险社会理论立基于一种激进的制度反思的现代性。吉登斯说:"风险暗示着一个企图主动与它的过去亦即现代工业文明的主要特征进行决裂的社会。"④贝克指出,吉登斯的"现代性"不是工业主义的同义词,而是处在现代性和资本主义(工业主义)的正在出现的对立面中,与传统的社会秩序相比,吉登斯的现代性具有一种高度紧张的"制度反思性"特征。以婚姻为例,它在很大程度上已经超越了按照性别、性欲等所形成的传统预期,而演变成了一种具有新的风险形式的相当开放的制度。⑤ 制度反思是吉登斯风险社会理论的出发点。

其次,吉登斯将风险分为外部风险(external risk)和被制造出来的风险(manufactured risk)。外部风险是一种传统的或自然的不变的风险,这种风险自人类社会产生就一直存在,它来源于人类的"无知"。被制造出来的风险是人类不断发展知识以图控制将来和规范将来时所产生的一种意想不到的风

---

① 转引自杨雪冬:《风险社会理论述评》,载《国家行政学院学报》2005 年第 1 期。

② [德]乌尔里希·贝克:《世界风险社会》,吴英姿、孙淑敏译,南京大学出版社 2004 年版,第 192 页。

③ 参见庄友刚:《跨越风险社会——风险社会的历史唯物主义研究》,人民出版社 2008 年版,第 244～245 页。

④ 参见[英]安东尼·吉登斯:《失控的世界:风险社会的肇始》,周红云译,载薛晓源、周战超主编:《全球化与风险社会》,社会科学文献出版社 2005 年版,第 48 页。

⑤ [德]乌尔里希·贝克:《世界风险社会》,吴英姿、孙淑敏译,南京大学出版社 2004 年版,第 145～149 页。

险,这种风险具有不可计算性,它使得我们无从知道将来要发生什么。吉登斯正是用这种风险描述了我们现在生活的这个"失控的世界"。在这个世界,危险更多地来自于我们自己而不是来源于外部,也就是外部风险所占的主要地位已经被制造出来的风险所代替。① 这种替代伴随着一种"自然的终结"——"并不是指物质世界或物理过程不再存在,它是指我们周围的物质环境没有什么方面不受人类干扰的某种方式的影响。过去曾经是自然的许多东西现在都不再完全是自然的了"。②

最后,如何解决风险及其责任问题? 吉登斯认为,其一,要积极地接受风险,这也是现代经济中创造财富的精神源泉;其二,预防原则并不总是有用的甚或是可应用的,风险造成的危机以及随之而来的两难选择已经深入日常生活中,但是并不能因此就消极地对待风险。

(五)"风险社会"的基本内涵

风险社会只是贝克、吉登斯等对其所处时代的社会特征的形象描绘,而不是指某个具体社会或国家发展的历史阶段,因而不具有历史分期的意义;是对现代社会中不断出现的各种社会风险的地位、作用及可能性影响的系统性、整体性概括。③ 20世纪下半叶以来频发的公共安全事故催生了风险社会理论的产生,引发了学者们一种后工业社会式的反思。但这并不是说,人类社会是在20世纪下半叶才进入社会风险化的进程。实际上,自工业社会以来,人类社会就处于日趋风险化的进程之中,只是这一进程发展到20世纪下半叶引发了一种现代性困境。主要表达了一种认识立场与价值取向的风险社会理论,强调主体对现代性困境的反思、批判与重构,并从社会风险的视野来重新规范现代性,使现代性走向合理化道路。④ 因此,风险社会实质上是对工业社会以来的现代化的一种反思,虽然贝克在理论上区分了古典的现代化与反思性的现代化,但是从社会发展的历史进程来看,与其说作为后工业社会的风险社会是工业社会发展的结果,不如说工业社会自开始就处在风险化的进程之中。就社会发展的历史阶段而言,风险社会并不是对工业社会的替代,只是从社会风

---

① 参见[英]安东尼·吉登斯:《失控的世界:风险社会的肇始》,周红云译,载薛晓源、周战超主编:《全球化与风险社会》,社会科学文献出版社2005年版,第50~52页。

② [英]安东尼·吉登斯:《失控的世界:风险社会的肇始》,周红云译,载薛晓源、周战超主编:《全球化与风险社会》,社会科学文献出版社2005年版,第51页。

③ 参见钱亚梅:《风险社会的责任担当问题》,复旦大学2008年博士学位论文。

④ 参见潘斌:《风险社会与责任伦理》,载《伦理学研究》2006年第3期。

风险社会中的法律责任制度改变:以经济法为中心

厦门大学法学院经济法学文库

险视角对工业社会的描述与反思。

二、"风险"含义探析与反思

(一)"风险"含义的多视角探析

　　"风险"的含义往往借助于与之密切联系的一些概念来予以阐释,如"危险""不确定性""可能性""不安全"等等。其中"不确定性"是"风险"联系最为紧密的概念,"风险"通常表示可能发生也可能不发生的不好的事情,故其与"不确定性"紧密相连,但是两者也有一定区别,如"不确定性"属于主观范畴关系,而"风险"带有很强的客观成分。[①] "风险"与"危险"与保险业密切联系。在早期的航海贸易和保险业中,风险被理解为客观的危险,如自然现象或者航海遇到的礁石、风暴等事件。社会学家卢曼则区分了危险与风险,认为它们之间的区别在于外部环境的变化,风险是由高技术以及决策的累积效应引发的。[②] 卢曼所说的风险是一种现代意义上的风险。德国著名社会学家乌尔里希·贝克则从反思性现代化的视角将风险界定为"为系统地处理现代化自身引致的危险和不安全感的方式。风险,与早期的危险相对,是与现代化的威胁力量以及现代化引致的怀疑的全球化相关的一些后果"。[③]

　　奥特温·伦内从技术、经济学、心理学、社会学及文化等不同视角比较分析了不同的风险概念,认为所有的风险视角都是关于"有害结果、发生的概率和现实状态"这三个不同因素的概念化。为了更好地理解和把握不同语境下的风险内涵,下文不妨简述一下奥特温·伦内从以上五个视角阐述的主要观点。

　　技术视角在保险精算中得到了鲜明的体现,实际上是一种概率风险评估。它通过预测对人类或系统可能的物质损害,将其按时间和空间平均,使用相对频率作为一种手段来明确说明概率。技术风险分析的弊端主要在于什么是有害后果,依赖于分析者的价值和偏好,而现实生活比平均概率所能把握的要复

---

　　① [瑞典]斯万·欧维·汉森:《知识社会中的不确定性》,刘北成译,载《国外社会科学》2003年第1期。

　　② Walter, Probert, *Law, Language and Communication*, Charles C. Thomas Publisher, 1972, p.218.

　　③ [德]乌尔里希·贝克:《风险社会》,何博闻译,译林出版社2004年版,第19页。

杂得多,如组织失常和风险间的相互影响被排除在技术分析之外。①

风险的经济学理论将物质危害或其他不合意的后果转化为主观效用,风险就是因某一事件或行动导致的预期效用损失,社会效用可以通过市场价格予以反映,并可以用市场价格这个单位来测量明显不同种类的风险,从而将风险分析纳入了经济学上的成本—收益分析框架,其最终目标是要按照效用最大化原则来分配资源。②

风险的心理学观点扩展了关于风险性质和大小的主观判断范围——包括了人们与某个特定原因联系起来的所有有害后果,无论其是否为现实所反映。它强调个人对风险的感知,以显示出公众的关心和价值。风险心理学视角的价值在于为理解风险反应和设计风险政策贡献了宝贵信息。③

风险的社会学视角最为复杂,主要观点包括理性行动者概念、社会动员理论、组织理论、系统理论、新马克思主义和批判理论、社会建构主义概念等。理性行动者将社会活动视为个人或社会参与者提升自己利益的有意识动机的结果。社会动员理论关注个人什么情况下被驱使采取行动及社会团体成功的必要结构条件,前者涉及引发个人行动的社会经历的因素,后者是不同社会参与者对社会风险进行社会加工的结果。组织理论强调任务的常规化及责任的扩散,因为在复杂的技术风险管理的制度化背景下,它容易增加操作错误或不合要求控制的概率的因素。系统理论侧重于对风险进行系统性的结构分析,把风险当作一个较大社会或制度的要素。新马克思主义和批判理论以为,不同社会团体的风险经历反映了不同的阶级结构,指出了在权力和社会影响分配上的不公平。社会建构主义将风险视为由社会结构力量所决定的概念,而风险政策是各个参与者不断斗争以将他们的风险意义置于公共议程之中并把它

---

① 参见[德]奥特温·伦内:《风险的概念:分类》,载[英]谢尔顿·克里姆斯基、多米尼克·戈尔丁:《风险的社会理论学说》,徐元玲、孟焕、徐玲等译,北京出版社2005年版,第64~68页。

② 参见[德]奥特温·伦内:《风险的概念:分类》,载[英]谢尔顿·克里姆斯基、多米尼克·戈尔丁:《风险的社会理论学说》,徐元玲、孟焕、徐玲等译,北京出版社2005年版,第68~71页。

③ 参见[德]奥特温·伦内:《风险的概念:分类》,载[英]谢尔顿·克里姆斯基、多米尼克·戈尔丁:《风险的社会理论学说》,徐元玲、孟焕、徐玲等译,北京出版社2005年版,第72~75页。

们强加于别人的结果。①

在风险的文化视角下，文化信仰模式原型构建了个人和社会组织的思想倾向，并使其接受或拒绝某些价值，而被接受的价值又决定了风险感知和收益。奥特温·伦内分析了企业家原型、"平等主义者"原型、"官僚型"等文化信仰模式原型下的风险感知。②

(二)对"风险"含义探寻的反思

什么是风险？当我们试图寻求一个风险的定义时，就陷入了哈特在论及什么是法律时所言的烦恼。尽管我们被风险包围着，但是围绕"风险是一种客观存在的事物还是心理认知的结果，风险是一种伴随人类始终的状态还是现代产物"之类的问题争议颇多。贝克认为，如何定义风险直接关系到如何分配风险以及采取哪些措施预防和补偿风险，因此，围绕风险定义的争论是社会利益冲突的表现。③ 马柯维茨（Markowitz）指出："所有这些（概念化风险和风险沟通的）风险战略都不能否认一个事实：尽管社会发展日益增长的风险已经是现代社会的中心焦点，但目前还没有一种方法能综合各种定义和概念并提供一个共同的概念标准。"④虽然不能提供一个共同的概念标准，但可以通过分类的方法比较和分析不同风险的概念的框架，从而有助于界定不同概念间共同的因素和区别。从不同的视角、运用不同的方法探寻不同语境下的风险内涵不失为一个较好的选择；反过来，多个视角的探寻和多种方法的运用又丰富了我们对风险的认知，增加了把握风险本质的可能。在语境论的科学观看来，

---

① 参见［德］奥特温·伦内:《风险的概念:分类》，载［英］谢尔顿·克里姆斯基、多米尼克·戈尔丁:《风险的社会理论学说》，徐元玲、孟焕、徐玲等译，北京出版社 2005 年版，第 79～81 页。

② 参见［德］奥特温·伦内:《风险的概念:分类》，载［英］谢尔顿·克里姆斯基、多米尼克·戈尔丁:《风险的社会理论学说》，徐元玲、孟焕、徐玲等译，北京出版社 2005 年版，第 82～86 页。风险的文化视角分析以斯科特·拉什的风险文化理论最为突出。他认为，当代风险凸显的是一种文化现象，而非社会秩序（这是对贝克和吉登斯等风险制度主义者的批判）；风险是一种心理认知的结果，在不同文化背景下有不同的理解。详情参见［英］斯科特·拉什:《风险社会与风险文化》，王武龙译，载《马克思主义与现实》2002 年第 4 期。

③ Beck·Ulrich, *Risk Society: Towards a New Modernity*, Sage Publications, 1992, p. 115.

④ 转引自［德］奥特温·伦内:《风险的概念:分类》，载［英］谢尔顿·克里姆斯基、多米尼克·戈尔丁:《风险的社会理论学说》，徐元玲、孟焕、徐玲等译，北京出版社 2005 年版，第 62 页。

也许我们从未揭示过真理，"而把真理理解为是科学追求的长期目标"。① 时至今日，人类社会对风险本质的理解和把握又何尝不是如此呢？

探寻风险的含义是为了更好地应对风险，而在应对风险的各种对策中，法律无疑是重要的手段之一。西方法谚云："法律是为人的利益而立的。"正所谓"天下熙熙皆为利来，天下攘攘皆为利往"，贝克关于风险定义的论述实质上也指出了应对风险的各种法律政策背后的利益冲突。风险社会的来临注定是要打破以往社会的利益平衡，为了有效权衡风险社会中所涌现出来的各种新型的利益冲突，风险社会的法律变革成为必然。这也是风险社会中的法律人面临的新挑战。

三、"法律责任"的含义

(一)"法律责任"概念的起源

"如果我们能通过任何方法，断定法律概念的早期形式，这将对我们有无限的价值。这些基本观念对于法学家，真像原始地壳对于地质学家一样的可贵。这些观念中，可能含有法律在后来表现其自己的一切形式。"②遗憾的是，对于"法律责任"这一概念的起源迄今仍无多大的了解。哈耶克在论述责任与自由的关系时指出："责任概念之所以日渐演变成了一个法律概念，或者说主要是一个法律概念，其原因在于一个人的行动是否造成了一项法律义务或者是否应使他接受惩罚而言，法律要求有明确无误的标准以资判定。"③追溯到古远的罗马法，其中规定的损害赔偿就是私犯承担法律责任的标准，明显残存着原始社会习惯中结果责任原则的痕迹。但是，罗马法并没有区分债与责任，优士丁尼《法学阶梯》对债的定义是："债为法锁，它约束我们必须根据我们城邦的法偿付某物。"④意大利学者指出，盖尤斯构造"法锁"制度是希望证明，债与基于义务的不同的"锁"相比，特别地具有一个债一锁，也就是"司法性"，是

① 成素梅：《语境论的科学观》，载《学术月刊》2009 年第 5 期。

② ［英］亨利·梅因：《古代法》，沈景一译，商务印书馆 1984 年版，第 2 页。

③ ［英］弗里德利希·冯·哈耶克：《自由秩序原理》，邓正来译，三联书店 1997 年版，第 89 页。

④ 转引自［意］朱塞佩·法尔科内：《义务与法锁：追溯债的经典定义之起源》，齐云译，载徐国栋主编：《罗马法与现代民法》第 6 卷，厦门大学出版社 2005 年版，第 93 页。

一种诉讼上的措施，凭借它可强制债务人履行承担的给付。[①] 我国有学者指出，"法锁"是罗马法中债的实质所在，债权人依据"法锁"的效力对债务人的人身具有"管束权"，后来"法锁"成为抽象的概念，并逐步由财产上的责任取代了人身上的管束。[②] 从中外学者的论述可以看出，罗马法虽然没有区分债与责任，但作为债的实质的法锁已经包含了法律责任的合理内核。英美合同法也没有区分债务与责任，责任为不履行义务的当然结果，将债务与责任明确区分的是日耳曼人。日耳曼法上的债务之本质乃法的当为，并不包含有法的强制；责任则是一种"替代"的关系——当债务人应当为给付而未为给付或不完全给付时应服从债权人强制取得的关系。因此，责任对债务具有担保作用，责任是债权与诉权之间的桥梁。[③] 后来，继受了罗马法的近现代民法对债与责任在概念上做了区分。[④]

(二)法律责任的释义与本质

1. 西方主要法学流派的法律责任理论。与法律责任概念的起源相比，法律责任的释义与本质似乎更受法学家的青睐。在西方法理学上，法律权利、法律义务、法律责任与法律制裁之间的关系一直是西方法学流派争议的主题。自然法学是权利法学，推崇自然理性，坚持法与道德的一元论，对违法者的道义责难是法律责任的本质。也许在自然法学者看来，这些都是不证自明之理，故自然法学更为重视权利理论。

相比之下，奥斯丁的分析法学、凯尔森的纯粹法学和哈特的新分析法学更为重视法律责任或法律制裁理论。丹尼斯·劳埃德和罗斯科·庞德在论及奥斯丁的分析法学时指出，奥斯丁坚持制裁是法律标志或特征之一，法作为主权者的命令包含着制裁的意思。[⑤] 凯尔森在《法与国家的一般理论》的第二章和第五章专章论述了"制裁"与"法律责任"。凯尔森说："法律责任(responsibility,liability)是与义务相关的概念。一个人要对一定行为负责,

---

① 参见[意]朱塞佩·法尔科内:《义务与法锁:追溯债的经典定义之起源》,齐云译,载徐国栋主编:《罗马法与现代民法》第6卷,厦门大学出版社2005年版,第102~104页。

② 参见江平、米健:《罗马法基础》,中国政法大学出版社2004年版,第279~280页。

③ 参见崔建远:《合同法》,法律出版社2000年版,第245页。

④ 参见魏振瀛:《论债与责任的融合与分离——兼论民法典体系之革新》,载《中国法学》1998年第1期。

⑤ 参见[英]丹尼斯·劳埃德:《法理学》,许章润译,法律出版社2007年版,第121~126页;[美]罗斯科·庞德:《法理学》第2卷,封丽霞译,法律出版社2007年版,第125页。

或者他为此承担法律责任,意思就是,他做相反行为时,他应受制裁。"①新分析法学的头面人物哈特在《法律的概念》中批判了奥斯丁的"法律命令说",主张法律具有多样性,法是第一性规则与第二性规则的结合,第一性规则是设定义务的规则,第二性规则包括承认规则、改变规则和审判规则,审判规则提供了法律制度的集中化的官方"制裁"。哈特还分析了"国际法真的是法律吗"这一疑惑,认为"基于国际法缺少有组织的制裁而去证明它没有约束力显然是接受了法律实质上是以威胁为后盾的命令那种理论对义务的分析"。② 哈特的法律责任论也独具特色。他在《责任》一文中虚构了一个沉船事件,运用语义分析哲学的方法分析了"责任"一词的多种意思:角色责任、因果责任、应付责任和能力责任。③

社会法学强调的是法律所要促进的社会目的,而不在于制裁;社会法学派认为法律规则的最终权威不是以国家武力为后盾的制裁,也不是法律规则的道德基础,而是来自于法律所要保障的社会利益。④ 社会法学派的代表人物罗斯科·庞德教授将责任区分为广义和狭义。狭义的责任是"作为不符合已确立的法律标准的行为的一个结果,或作为某人所实施利用他人从事某种事业或活动的或维护一种可能失控并导致损害的结果,如果造成损失该人将实施补偿","在最广泛的意义上,它涵盖一个人在任何类型的法律诉讼中可能被追究的所有情形"。⑤ 庞德对于"责任"术语的这么多用法感到无奈,他说:"'责任'术语现在有这么多用法以至于有人想寻找某一个别的词语,但我怀疑从新造的词语中得到的益处是否足以说明学习和记住这些新词所带来的麻烦具有合理性。"⑥

经济分析法学运用经济学理论来预测法律责任抑或法律制裁对行为的效

---

① [奥]凯尔森:《法与国家的一般理论》,沈宗灵译,中国大百科全书出版社 1996 年版,第 65 页。

② 参见[英]哈特:《法律的概念》,张文显等译,中国大百科全书出版社 1996 年版,第 213 页。

③ 参见张文显:《二十世纪西方法哲学思潮研究》,法律出版社 2006 年版,第 396~464 页。

④ 张文显:《二十世纪西方法哲学思潮研究》,法律出版社 2006 年版,第 91 页。

⑤ [美]罗斯科·庞德:《法理学》第 4 卷,关保民、王玉译,法律出版社 2007 年版,第 146 页。

⑥ [美]罗斯科·庞德:《法理学》第 4 卷,关保民、王玉译,法律出版社 2007 年版,第 147 页。

应。"对法律经济学家而言,过去只是一种'沉没了的'成本,他们把法律看成是影响未来行为的激励系统而进行事前研究。"①更有学者指出:"责任是由于伤害他人所导致的制裁","对经济学家来说,制裁就像是价格,并假设人们对制裁的反应就像是对价格的反应一样。"②制裁事实上也是对人们未来行为责任的预先分担,一项制裁就会像价格一样深刻影响着人们未来的行为。用经济学术语表示,责任就是当事人对其行为所要支付的价格,或者是所要承担的成本。

2. 我国法理学界的法律责任理论。我国法理学者张文显教授分析了关于法律责任本质的三种比较流行的学说:"道义责任论""社会责任论""规范责任论",③并将法律责任界定为"因违反第一性义务而招致的第二性义务",从而将法律责任理论引入到以权利义务为核心的理论结构。④ 这种观点产生了比较大的影响。沈宗灵教授明确区分了法律责任和法律制裁,认为法律责任是前提,法律制裁是结果或体现,有法律责任不一定有法律制裁。⑤ 在韩忠谟看来,法之制裁是"借重实力,对于违反者实施处罚与强制",⑥但从其将国家的赔偿责任与民法上的制裁、行政法上的制裁及刑法上的制裁并列之举看,他并未区分法律责任与法律制裁。张恒山教授以为,法律责任是法律规则的一个有机的构成部分,只有义务和违反义务的责任都得到说明的法律规则才是完整的。⑦ 孙笑侠教授认为,法律责任首先表示一种法律关系——实质上是一种法律义务关系;其次表示责任方式,即在法律义务关系前提下产生的责任形式;忽视前者只看到后者的观点是片面的。⑧

---

① [美]理查德·A. 波斯纳:《法律的经济分析》(上册),蒋兆康译,中国大百科全书出版社 1997 版,译者序言第 15 页。

② [美]罗伯特·D. 考特、托马斯·S. 尤伦:《法和经济学》,施少华、姜建强等译,上海财经大学出版社 2002 年版,第 3 页。

③ 参见张文显:《法哲学范畴研究》,中国政法大学出版社 2001 年版,第 124～127 页。

④ 参见张文显:《法律责任论纲》,载《吉林大学社会科学学报》1991 年第 1 期。

⑤ 参见沈宗灵:《法理学》,北京大学出版社 2000 年版,第 527～528 页。

⑥ 韩忠谟:《法学绪论》,中国政法大学出版社 2002 年版,第 77 页。

⑦ 参见李步云:《法理学》,经济科学出版社 2000 年版,第 315～317 页。

⑧ 参见孙笑侠:《公、私法责任分析——论功利性补偿与道义性惩罚》,载《法学研究》1994 年第 6 期。

第二节　风险社会对传统法律责任体系的挑战

一、理性主义和个人主义的责任本质观面临挑战

　　法律责任按照一定标准分为民事责任、刑事责任和行政责任，由这三大责任构成的传统法律责任体系本身就是近现代法律发展的结果，如民事责任概念最早见之于日耳曼法，现代大陆法系国家继受日耳曼法并通过法典形式确立了与民事义务严格区分的民事责任制度，①这就从过去民刑不分的法律责任中分离出了独立的民事责任。可见，法律作为调整社会关系的行为规范，随着社会关系的变化而变化。随着风险社会的来临，传统法律责任体系面临着诸多挑战。反思风险社会中的各种社会、经济危机及社会公共安全事件所暴露出来的制度缺陷，设计出妥善处理此类事件和防范类似事件重演的法律责任制度，是法律人的最大追求。

　　"现代性正从古典工业社会的轮廓中脱颖而出，正在形成一种崭新的形式——（工业的）'风险社会'。"②在风险社会之前，"责任的本质在于它意味着行为人具有自由意志。根据这一论点，责任是行为人和自由意志的一个功能或一个方面"。③ 这种理性主义和个人主义的责任本质观在风险社会面临着挑战。因为风险社会中的风险具有全球性、不可计算性、可建构性、反身性、制度化性和传染性，④风险的可控制性、确定性或安全性的想法已经土崩瓦解了。如美国学者弗朗西斯·福山所指出的那样："由技术进步引起的社会秩序的混乱并不是什么新现象。尤其是工业革命开始以来，随着一种新的生产过

---

①　参见梁慧星：《民法总论》，法律出版社 2005 年版，第 83～84 页。

②　[德]乌尔里希·贝克：《风险社会》，何博闻译，译林出版社 2004 年版，第 2 页。

③　[澳]皮特·凯恩：《法律与道德中的责任》，罗李华译，商务印书馆 2008 年版，第 8 页。

④　参见蔡从燕：《风险社会与国际争端解决机制的解构与重构》，载《法律科学》2008 年第 1 期。

程取代另一种生产过程,人类社会经历了一种无情的现代化进程。"①"当'现代性'与工业化的负面后果不再局限于惩罚具体的群体而是侵袭到每一个人时,我们就已经或正在进入一个新的时代。"②这个时代充斥着诸如亚洲金融危机、卡特里娜飓风、印尼海啸、非典型肺炎、"9·11"恐怖事件、三鹿"毒奶粉"事件、由次贷危机引发的全球金融危机、甲型 H1N1 流感等社会事件,日本大地震及随之而引起的福岛核电站核泄漏事件再一次印证了全球风险社会业已形成。这些事件考验和冲击着传统的责任伦理和法律制度。阿尔温·托夫勒说:"工业社会生态污染和资源利用所出现的问题,已经达到与从前根本不同的新水平。"③在吉登斯看来,风险社会是一个"失控的世界",在这个世界,危险更多地来自于我们自己而不是来源于外部,外部风险所占的主要地位已经被制造出来的风险所代替,④外部风险来自于人类的无知,被制造出来的风险是人类不断发展知识以图控制将来和规范将来时所产生的一种意想不到的风险,这种风险具有不可计算性。贝克教授发出的"有组织地不负责任"的慨叹就是对风险社会挑战理性主义和个人主义的责任观的最好诠释。德国民法学者弗兰茨·维亚克尔也指出,在德国私法上存在由形式上的自由伦理观向实体的社会责任伦理观的"回归"。

二、法律责任的风险控制功能及其在风险社会中的凸显

(一)法律责任的风险控制功能

上述中外学者有关法律责任的探究注重的是对"法律责任"这一概念的抽象归纳,以图揭示法律责任的本质。应当说,自然法学派、分析法学派、社会法学派、经济分析法学派等法学流派对法律责任本质的理解与归纳有其自身的合理性,都从不同的视角揭示了法律责任的含义。这些法律责任理论是研究部门法领域的责任问题的理论基础。不过,鉴于本书是从风险社会的视角来

①　[美]弗朗西斯·福山:《大分裂——人类本性与社会秩序的重建》,刘榜离等译,中国社会科学出版社 2002 年版,第 8 页。

②　[英]露丝·利维塔斯:《风险与乌托邦的话语》,载[英]芭芭拉·亚当等主编:《风险社会及其超越:社会理论的关键议题》,赵延东、马缨等译,北京出版社 2005 年版,第307 页。

③　[美]阿尔温·托夫勒:《第三次浪潮》,朱志炎译,三联书店 1983 年版,第 175 页。

④　参见[英]安东尼·吉登斯:《失控的世界:风险社会的肇始》,周红云译,载薛晓源、周战超主编:《全球化与风险社会》,社会科学文献出版社 2005 年版,第 50~52 页。

研究经济法领域的责任问题,因此还有必要阐述一下法律责任的风险控制功能。

法律从来就是人类社会管理、分配、预防风险的重要手段,义务或责任就是其具体的实施方式。罗马法谚云,"对偶然事件谁也不能负责"或"偶然事件由被击中者承担"。这些针对偶然事件的责任规则就已经蕴含了法律责任的风险分配功能。无论在大陆法还是在英美法上,风险负担都是合同法上的一个重要内容,甚至于"英美法历来将合同本身看成一种风险分配或转嫁机制,认为合同的基本目的与作用是在交易双方之间分配风险,即保证当事人对已同意的风险分配的服从",[①]在联合国国际贸易术语中,风险负担也是重要内容之一。产权制度或者财产法的产生也是为了更有效地抵御外来侵占的风险,因为就土地的所有者建立政府保护他们的产权而言,"税收的成本要比私人各自防御所需花费的成本要小。这种节省可能来自于某种规模经济,它是由社会拥有一个大规模的武装而不是由许多小规模的私人武装来防御对土地的侵占来实现的"。[②] 在侵权法上,风险自负的受害人责任原则能够完全阻止损害赔偿的追偿;[③]严格责任原则要求:"引起事故的人对受害人的损害赔偿负有法律责任,即使损害无法通过其实施合理注意而予以避免。"[④]在皮特·凯恩看来,产生损害的风险与违反承诺和保证、干涉权利、不实陈述、违反信托、造成损害、不当得利及预谋犯罪等是产生法律责任的基础,只是在民法范式里,基于产生损害风险的课责是一种例外,因为其重点在于修复而不是阻

① 于雪锋:《合同法给付风险分配的法经济分析》,载《扬州大学学报》(人文社会科学版)2008年第6期。

② [美]罗伯特·D.考特、托马斯·S.尤伦:《法和经济学》,施少华、姜建强等译,上海财经大学出版社2002年版,第70页。

③ 波斯纳举了在滑冰场滑冰摔倒的例子予以说明。在此场合,顾客不能要求滑冰场所有者采取更为安全的预防措施,那样会导致竞赛刺激感的实质性减损,而滑冰场吸引的是风险偏好者,滑冰场的速度对大多数人来说是一种不适当的危险。因此,滑冰场所有者可以依风险自负原则抗辩而不对受害顾客承担损害赔偿责任。参见[美]理查德·A.波斯纳:《法律的经济分析》(上册),蒋兆康译,中国大百科全书出版社1997年版,第223~224页。

④ 参见[美]理查德·A.波斯纳:《法律的经济分析》(上册),蒋兆康译,中国大百科全书出版社1997年版,第226页。

止,而阻止恰是刑法的重要目标,故有许多明确惩罚损害风险产生的刑事犯罪。[①]

行为人对自己的行为承担责任是法律责任的一般情形,在特殊的情形下,法律会要求行为人对他人的行为承担法律责任,如雇主对雇员的替代责任。庞德从风险的视角分析了普通法为什么要求雇主对雇员的行为承担责任。虽然"在雇佣过程中,雇主没有阻止雇员实施侵权行为的义务",[②]但是,"一个人通过雇员或代理人来运作一个企业,而这些雇员和代理人会因运营该企业给他人造成损害,那么他就使他人处于这样一种风险之下,即他们无法从这些雇员或代理人处获得赔偿"。[③] 因此,应由雇主承担责任。在庞德看来,这好比"一个人为了维护自身的利益而在与他人较近的地方保存一种特别危险的物品,从而对他人施加了一种风险,这种风险比社会生活中通常情况下能合理预期的风险要大,因此,由他自己承担由于保存这些危险物而对他人造成损害的风险既公平也方便"。[④]

(二)风险社会中法律责任之风险控制功能的凸显

在风险社会的时代,风险生产的逻辑已经颠覆了财富生产的逻辑统治。科学技术发展引起的安全风险日益增加,人为的制度性风险成为法律管理、分配和预防的主要风险;与此同时,法律甚至也在创造着新的风险。如普遍用于农产品和金属产品的期货合约是契约的风险转移作用的一个适当例子,但期货合约也增加了投机活动的范围。[⑤] 如今在全球金融市场领域充斥着诸如金融衍生交易之类投机活动所带来的金融风险,刚刚过去的次贷危机只是全球金融风险"社会大爆炸"的一个插曲。法律责任制度的失灵是该插曲中一个基本事实,金融自由化趋势下主导的法律鼓励金融创新和冒险投机,却没有对金融机构及其管理层在经营金融创新产品的过程中带来风险的行为规定任何实

---

① 参见〔澳〕皮特·凯恩:《法律与道德中的责任》,罗李华译,商务印书馆2008年版,第311页。

② 〔美〕罗斯科·庞德:《法理学》第4卷,王保民、王玉译,法律出版社2007年版,第147页。

③ 〔美〕罗斯科·庞德:《法理学》第4卷,王保民、王玉译,法律出版社2007年版,第147页。

④ Aleen, Carleton Kemp, Legal Duties, *The Yale Law Journal*, 1931,40(3):361.

⑤ 〔美〕理查德·A.波斯纳:《法律的经济分析》(上册),蒋兆康译,中国大百科全书出版社1997年版,第160页。

质性的责任,导致了风险、收益与责任的失衡,背离了公平的责任理念。① 若不改革和完善相应的法律责任制度,金融危机的梦魇肯定会再度袭来。金融风险的控制已经成为并将继续成为金融法律制度的首要功能,而这只不过是风险社会中法律责任的风险控制功能更加凸显的一个例子。除此之外,有关食品安全风险、环境风险事故、医疗事故、汽车安全隐患等之类的报道时常见诸报端。尽管"由于风险所带来的不可预知性和不确定性,导致了因果关系链在经验世界中断裂",② 由于风险社会中责任联系的间接化、责任后果的潜在化、责任的分散化使得按照传统法律责任伦理无法确定具体的责任主体,③以至于在风险的责任承担上出现了"有组织地不负责任",并由此导致了传统法律责任制度应对风险的困境,但是,正如吉登斯所言,我们不能因为风险危机造成的两难选择就消极地对待风险。"人类要存续,法律要实现预期功能,仍须假定风险是可把握的、可控制的外在客观对象。"④正是在这样的前提下,凸显法律责任之风险控制功能的传统法律责任制度变革才有必要和可能。

第三节 风险社会中传统法律责任体系的内部修正

实际上,在传统工业社会向风险社会转变的进程中,在刑法、民法、行政法乃至国际法领域都出现了法律责任制度的变革现象。

一、安全刑法的产生及其刑事责任的拓展

德国著名刑法学者乌·金德霍伊泽尔教授首倡的安全刑法,是对贝克、吉登斯等风险社会理论在刑法领域的拓展。安全刑法理论一经提出,就对传统

---

① 参见岳彩申、楚建会:《论金融创新领域法律责任制度的改革与完善——美国次级贷款危机的教训与启示》,载《法学论坛》2009 年第 3 期。

② 彭飞荣:《风险与法律:食品安全责任的分配如何可能》,载《西南政法大学学报》2008 年第 2 期。

③ 参见庄友刚:《跨越风险社会——风险社会的历史唯物主义研究》,人民出版社2008 年版,第 244～245 页。

④ 彭飞荣:《风险与法律:食品安全责任的分配如何可能》,载《西南政法大学学报》2008 年第 2 期。

的罪责刑法理论产生了重大挑战,近年来在德国和日本刑法学界出现了不少有关"刑法与危险"的论著。"罪责刑法向安全刑法转向的根本原因是传统的罪责刑法不能满足法秩序共同体在风险社会中对安全保证现实的需要。"①在乌·金德霍伊泽尔教授看来,人们的实际安全生活需求之所以不能满足,在于抵消社会危险的"监督机器"长期以来没有进行革新,越来越不适应风险社会的发展需求,作为"最有效的降低干扰的工具"的刑法"监督机器"有必要进行革新。②"安全刑法所关注的重点在于行为人所制造的风险,意图通过对危险的刑法禁止来降低和避免这种风险的实现,从而实现安全。"③安全刑法将风险的刑法防卫线向前推置,并在刑事责任领域进行了相应的拓展。一是预备犯刑罚的扩大化,因为如果不对某些预备行为采取特别早的措施,刑罚就不可能达到任何目的。④ 二是危险犯刑罚的普遍化,尤其是对抽象危险犯的处罚颠覆了传统刑法理论的罪责原则——对具体个别的法益的侵害或危险的具体故意或过失是归责的依据,而抽象危险犯的危险是拟制的危险,并未引起实际危害,也未引起法益的具体危险。⑤ 三是责任范围的扩张和责任形式的多样化。行为人可能由于他人的行为承担刑事责任,如个人责任之外的代理责任;刑事责任主体不再限于个人,法人刑事责任的重要性凸显。⑥ 四是出现了弥补传统刑罚不足的保安处分。

还应当指出的是,安全刑法也有其内在的风险,从而走上其反面成为新的社会风险来源,其拓展的刑事责任一旦在刑法适用时被滥用,就是摧毁人们社会实际生活安全与自由的最大危险。当然,这只是一种运作上的不合理而非存在的不合理。

---

① 赵书鸿:《风险社会的刑法保护》,载《人民检察》2008年第1期。

② 参见[德]乌尔斯·金德霍伊泽尔:《安全刑法:风险社会的刑法危险》,刘国良译,载《马克思主义与现实》2005年第3期。

③ 郝艳兵:《风险社会下的刑法价值观念及其立法实践》,载《中国刑事法杂志》2009年第7期。

④ 如德国刑法第80条规定的预备侵略战争行为、第149条规定的伪造货币的预备行为,等等。

⑤ 关于抽象危险犯的论述,参见高巍:《抽象危险犯的概念及正当性基础》,载《法律科学》2007年第1期;[德]约克·艾斯勒:《抽象危险犯的基础和边界》,蔡桂生译,载《刑法论丛》2008年第2期。

⑥ 参见劳东燕:《公共政策与风险社会的刑法》,载《中国社会科学》2007年第3期。

二、民法上的危险责任法制之发达

风险社会中，人类实践活动所制造出来的人为风险成了主要的风险，被誉为"第一生产力"的科技活动就导致了许多重大的社会风险，如印度的博帕尔案件和苏联的切尔诺贝利事件。为了应对科技活动的风险，在一定程度上抑制或解决"有组织地不负责任"现象，现代民法理论修正了传统的过失责任主义，发展出一种新的责任原理——危险责任。民法上的危险责任，是因危险活动事故发生所引起的民事损害赔偿责任。危险责任原理出现于科技相当成熟的19世纪后半期，大陆法系最早可追溯到1838年德国普鲁士邦制定的铁路法中所规定的火车事故责任类型，相继有1967年德国损害赔偿法修正草案对危险责任范围的增删，法国法上以无生物责任来处理危险活动的损害赔偿问题；①英美法系则是1868年英国贵族院"Rylands V. Fletcher"一案判决确定的原则——"持有或使用'危险物质'之人，如逸出危险物质致损害他人权益者，不问过失之有无，均应付损害赔偿责任"。危险责任法制的发展主要体现在两个方面：一是无过失责任的确定；二是因果关系理论的变动。尤其是后者，集中于减免受害人的举证责任，是为了"避免因科技发展，造成举证所在，败诉所在'之现象，以致实体法之权利保护规定，流于有名无实"。②

三、风险社会中的公共行政与行政责任的发展

现代行政法本质上是规范政府行政活动的控权法。从风险控制的视角看，政府行政活动的目的是要预防和控制各种风险，维护社会秩序，保证人们实际生活的安全。但是正如风险社会理论所揭示的那样，旨在控制风险的行政活动又成了新的风险来源。政府对此承担何种责任成为风险社会中的行政法所面临一个重大挑战。以强制性行政行为为主的行政执法很容易沦为政府推脱责任的借口，导致对行政活动风险的"有组织地不负责任"。为了应对风险社会的以上挑战，出现了"管理行政"向"服务行政"的行政行为模式转变，与

---

① 法国法上的"无生物之行为"又称之为"物之行为"，对它的解释在法国法上争议较大，详情可参见邱聪智：《民法研究》，中国人民大学出版社2002年版，第160~163页。

② 邱聪智：《民法研究》，中国人民大学出版社2002年版，第222页。

厦门大学法学院经济法学文库

之相应的是"行政责任制度体系的进一步完善,行政责任范围的扩展、责任形式的全面、规则原则的严格化则是其具体表现"。[①]行政责任不再局限于违法行政责任,还应当包括不当行政责任和合法行政责任。不当行政责任是行政主体对其不当行使行政自由裁量权所引起的后果承担的责任,体现了行政法的合理原则。合法行政责任的承担方式是行政补偿。

四、世界风险社会中的国际责任及国际争端解决机制的新挑战

风险的全球性和传染性使得当今世界没有哪个国家能够在风险面前独善其身,"非典"的扩散、甲型流感的肆虐、环境污染所产生的外部效应的全球化表明,世界风险社会急需建立和完善国际责任机制。贝克也曾经呼吁:"为了说明世界风险社会,有必要行动起来,促进形成应对全球风险的'国际制度'。"[②]"'责任全球化'需要成为全世界公共的和政治的问题",[③]也应当成为国际法领域的重要问题。尽管17世纪的普芬道夫以一切国际间协议或相互义务都可能被个别国家随意解除为由否定国际法的存在,以及19世纪的奥斯汀基于"法是主权者的命令"的前提和国际社会并不存在超越于国家主权之上的"主权者"的事实,断定国际法不是"真正意义上的法律"而只是"实在道德",[④]但是为了应对世界风险社会的挑战,以维护人类社会的共同安全,国际社会一直致力于建立国际责任机制,尤其是20世纪以来国际责任制度获得了较大的发展。国际责任的主体多元化,不再局限于国家,国际组织成了国际责任的重要主体,甚至于个人的有限国际责任主体资格也获得了认可;国际责任的适用范围不断扩大,不仅适用于一切国际不法行为,也适用于国际法不加禁止的行为所造成的损害;严格责任原则在一些国际公约中得以确立,如《关于核损害的民事责任的维也纳国际公约》《远程跨界空气污染公约》等,以应对国

① 胡肖华:《走向责任政府——行政责任问题研究》,法律出版社2006年版,第53页。

② [德]乌尔里希·贝克:《风险社会再思考》,载李惠斌:《全球化与公民社会》,广西师范大学出版社2003年版,第291页。

③ [德]乌尔里希·贝克:《世界风险社会》,吴英姿、孙淑敏译,南京大学出版社2004年版,第10页。

④ 转引自王铁崖:《国际法》,法律出版社1995年版,第6页。

际社会中如核能利用等高危险性活动;国际责任制度的法律的"硬"性因素不断增强。①

　　国际责任的落实有赖于有效的国际争端解决机制。国际社会的法治化使得法律性的国际争端解决机制的作用日渐突出。但是,风险社会中国际法的社会基础发生了重大变迁,风险社会语境中的国际争端解决机制面临着一系列严峻挑战。如争端解决过程的决策考量交织着法律、政治与社会等多种因素;国际争端裁判人员在复杂的社会风险面前暴露出其法律之外的知识或经验不足;等等。②

---

　　① 参见李寿平:《现代国际责任法律制度》,武汉大学出版社 2003 年版,第 249~251 页。

　　② 参见蔡从燕:《风险社会与国际争端解决机制的解构与重构》,载《法律科学》2008年第 1 期。

第二章

风险社会中经济法的产生及其责任研究的语言学转向

第一节　风险社会中经济法的产生及其责任拓展

一、风险社会中经济法的产生

产生现代经济法的 19 世纪下半叶处于自由资本主义向垄断资本主义过渡阶段。在此阶段,资本主义工业化以来累积的各种风险集中爆发。市场失灵的经济风险危及整个经济的正常运行,资本主义的经济危机凸显了工业社会时代生产社会化与生产资料私人占有之间的矛盾。尽管工业化使得社会物质财富暴增,但是社会分配严重不公,严重的社会问题层出不穷,工人运动风起云涌,各种社会改革运动兴起。在美国,就有人提出了这样的追问:"是否应当让财富掌握在少数人的手里,并让所有生产工具的管理权集中起来而不受限制性立法约束,或者是否应当设法对经济过程加以管理以利于人民大众?"①在德国,社会主义者安东·门格尔于 1890 年就强调指出,《德国民法典》能够提供给产业工人这个阶层的东西太少了;德国民法学者卡尔·拉伦茨

_____

① 〔美〕德怀特·杜蒙德:《现代美国》,商务印书馆 1984 年版,第 88 页。

甚至认为，《德国民法典》的制定者没有看到或没有充分考虑到产业工人这个新的社会阶层正在崛起，所谓的合同自由并不能为他们提供诸如免遭"任意"解雇、免受不公平的和苛刻的合同条件的帮助，因为他们没有自己的土地或其他财产，必须依靠从事雇佣劳动才能维持生计，这种经济状况不允许他们行使这种自由权利。① 如果用法律语言来表述工业化以来的社会关系和思潮的巨大变革，就是"由于对'社会法'的追求，私法与公法、民法与行政法、契约与法律之间的僵死划分已越来越趋于动摇，这两类法律逐渐不可分地渗透融合，从而产生一个全新的法律领域，它既不是私法，也不是公法，而是崭新的第三类：经济法与劳动法"。② "经济法产生于立法者不再满足于从公平调停经济参与人纠纷的角度考虑和处理经济关系，而侧重于从经济的共同利益，经济生产率，即从经济方面的观察角度调整经济关系的时候。经济法产生于国家不再任由纯粹私法保护自由竞争，而寻求通过法律规范以及社会学的运动法则控制自由竞争的时候。"③ 竞争本身具有反对停滞、促进革新的作用，但是在私有经济主导的经济体制中，对利润的追求以及某些领域设立现代化大型企业受制于所需的巨额资本，使得个别企业或联合组织可能取得"市场支配地位"，导致平等竞争条件丧失，而在不平等条件下开展的竞争最终将毁灭竞争本身。"《德国民法典》第 138 条和第 826 条包含了对滥用垄断地位行为的限制，但它对制止和防止垄断的形成、反对卡特尔以及其他可以限制甚至消除特定市场领域中竞争的协议却无能为力。"④ 为了维护或恢复以竞争为基础的市场经济的正常运行，立法者制定了《反对限制竞争法》(《卡特尔法》)、《经济稳定与增长促进法》等法律。这些就是典型的经济法。尽管在英美法中没有形式意义上的经济法，但"缺乏对经济法的科学阐述并不意味着英国不存在此类法规，

---

① 参见［德］卡尔·拉伦茨：《德国民法通论》(上册)，王晓晔、邵建东等译，法律出版社 2003 年版，第 67～69 页。

② ［德］拉德布鲁赫：《法学导论》，米健、朱林译，中国大百科全书出版社 1997 年版，第 77 页。

③ ［德］拉德布鲁赫：《法学导论》，米健、朱林译，中国大百科全书出版社 1997 年版，第 77 页。

④ ［德］卡尔·拉伦茨：《德国民法通论》(上册)，王晓晔、邵建东等译，法律出版社 2003 年版，第 71～72 页。

而只说明对这一概念没有从实务和学术的角度进行阐述"。^① 在 20 世纪 30 年代美国的罗斯福新政以及"二战"后资本主义经济的恢复和发展中都不乏经济法的重要实践。

总之,经济法的产生是应对工业社会所致的经济和社会风险的必然选择。为了应对市场失灵的经济风险,"经济法将国家引入经济运行之中,主张国家主动自觉地管理和协调经济的运行"。^② 市场规制和宏观调控成为国家运用经济法调控经济运行的重要手段。为了应对社会分配不公导致的社会风险,保障社会安全和经济发展,国家建立社会保障制度,通过国民收入再分配等方式为公民维持一定的生活水平或质量提供物质帮助。旨在预防和消解社会风险的社会保障成为社会安全的有力屏障。

二、风险社会中经济法领域的责任形态拓展

法律作为调整社会关系的规则,随着社会关系的变化而变化。事实上,法律制度变革的步伐也从来没有停止过。反思风险社会中的经济危机、社会公共安全等事件所暴露的制度缺陷和教训,设计出妥善处理此类事件和防范类似事件重演的法律制度,是法律人的最大追求。如前所述,为了应对工业社会以来的各种经济社会风险,传统的部门法如民法、行政法和刑法乃至国际法等都进行了修正或变革,并拓展了其法律责任制度。但是,风险社会的法律需求不仅仅局限于此,它还可能产生,实际上也已经产生了新的法律现象——经济法。经济法与传统法律制度相比有许多新的特点,在法律责任方面,经济法领域就出现了传统法律责任制度难以包含或解释的责任形态。

(一)财产责任

经济法领域出现的新的财产责任形式主要是市场主体承担的惩罚性损害赔偿责任,如美国反垄断法上的三倍损害赔偿责任、我国《消费者权益保护法》第 55 条规定的三赔偿责任以及我国《食品安全法》第 96 条规定的十倍赔偿责任。当然,也有民法学者将惩罚性赔偿责任归为民事责任,对于惩罚性赔偿责任的性质之争后文将有详细论述,在此不赘述。

---

① [英]施米托夫:《国际贸易法文选》,赵秀文译,中国大百科全书出版社 1993 年版,第 32 页。

② 徐杰:《论经济法的产生与发展》,载《经济法论文选萃》,中国法制出版社 2004 年版,第 56~57 页。

(二)行为责任

行为责任就是以行为受到某种限制为代价而承担责任的方式。在经济法领域,市场主体承担的行为责任方式有禁止令、恢复原状、缺陷产品强制召回等。禁止令可以制止已经发生的违法行为,防止损害的扩大;也可以预防将要实施的违法行为。禁止令是美国反垄断法上的一项重要救济措施。我国《反垄断法》第 48 条也规定,经营者违反反垄断法规定实施集中的,国务院反垄断执法机构可以责令停止实施集中。

依据我国《反垄断法》第 48 条的规定,经营者违反反垄断法规定实施集中的,国务院反垄断执法机构可以责令限期处分股份或者资产,限期转让营业以及采取其他必要措施恢复到集中前的状态。这就是市场主体所承担的恢复原状的经济法责任。经济法上的恢复原状不同于民法上的恢复原状。在民法上,恢复原状(回复原状)是与金钱赔偿并存的两种损害赔偿方法。我国台湾地区"民法"第 213 条第 1 项规定:"负损害赔偿责任者,除法律另有规定或契约另有订定外,应回复他方损害发生前之原状。"即损害赔偿的方法,以回复原状为原则,以金钱赔偿为例外。① 可见,民法上的恢复原状是对单个的自然人、法人与其他社会组织所受损害赔偿的救济方法;但经济法上的恢复原状不是针对单个主体所受的损害,而是面对整个市场,是为了恢复竞争的市场结构。在美国执行反托拉斯法的历史中,曾经分拆过不少垄断企业,如 1984 年就将美国电话电报公司(AT&T)一分为八,美国微软公司也差点被一分为二。在日本,为恢复竞争所实施的排除措施命令包括:禁止命令、强制交易命令和分割命令等。

缺陷产品召回制度是经营者对存在危及人身安全或财产安全的危险的产品,依法将该类产品从市场上收回,并免费进行修理或更换的制度。依据该制度,经营者负有召回缺陷产品的义务,此种义务是一项法定义务,经营者不履行该义务时,由主管机构责令强制召回缺陷产品,即经营者要承担缺陷产品强制召回的责任。此种责任不同于合同法上的瑕疵担保责任。瑕疵担保责任是为了保障合同目的的有效实现,缺陷产品召回责任是为了保障消费者的利益和公共安全;瑕疵担保责任一般属于任意性规定,当事人之间可以依照约定排除之;缺陷产品召回责任则属于强行性规定,当事人之间不可以通过约定限制、免除或减轻之,因为它不仅涉及当事人之间的利益关系,还关系到社会公

---

① 参见曾世雄:《损害赔偿法原理》,中国政法大学出版社 2001 年版,第 146 页。

共安全。它也不是侵权法上的损害赔偿责任,它不以发生实际的损害为前提,其功能不是为了填补已经发生的实际损害,而在于对缺陷产品所致危险的预防。缺陷产品强制召回责任体现了国家对市场风险的防范和规制,凸显了经济法保护社会公共利益的价值,是经济法领域产生的典型的新的责任形式。在立法上,美国1966年在汽车行业根据《国家交通与机动车安全法》明确规定汽车制造商有义务召回缺陷汽车。2004年我国国家质检总局、发改委、商务部和海关总署四部委颁布了《缺陷汽车召回管理规定》;三鹿"毒奶粉"事件之后,《食品安全法》第53条明确规定,国家建立食品召回制度;食品经营者发现其经营的食品不符合食品安全标准,应当立即停止经营,食品生产者认为应当召回的,应当立即召回;食品生产经营者未依照规定召回不符合食品安全标准的食品的,县级以上质量监督、工商行政管理、食品药品监督管理部门可以责令其召回。至此,食品领域的缺陷产品强制召回责任为我国法律(狭义)所规定。

(三)信誉责任

信誉责任是以当事人的信用或者声誉受损为代价而承担责任的一种方式。市场经济是信用经济,信用对于从事经济活动的市场主体不再仅仅是一种道德信用,更主要的是一种经济信用,信用是指"民事主体所具有的经济能力在社会上获得的相应的信赖与评价"。[1] 声誉与信用不同,它是基于综合素质的积极评价,以商誉(企业的声誉)为例,它主要来源于顾客对企业的商业信誉和商品声誉的积极评价。

反过来,社会对市场主体的信用评价或声誉评价又会影响到其获取经济利益的能力。因此,通过信用的评定和公示制度降低市场主体的信用等级或施加其他的负面影响对它也是一种实际的惩罚,使其承担了一种信誉责任,并进而影响其获取经济利益的能力。在国际金融领域,国际上公认的最具权威性的信用评级机构美国标准·普尔公司和穆迪投资服务公司所发布的信用评级报告对于被评的金融机构具有举足轻重的影响。在我国,社会信用体系与信誉责任制度正在逐步建立,如中国商业联合会在2008年发布了《商业企业信用等级评价管理办法》;中小企业信用等级评价体系也已经启动,信用等级高的企业可获得政府部门和银行的政策支持;政府正在建立安全生产黑名单制度和质量违法违规企业"黑名单"制度。三鹿"毒奶粉"事件之后,国家质检

---

[1] 杨立新:《人身权法》,中国检察出版社1996年版,第638页。

总局公布的检出三聚氰胺婴幼儿配方奶粉企业名单就是一份有力的黑名单，这些企业因此名单而承担各自的信誉责任是不争的事实。

第二节　经济法领域的法律责任研究述评

一、经济法兴起时期的责任研究及其发展

(一)经济法兴起时期的责任研究

在我国经济法兴起时期，曾有人以经济责任、经济法律责任、经济法责任为题对经济法的法律责任问题做过有益的探讨。如杜飞进早在 1986 年就于《政治与法律》上发表《试论经济责任的特征》一文论述经济责任与行政责任的区别，认为经济责任既不排斥其他法律责任，也不能为其他法律责任所代替。与之针锋相对的是，党宪中 1990 年也在《政治与法律》上撰写《"经济责任"质疑》一文，指出"经济责任"一词不是一个严格的法律概念。在这一时期，较有影响的观点是梁慧星教授与王利明教授在合著的《经济法的理论问题》中所持的"经济行政法律责任"论——经济法实质上是经济行政法，并将经济法的责任称之为经济行政责任，是行政责任的一部分。[①]

总的来看，在我国经济法兴起初期，作为经济法基础理论重要组成部分之一的经济法的法律责任问题并未像经济法的概念、经济法的调整对象、经济法的价值等问题那样引起学界的重视。诚如有学者所总结的那样："在初步发展时期，除了部分概论式经济法学教材仍在总论的法律责任部分重复一些与民事责任非常相似的经济责任的内容外，创新性探讨甚少。"[②]这种现状也反映出经济法责任理论确实是一个公认的"难垦之域"。[③]

(二)21 世纪以来经济法领域责任研究的新阶段

进入 21 世纪以来，经济法领域的责任研究进入了一个新的阶段。在著作

---

① 参见梁慧星、王利明：《经济法的理论问题》，中国政法大学出版社 1986 年版，第 241～253 页。

② 肖江平：《中国经济法学史研究》，人民法院出版社 2002 年版，第 260 页。

③ 张守文：《经济法理论的重构》，人民出版社 2004 年版，第 469 页。

方面,漆多俊教授多次再版的《经济法基础理论》继续专章研究了"经济法的调整方法与责任制度";肖江平在《中国经济法学史研究》一书中的"经济法实现研究变迁论"部分总结了以前经济法的责任理论研究的特点、不足、原因及其发展趋势。① 张守文教授在《经济法理论的重构》中提出了经济法责任的客观性问题,并试图论证其相对独立性。王全兴教授则从"主体—行为—责任"框架和"可诉性规范与不可诉性规范相结合框架"来研究经济法的责任问题。②

　　这一时期也涌现出大量研究经济法责任的论文。在主流的法学类核心期刊上也出现了一些研究经济法责任问题的高质量论文,并产生了较大的影响。③ 另外,在学位论文的写作方面,出现了经济法责任方面的硕士论文、博士论文。④ 在文献资料汇编方面,时建中教授主编的《经济法基础理论文献辑要》从经济法责任的概念、意义、特点、构成要件和归责原则、种类、独立性、具体责任形式、经济法制裁八个方面系统整理了 30 年来的经济法责任研究成果,⑤为研究经济法责任问题提供了比较全面的资料指引。

---

　　① 肖江平:《中国经济法学史研究》,人民法院出版社 2002 年版,第 259～261 页。

　　② 参见王全兴:《经济法基础理论专题研究》,中国检察出版社 2002 年版,第 47～51 页。

　　③ 如韩志红:《关于经济法中的"新型责任"弥补"行政责任"缺陷的思考》,载《法商研究》2003 年第 2 期;邓峰:《论经济法上的责任——公共责任与财产责任的融合》,载《中国人民大学学报》2003 年第 3 期;翟继光:《论经济法责任的独立性》,载《当代法学》2004 年第 4 期;焦富民:《论经济法责任制度的建构》,载《当代法学》2004 年第 6 期;刘水林:《经济法责任体系的二元结构及二重性》,载《政法论坛》2005 年第 2 期;薛克鹏:《经济法综合责任论质疑》,载《政法论坛》2005 年第 4 期;应飞虎:《问题及其主义——经济法学研究非传统性之探析》,载《法律科学》2007 年第 2 期;李志刚:《调制受体法律责任体系的重构》,载《法学》2007 年第 6 期;刘水林:《论民法的"惩罚性赔偿"与经济法的"激励性报偿"》,载《上海财经大学学报》2009 年第 4 期。

　　④ 笔者于 2010 年 4 月 25 日以"经济法责任"为主题再度检索"中国优秀硕士学位论文数据库",有搜索结果 40 条,其中直接有关的共 30 条,具体内容涉及惩罚性赔偿、责任形式、独立性、归责原则等。如张德峰:《宏观调控法律责任研究》,中南大学 2007 年博士论文;王涪宁:《经济法责任研究》,中央民族大学 2007 年博士论文。

　　⑤ 参见时建中主编:《经济法基础理论文献辑要》(第 1 辑),中国政法大学出版社 2009 年版,第 462～497 页。

二、以往有关经济法的责任研究困境

丰富的研究成果似乎表明经济法学界已经突破了这个公认的"难垦之域"。其实不然,经济法责任的研究面临着不少来自经济法学界内外的争议与质疑。在经济法学界内部,综合责任论、新型责任论与传统加新型责任论之间的争议不止;在经济法学界外部,甚至有学者直言经济法的责任理论研究是一个伪命题,是在给自己的研究制造麻烦和设置障碍。① 这种声音实际上也代表了不少民法学者、行政法学者的立场。如何消除内部争议?如何突破外部的质疑?这是研究经济法的责任问题时必须面对的难题。从已有的研究看,经济法学界陷入了两个困境:一是"什么是经济法责任"的定义式思维困境;二是经济法责任的独立性困境。

与民事责任、行政责任、刑事责任不同,"经济法责任"还只是经济法学界在探讨经济法领域的法律责任问题时所使用的一个语词,尚未在法律规范性文件中出现过,而且在经济法研究历史上,还曾出现过"经济责任"②"经济法律责任""经济责任制"等其他不同的表述,尤其是"经济责任"的表述引起了不少质疑,③在一定程度上影响了经济法理论的解释力。在 2003 年召开的第十一届全国经济法理论研讨会上,经济法学界吸取了以往研究的教训,"与会学者绝大多数赞成使用'经济法责任'",④因为"'经济责任'未能全面反映经济

风险社会中的法律责任制度改变:以经济法为中心

厦门大学法学院经济法学文库

---

① 参见李曙光:《经济法词义解释与理论研究的重心》,载《政法论坛》2005 年第 6 期。

② 如杜飞进的著作《论经济责任》就比较早地使用"经济责任"一词,认为"经济责任就是指经济法律关系的当事人违反经济法所规定的义务或者基于某种特定的法律事实而在经济法上承担的法律后果"。参见杜飞进:《论经济责任》,人民日报出版社 1990 年版,第 19 页。

③ 党宪中以为,广义上的经济责任是一种财产性质的法律责任,在民事、行政、刑事责任中都有表现;狭义的经济责任,也很难与民事责任、行政责任划清界限,实际上分别是民事责任、行政责任的一部分。参见党宪中:《"经济责任"质疑》,载《政治与法律》1990 年第 6 期。漆多俊教授以为,"经济责任"即财产责任,它只是经济法责任体系中的一种责任形式,但不是其唯一形式,"经济责任"并不能替代经济法责任的概念。参见漆多俊:《经济法基础理论》,法律出版社 2008 年版,第 153 页。

④ 管斌、崔征、康健:《第十一届全国经济法理论研讨会综述》,载《法商研究》2004 年第 2 期。

法规定的不利后果，'经济法律责任'没有分清经济法律与经济法"，①而"经济法责任""既难以被理解为财产责任或与经济有关的责任，又能体现其分类标准是法律责任的部门法性质"。② 从目前来看，"经济法责任"一词基本上成了经济法学界探讨经济法领域的法律责任问题时普遍使用的语词，只是对其含义尚有不同的理解，本书亦从之。

不过，对于"什么是经济法责任"，经济法学界则基本上是继受了法理学界的法律责任理论，提出了形形色色的责任理论。如"义务说""后果说""代价说""责任说"等等。"义务说"又有各种不同表述。有人以为："经济法律责任是指经济法主体因实施了违反经济法律法规的行为应承担的由法律规定的具有强制性的法律义务。"③此说存在的缺陷是，有将部门法意义上的经济法等同于经济法律法规之嫌。有人以为："经济法责任是指经济法主体因违反经济法律、法规的规定而应承担的特殊义务。"④此论也存在前面论述的缺陷，而用"特殊义务"旨在强调经济法责任的特殊性。有人以为："经济法律责任（经济法责任）是由于滥用经济权利（力）或违反了经济法规定而引起的、由国家或社会专门机关认定并归结于经济法律关系的有责主体的、带有强制性的义务。"⑤此论有两个明显的特征：一是用"经济法"取代了"经济法律法规"，从而明确了经济法责任是一种部门法责任；二是经济法责任不仅由国家认定归结，还可以由社会专门机关认定归结，突破了传统法律责任理论，强调了经济法责任的社会性。

"后果说"也有不少大同小异的表述。有人以为："经济法责任是指由于经济法主体的经济违法行为以及法定特别损害后果发生，而使其有责主体必须

① 管斌、崔征、康健：《第十一届全国经济法理论研讨会综述》，载《法商研究》2004 年第 2 期。

② 管斌、崔征、康健：《第十一届全国经济法理论研讨会综述》，载《法商研究》2004 年第 2 期。

③ 李昌麒：《经济法——国家干预经济的基本法律形式》，四川人民出版社 1995 年版，第 482 页。

④ 刘瑞复：《经济法学原理》，北京大学出版社 2000 年版，第 161 页。

⑤ 刘水林：《经济法责任体系的二元结构和二重性》，载《政法论坛》2005 年第 2 期。

承担的否定性经济法后果。"①"代价说"是漆多俊教授特有的理论观点。他认为,法律责任是指人们违反法律规定的义务所应付出的代价,经济法责任就是人们违反经济法规定的义务所应付出的代价。②"责任说"认为:"经济法律责任是指经济法主体因其进行了经济违法行为或未能完成经济义务时,所应承受的处罚的责任。"③

此外,有人主张从多角度对经济法责任做广义和狭义的理解。广义的经济法责任包括消极责任和积极责任、本法责任与他法责任、奖励与惩罚;狭义的经济法责任仅指消极责任、本法责任、惩罚。④ 还有人认为,经济法责任是一种"不经济责任",与"经济奖励"相对应,从"义务说"标准看,是指由于侵害经济法权或违反经济法义务而遭受的由国家法定机关所给予的非难;从"利益说"看,则是经济法主体因违反经济法的规定侵害整体经济利益而应当承担的责任。⑤

三、以上研究的基本思路及其局限性

经济法学界对"经济法责任"概念的探究带有非常明显的法理学研究逻辑,是法理学界关于"法律责任"定义的"义务说""后果说""责任说"在经济法领域中的自然延伸。⑥ 这种贴标签式的研究思路固然可以在既有法理学研究成果的基础上贴上"经济法"的标签而达到理论上的自圆其说,但是这样的一种经济法责任概念在很大程度上反映的还是法律责任的共性,尚未反映出经

---

① 李中圣:《经济法责任论略》,载《法律科学》1993 年第 4 期。类似的表述还可以参见:潘静成、刘文华:《经济法基础理论教程》,高等教育出版社 1994 年版,第 330 页;苏惠详、邱本:《经济法原理》,吉林大学出版社 1997 年版,第 175 页;吕忠梅、刘大洪:《经济法的法学与法经济学分析》,中国检察出版社 1998 年版,第 164 页;杨紫烜:《经济法》,北京大学出版社、高等教育出版社 1999 年版,第 92 页;朱崇实:《经济法》,厦门大学出版社 2002 年版,第 696 页;薛克鹏:《经济法的定义》,中国法制出版社 2003 年版,第 263 页;张守文:《经济法学》,北京大学出版社 2005 年版,第 86 页。

② 参见漆多俊:《经济法基础理论》,法律出版社 2008 年版,第 149~150 页。

③ 戴凤岐等:《经济法》,经济科学出版社 1996 年版,第 96 页。

④ 此乃王全兴教授在全国经济法年会上的发言,参见管斌、崔征、康健:《第十一届全国经济法理论研讨会综述》,载《法商研究》2004 年第 2 期。

⑤ 参见陈乃新:《经济法理性论纲》,中国检察出版社 2004 年版,第 129~145 页。

⑥ 关于"法律责任"定义的相关阐述,可参见张文显:《法哲学范畴研究》,中国政法大学出版社 2001 年版,第 119~120 页。

济法责任的个性,而概念应当是反映对象特有属性或本质属性的思维形式,法律概念应当是反映法律规范所调整对象的特有属性或本质属性的思维形式,是"法律思想家从对具体法规和案例研究中归纳性地做出的一般性和抽象性观念"。① 就此而言,既有经济法责任概念存在明显不足。概念法学思维的僵化和保守是导致困境的主要原因。日本学者碧海纯一在分析耶林的《罗马法的精神》时指出,法不是与社会的、文化的背景脱离的东西,而是活社会的一个不可分的侧面。②经济法本身就是法律社会化的产物,研究经济法的责任问题必然要求打破概念法学的禁锢,必然要求从概念的天国回到具体的社会生活,也只有从具体的社会生活实际出发,才有可能突破经济法的责任研究困境。

沿袭法理学界研究法律责任的固有思路,必然也会因袭其固有的局限性——定义式法律思维的局限性。哈特在《法律的概念》与《法理学中的定义与理论》中对定义式法律思维的局限性做过精彩的论述。哈特指出,定义最初指的就是在某类事物和他类事物之间划定界限或做区分的问题,这个界限是通过各别独立的语词在语言上所做的划分,尽管定义的人完全熟悉所议论之语词的日常用法,但是却无法说出或解释他们所意识到的将某类事物从另一类事物分开的区别。哈特举了大象、时间和定点行人自己熟悉如何走却无法阐明或告诉他人应该如何走的例子加以说明。"当我看到一只大象时,我可以认出它,但是我无法定义它。""什么是时间? 如果没有人问我,我是知道的;如果我希望向问我的释明它,那我就不知道了。"③因此,对于"什么是法律"这个问题,简单之定义形式的使用无法有所裨益。哈特在《法理学中的定义与理论》中进一步指出,通常的定义模式并不适用于法律领域,而且还使得对法律的阐释更为复杂,在某些方面导致了法理学与现行法律研究的背异,无论那些法律的概念多么重要而且基本,只要据其特征采用适当的方法,都能够阐释清楚。④

经济法责任研究的现状是,经济法学界对"什么是经济法责任"的回答也

---

① [英]戴维·沃克:《牛津法律大词典》,李双元等译,法律出版社2003年版,第673页。

② 转引自梁慧星:《民法解释学》,中国政法大学出版社2000年版,第63页。

③ [英]H. L. A. 哈特:《法律的概念》,许家馨、李冠宜译,法律出版社2006年版,第13页。

④ 参见[英]H. L. A. 哈特:《法理学中的定义与理论》,载[英]H. L. A. 哈特:《法理学与法哲学论文集》,支振锋译,法律出版社2005年版,第23~24页。

没有能够脱离像回答"什么是法"之类问题时的那种定义模式。就像哈特所指出的那样,也许经济法学者自己熟悉"经济责任""经济法律责任""经济法责任"等概念称谓的用法与含义,却无法说出或者解释经济法学者所意识到的将其区分于其他部门法律责任的差别。"经济法责任"定义的层出不穷使得解释经济法领域的责任问题更加复杂,这也许正好印证了哈特在《法理学中的定义与理论》中所持的观点:定义模式不适用于法律领域。由此推之,它也不适用于经济法领域。

定义模式的背后隐藏着更为隐晦的观念意识形态:这种观念暗示着对人类理性的无限尊崇,否则,对所谓的"本质"的把握将无从谈起;它因袭的是一种近代理性主义的叙事策略,相信人类能够发现隐藏于现象背后的事物本质。① 经济法学者乐此不疲地对"经济法责任"进行定义无不隐含着对人类理性的无限尊崇,无不显示出其对把握经济法责任之本质的过于"自信"。不可否认,定义模式的经济法责任研究思路或多或少揭示了经济法责任的某些特征,但是此种思路的局限性却也暴露无遗:面对其他部门法学者对经济法责任的质疑或诘难,除了重复"经济法责任是违反经济法规定的义务所导致的法律后果,其他部门法责任是违反该部门法所规定的义务所导致的法律后果"之类的言语之外,经济法责任的上述定义基本上就再也无能为力了,而经济法权利义务理论的先天性缺陷又使得经济法责任失去了经济法责任定义所依存的义务基础。可以说,层出不穷的"经济法责任"定义貌似造就了研究的繁荣,实则复杂化了经济法领域的法律责任问题。

纵使定义者对本质的把握具有完全的可能,但是定义需要通过语言来表达。因为世界只有透过语言,它不能外在于语言而存在;法律由语言来服务,法律世界是语言的一种产品。② 人们在定义某个概念时都声称要揭示概念指向事物的本质,而事物的本质问题最终是一个哲学问题,"对任何概念(定义)问题,哲学都按照不同的'前理解'提供了若干方案",③对一个概念的多种定义实际上反映的是定义者哲学上的不同"前理解"。如此说来,任何概念与定义问题都有其哲学根源。从语言哲学的视角观之,克服定义式经济法责任研

① 参见吴丙新:《法律概念的解释——法律适用的合法性与妥当性》,山东大学 2005 年博士学位论文。

② 参见[德]考夫曼:《法律哲学》,刘幸义等译,法律出版社 2004 年版,第 167~170 页。

③ [德]魏德士:《法理学》,丁晓春、吴越译,法律出版社 2005 年版,第 28 页。

究的局限性需要一个语言学转向。

第三节　经济法领域法律责任研究的语言学转向

一、转向的哲学渊源是语言哲学的兴起

经济法责任研究的语言学转向是哲学中的语言学转向在经济法学领域中的运用与发展，是旧分析法学向新分析法学转变的体现。

语言哲学有两种比较普遍的解释：一种语言哲学叫 linguistic philosophy，它通过分析语词的意义和分析语词之间的逻辑关系来解决哲学问题；另一种语言哲学叫作 philosophy of language，它旨在从哲学的角度分析语言的一些基本特征、研究意义、所指、真、证实、言语行为、逻辑必然性等问题。[①] 以弗雷格、维特根斯坦等为代表的语言哲学家们所促成的 20 世纪西方哲学领域的"语言学转向"（linguistic turn）是一场革命，它改变了西方传统哲学中本源论和认识论的中心地位，语言本体或意义本体成为哲学研究的中心。"哲学的首要任务就是对语言进行分析。"维特根斯坦说："不弄清语言的意义，就没有资格讨论哲学。"但语言分析自古有之，为什么过去的语言分析没有形成语言学转向？因为真正促成语言学转向的是现代哲学语言观的产生和现代逻辑的建立。

语言学转向首先需要一个传统哲学语言观向现代哲学语言观的转变。传统的语言观将语言视为一种工具，亦即语言工具主义。海德格尔说："说是发声器官和听觉器官的活动。说是有声的表达和人类心灵运动的传达，而人类心灵运动是以思想为指导的"。[②] 海德格尔的意思是：语言是人表达思想、交流感情、体现意识的一种手段；人是语言的主宰者，语言是人的一种活动，人与语言是一种主体与客体之间的关系。换言之，语言是人类认识世界和改造世

---

①　参见王路：《弗雷格的语言哲学》，载《哲学研究》1994 年第 6 期。

②　［德］海德格尔：《在通向语言的途中》，孙周兴译，商务印书馆 2004 年版，第 4～5 页。

界的工具。现代语言观是一种语言本体主义——语言不仅是表述或表达的工具,而且是一个独立自主的、自我参照的系统,能够给人提供以意义性和想象性;语言不再是一种存在的派生,而是存在本身的一种规定;语言具有逻辑上的先在性,语言不再因人而存在。① 现代哲学语言观的语言本体地位在语言哲学中得到了充分体现:"重视语言对哲学的影响,把哲学问题归结于语言问题,认为哲学上混乱、争论、错误产生于语言的含糊不清或者对语言的误用、滥用,因而哲学的任务是对语言进行语义分析,揭示语言的确切含义和意义,指明语言的正确用法和规则,以消除哲学上混乱,以至消除这些哲学难题本身,或者说是'恢复哲学语言的健康'。"②

　　单纯的语言分析并不能导致语言转向,以现代逻辑为工具进行语言分析才导致了语言转向。现代逻辑使得传统逻辑从哲学中分离出来,成为一门独立的科学,又为哲学提供了一种科学的分析语言的方法。它既不是经验的方法,也不是哲学的思辨的方法,而是应用了数学的方法,它的定义语言的方法、证明定理的方法等都是数学式的。③ 正是从这个意义上讲,开创了现代逻辑的德国著名哲学家弗雷格是语言哲学的创始人。④

　　早期的语言哲学流派人工语言学派就深受数理逻辑中的人工语言(符号语言)的影响。在数理逻辑中的每个符号都有确切的含义,符号语言是一种精确的、理想化的语言,人工语言学派就是创造一种"理想语言",一种纯形式的人工语言,以便通过"这种'形式的说的方式',使科学能避免无意义的语言以及因此造成的假象问题",⑤克服日常语言(自然语言)的混乱。

　　后期的日常语言学派则认为,用人工语言代替日常语言也无助于消除混乱,关键是要根据语言的语境及用途对日常语言进行语义分析以确定其含义。如日常语言哲学家特维根斯坦就十分强调意义与语境的密切联系,强调语言表达式的意义对语境的依赖性,认为要了解词和语句的意义,就必须考虑它们

风险社会中的法律责任制度改变:以经济法为中心

厦门大学法学院经济法学文库

---

① 参见韩秋红:《"能否言说"与"有无意义"——现代西方语言哲学转向的真实意蕴》,载《社会科学战线》2009 年第 5 期。

② 张文显:《二十世纪西方法哲学思潮研究》,法律出版社 2006 年版,第 79 页。

③ 参见王路:《论"语言转向"的性质和意义》,载《哲学研究》1996 年第 10 期。

④ 弗雷格在 1879 年出版的《概念文字》中提出建立一种形式语言,以形式语言构造了一个一阶谓词系统,从而开创了现代逻辑。关于传统逻辑、现代逻辑及其与哲学的关系,可以参见王路:《论逻辑与哲学的融合与分离》,载《哲学研究》1995 年第 10 期。

⑤ [德]考夫曼:《法律哲学》,刘幸义等译,法律出版社 2004 年版,第 172 页。

所处的特定环境及其使用的目的和用途。在他看来："当我们提出'什么是意义'、'什么是思维'、'什么是时间'这样一些问题时，我们所涉及的是这些现象的性质。如果我们从理论的角度去观察这些问题，也就是企图通过提出系统的理论去解决或说明这些现象，那我们就会误入歧途……这里的错误不在于我们的说明还不够深入或恰当，而在于我们试图用新的说明、新的发现去排除我们所感到的困惑。要弄清楚这些现象的性质，并不需要通过更深入的发掘和发现，而是要通过分析这些现象的陈述的种类，弄清楚不同语言领域中使用语言的方式来加以揭示。"①

二、转向的法理学背景是新旧分析法学的流变

20 世纪下半叶兴起了一场新分析法学运动。美国法理学教授博登海默指出，新分析法学否弃了早期分析法学家把法理学的任务限制在对基本的法律概念进行注释那种单一的做法，承认其他研究方法也是合理的；大多运用了现代的尖端逻辑工具，包括符号逻辑和计算机科学，或者坚决依靠语言科学的发现和成就；对司法程序的调查研究更为严密和详尽。② 因此，主张在法学研究中大力运用语义分析方法的新分析法学又被称为语义分析法学。

新分析法学的头面人物哈特将语义分析哲学引入了法学领域。他在1953 年《法学中的定义和理论》的就职演说从定义造成的诸多困扰入手，指出："不应像传统下定义的方法那样，将'权利'与'义务'、'国家'或'法人'等词汇从句子中剥离，因为只有在句子中它们的功用才可能被全面地看到，而且对于这些被剥离的词汇来说，也不应该要求它们的种属与差别。"③在哈特看来，不应当抽象地去回答"什么是权力""什么是法人"之类的问题，而应当通过弄清这些概念被使用的背景和条件去阐释它们，因为法律词语、概念没有确定的一成不变的意义，而是依其被使用的语境有着多种的意义。④ 英国的格兰维尔·威廉斯论述了语词的模棱两可性，认为大量的混乱是因运用那些同时具

① 涂纪亮：《维特根斯坦后期哲学思想研究》，江苏人民出版社 2005 年版，第 3 页。

② 参见[美]E.博登海默：《法理学：法律哲学与法律方法》，邓正来译，中国政法大学出版社 2004 年版，第 137 页。

③ 参见[英]H.L.A.哈特：《法理学中的定义与理论》，载 [英]H.L.A.哈特：《法理学与法哲学论文集》，支振锋译，法律出版社 2005 年版，第 30 页。

④ 张文显：《二十世纪西方法哲学思潮研究》，法律出版社 2006 年版，第 81 页。

有许多不同含义的法律术语所致,而要说出某个词的"正确"含义是不可能的。美国的沃特·普鲁伯特宣称,规范和规则本身来说就是含糊的,规范或规则在法院的普通法诉讼程序虽然具有一定的作用,但并不是核心,核心是语言的使用或辩术。①

哈特对法学传统中定义方法的严厉批评与维特根斯坦对于"什么是时间""什么是思维"之类问题的回答如出一辙。维特根斯坦在《哲学研究》中宣称的"一个词的含义乃是它在语言中的使用"就是哈特批评法学传统中定义方法所持的哲学立场。英国法理学者韦恩·莫里森在评价哈特的分析目标及其方法论时指出,哈特他们使用语言哲学(即日常语言分析)的起点是通过分析共同语言习惯中的区别,例如"被迫"与"有义务"之间的区别,从而更深刻地理解社会惯例及规则的意义。② 来源于语义分析哲学的语义分析方法在语义分析法学中的应用是显而易见的。然而,博登海默教授质疑:"如果晚期维特根斯坦的'日常语言'哲学被人们理解为法理学的基本原则,那么法理学会朝哪个方向发展? 我们在这里必须考虑的是,法律语言包括有许多专门性的、技术性的语言,尽管其中也包含有日常语言中通常使用的广义的、非技术性的术语。"③ 这涉及语言的两个面向——人工语言与自然语言的关系问题及其法律语言的性质问题。④ 如考夫曼教授所言,语言的这两个面向谁也没有战胜谁,而"在真正被说的语言中常常存在两个面向,它们之间的关系不是一种'不是什么就是什么'的关系,而是一种或多或少的关系……语言活着并且常常由日常语言中更新,如果一种专业语言失去了跟日常语言的关联,那么它将慢慢死去"。⑤ 谈及法律语言,考夫曼教授指出:"法律语言也必须是一种活生生的、两个面向化的语言。否则,它将无法有一个向日常语言,市民的语言的延续线。像任何的专业语言般,法律语言不能与日常语言任意地远离。"⑥日常语言与专业语

---

① Walter Probert, *Law, Language and Communication*, Charles C. Thomas Publisher, 1972.21.

② 参见[英]韦恩·莫里森:《法理学——从古希腊到后现代》,李桂林等译,武汉大学出版社 2003 年版,第 380~382 页。

③ [美]E.博登海默:《法理学:法律哲学与法律方法》,邓正来译,中国政法大学出版社 2004 年版,第 143~144 页。

④ 专业语言就是一种人工语言,自然语言又叫日常语言或基本语言。

⑤ [德]考夫曼:《法律哲学》,刘幸义等译,法律出版社 2004 年版,第 174 页。

⑥ [德]考夫曼:《法律哲学》,刘幸义等译,法律出版社 2004 年版,第 187 页。

言的这种密切联系表明,博登海默教授的质疑似乎是多余的,倒是其以下观点揭示了新分析法学的本质特征——"分析法理学——被认为是日常语言哲学的一个分支——的任务就可被归结为对法律术语和概念的标准用法进行描述",①而不是像旧分析法学那样采取传统的定义方法。

三、经济法的责任研究转向有其自身的特殊原因

哲学的语言学转向和新旧分析法学的流变已经为"经济法责任"研究的语言学转向提供了比较坚实的哲学基础和法理依据。此外,"经济法责任"研究的语言学转向还有其自身的特殊原因,正是这些特殊原因使得"经济法责任"研究的语言学转向显得更为必要和紧迫。

(一)经济法的语言困境使得经济法的责任研究更加需要体现其特有语境

由于"经济"一词的多种含义以及法律与经济之间的紧密联系,现代意义上的经济法自19世纪晚期产生以来就一直饱受"语言瓶颈"的制约。我国已故著名民法学者佟柔教授就曾尖锐地指出,"经济法"本身是一个极易引起误解的概念,因为许多人将经济法理解为调整经济关系的法律。②"将经济法理解为调整经济关系的法律"与其说是提高了经济法的地位,不如说是贬低了经济法。笔者在此无意于就此进行所谓的论战,只是想借此印证,经济法及其研究所遭遇的先天性语言困境。

对于19世纪晚期以来出现的诸如反垄断法、消费者权益保护法、经济稳定增长法等之类的新的法律现象,从部门法划分的视角将其归为一类并称之为"经济法"。从法律语言的视角看,这需要一种新的法律语言——经济法语言的形成,经济法语言就是要将经济生活事实纳入经济法的法秩序,以联结日常经济世界与经济法律世界。③ 然而,经济法语言的形成具有不少先天性困难。其一,如上所述,经济与法律之间的先天性紧密联系使得人们很容易误解经济法,法律语言的两个面向即专业语言与日常语言之间的冲突在经济法语

---

① [美]E.博登海默:《法理学:法律哲学与法律方法》,邓正来译,中国政法大学出版社2004年版,第144页。

② 参见周大伟:《经济法:一道困扰中国法学界的难题》,载《西部法学评论》2008年第5期。

③ 参见黄茂钦:《经济法"语言":形塑现代社会生活的真实》,载《理论与改革》2006年第1期。

言上得到了鲜明的体现。关于"经济法""经济法责任""经济法主体"等的争论就反映了经济法语言两个面向的冲突。考夫曼教授在论及日常语言与专业语言的关系时指出,法律专业语言的语法及语意不是建立在一种清楚的规则之上的一种科学语言,因而不是一种科学语言,甚至也不是一种专业语言,而是一种法律人之间的身份语言,只是专业人之间共同同意使用的一种语言习惯(专业的日常语言)。① 经济法语言本应当是经济法专业人士之间共同同意使用的一种语言习惯,是经济法专业的日常用语。而将经济法仅仅理解为与经济相关的法律会导致经济法语言泛化成纯粹的日常语言,丧失经济法语言作为专业语言的特色。

其二,较之于民法、刑法等部门法,经济法毕竟还是一个年轻的法律部门,经济法语言要突破传统法律语言体系的桎梏或约束不是一件容易的事情,经济法语言要与传统法律语言体系融为一体更非易事。② 因为经济法语言形塑的是现代社会生活,为了适用复杂的现代社会结构形势,从语言上表现出与日常语言和日常世界更紧密的关联性,垄断、不正当竞争、消费者权益、产品质量等这些在日常语言中普遍存在的词汇进入经济法领域,并被赋予了法律意义。与传统法律语言相比,经济法语言不再偏向于抽象性、一般性的"宏大叙事",而是关注特定范围的主体和特定领域的问题。③

经济法语言的上述困境在"经济法责任"这一概念上得到了比较明显的体现。首先,"经济法责任"作为经济法学界研究经济法领域的法律责任问题所使用的语言称谓,是经过多年争议之后才形成了目前的共识。但是由于偏好定义式的法律思维,经济法学者总是试图对其进行定义,以期揭示经济法责任的本质,以力图将其与其他部门法责任相区别。殊不知这样一来,人云亦云的经济法责任定义却使得经济法领域的法律责任问题更加复杂化。其次,尽管经济法学界对采用"经济法责任"一词形成了基本共识,但"经济法责任"并没有成为经济法专业的日常语言,因为经济法学界对于"经济法责任"的具体含

---

① 参见[德]考夫曼:《法律哲学》,刘幸义等译,法律出版社 2004 年版,第 174~175 页。

② "其他学科对经济法还存在深深的成见,不理性地拒绝和否定经济法,或者无视经济法的存在"的事实可以证实此点,参见陈云良:《傲慢与偏见——经济法的现象学分析》,载《法商研究》2009 年第 4 期。

③ 参见黄茂钦:《经济法"语言":形塑现代社会生活的真实》,载《理论与改革》2006年第 1 期。

义并未形成多少有力的共识;"经济法责任"更未为其他部门法学界及法理学界所接受成为整个法律专业的日常语言。他们能否接受"经济法责任"取决于两个方面。第一,取决于他们自身观念的转变,这实际上是从封闭到开放的观念转变,没有一种开放的态度,就不可能突破传统法律责任体系的束缚而接受经济法责任。相对于传统法律责任体系而言,"经济法责任"是一个新的法律概念。这一新的概念是否适当或者正确? 如 B. B. 拉普捷夫所言,新的法律概念不一定要完全符合已经形成的法律概念时才是正确的,因为法律概念不是从自身中发展起来的,而是在同社会关系和经济关系的发展相联系中发展起来的。由于社会关系和经济关系的发展,旧的概念已经不符合社会关系发展的新条件了,新的法律概念的出现才有必要,在某些情况下,新的概念不是现有概念所能容纳得下的。① "经济法责任"就是这样的一个新概念。

第二,取决于经济法学界对"经济法责任"的研究状况。相对而言,后者更为关键。其他部门法学者及法理学界至今仍不能接受"经济法责任"的一个重要原因就是经济法学界对"经济法责任"的具体含义未能形成有力的共识。面对"什么是经济法责任"的诘问,深受概念法学影响的经济法学者希望将经济法责任理论建立在定义的脊背上,未能从使用"经济法责任"的特定背景和条件去阐释其内涵。而"定义只不过是用简明的语言揭示概念内涵的初级方法。对于仅想对被定义的词语(对象)有一个大致的、概括性了解的人来说,定义可能是个方便的工具。而对于科学研究和专业来说,定义是远远不够的,何况有许多定义拘泥于形式主义或固定的模块,全然没有考虑到概念(现象)的本质内容"。② 目前学界对经济法责任的定义又何尝不是拘泥于形式主义或固定的模块呢? 这样的定义对于法学研究恐怕只有微小的价值,经济法责任的研究仅仅停留在定义的层次上远远不够,而更加需要体现经济法的特有语境,要从经济法产生与发展的历史或者逻辑形成的过程中来阐释经济法责任。一句话,就是强调经济法责任的意义对经济法语境的依赖性。只有这样,才能"消除'定义偏好'所导致的不受语境限制,对概念、语句、命题采取随心所欲的态度以及学术讨论中的武断作风,减少学术浪费"。③

① 参见[苏联]B. B. 拉普捷夫:《经济法的主体》,载中国人民大学苏联东欧研究所编译:《苏联经济法论文选》,法律出版社 1982 年版,第 78 页。

② 张文显:《二十世纪西方方法哲学思潮研究》,法律出版社 2006 年版,第 87 页。

③ 张文显:《二十世纪西方方法哲学思潮研究》,法律出版社 2006 年版,第 87 页。

第二章　风险社会中经济法的产生及其责任研究的语言学转向

(二)概念形成的有限自主性是经济法责任研究语言学转向的无形压力

"经济法责任"是经济法学界在研究经济法领域的法律责任问题时所创造的一个新概念，其目的是为了建立经济法自己的法律责任理论体系。在法学中，专业术语的形成与约定有相当的自主性，但是这种创造新的法律概念的自主性又是有限的，新概念必须避免不清楚的、容易引起误解的新词语或定义，那样对法学和法律实践都是有害的；法学文献中的一些不必要的人为创造的新词加重了理解法学中的事实和解决办法的困难。魏德士教授还戏说要制造新概念的人要缴纳费用存入"反概念法学基金会"，并对创设了有用的或确有必要的词语的发明者给予利息奖励，①反过来这也是对创造不必要概念的人给予了惩罚。

魏德士教授的以上论述值得经济法学界反思。以"经济法责任"为例，经济法学界就承受着"概念形成有限自主性的压力"——民法学界与行政法学界大都认为"经济法责任"是一个没有必要的概念。如何从理论与实践相结合的视角去论证其必要性成为经济法责任研究的难题。近年来，经济法学界对此倾注了不少的精力，也取得了不小进展，但总体上而言上述压力并未得到实质性化解。有压力才有动力，经济法学者也没有必要妄自菲薄，而应当寻求新的研究路径，以求突破。在笔者看来，经济法责任研究的语言学转向不再将经济法责任限定在僵硬的定义中，而是从经济法责任产生与发展的特定语境，如其社会基础、历史背景以及经济法知识体系等来加以阐述其特征，有助于问题的解决。

(三)消解学术纷争和促进经济法学研究方法多元化的现实需要

"工欲善其事，必先利其器。"法学界也十分重视对法学研究方法的研究，以至于有人将法学研究方法的知识体系称之为法学方法论。多年来，我国绝大多数经济法学者也是在法学研究方法层面上使用"经济法学方法论"这一概念，取得了不少成果，促进了经济法学的发展。总体上看，在过去的经济法研究中，价值分析方法、系统分析方法、经济分析方法等都得到了运用，其中价值分析方法得到了极为广泛和比较成熟的运用，经济法学者正是主要运用价值分析的方法基本上澄清了经济法的本质、价值、功能与宗旨等重要的基础理论问题，初步构建了经济法理论框架，但是也忽视了法解释学方法和语义分析方法。忽视法解释学方法使得经济法研究空洞化，忽视语义分析方法使得关于

---

① 参见[德]魏德士：《法理学》，丁晓春、吴越译，法律出版社 2005 年版，第 91 页。

经济法的学术纷争不断。消解经济法学界的内部纷争,整合经济法学研究资源有赖于在经济法研究中广泛和深入地运用语义分析方法。[①] 经济法责任研究的语言学转向强调从特定语境出发加强对经济法责任含义的语义分析、辨析经济法责任的独立性之争、探讨经济法责任的特征,这对于促进经济法学研究方法的多元化、消解不必要的学术纷争等具有现实意义。

四、"经济法责任"含义的特定语境分析

(一)哲学与法学上的"语境"

"语境"(context)是现代西方哲学中的一个重要用词。所谓"语境",指的是词或语句等语言表达式所处的特定环境。[②] 语境的范围在西方语言哲学发展历史上有一个从词到语句、从语句到语言游戏以至到整个科学体系逐步扩大的过程。19 世纪的洛克、休谟、密尔等认为从词本身就能确定词的意义,词被看作是意义的基本单位。在他们看来,不存在语言表达式的意义对语境的依赖性问题。弗雷格说:"只有在语句的语境中,而不在孤立的词中,才能找到词的意义。""词只有在命题之中才有真正的意义。"弗雷格把语句或命题看作意义的基本单位,成为语境论的首创者。维特根斯坦在早期继受了弗雷格的观点,他说:"只有命题才有意义;只有在命题的语境中,名称才有意义。"但是,维特根斯坦后期把语言游戏作为意义的基本单位,因为语言游戏是生活形式的基本单位,而词和语句都没有独立的意义,它们只是在语言游戏中才获得了意义。蒯因把整个知识体系看作经验意义的基本单位,提出了"整体论的检验理论"——基本思想是,关于物质世界的各种命题在接受感性经验的检验时不是单独出现的,而是作为一个组合起来的整体。不仅如此,语境观念还从"言语语境"扩展到了"非言语语境","包括'情景语境'、'文化语境'和'社会语境'。语境的观念从'关于人们在语境中的所言、所作和所思'转变为'以语境为框架,对这些所言、所作和所思进行解释',从而跟语词和文本所反映的外部

---

① 关于经济法研究方法的论述,参见阳建勋:《中国经济法学方法论之回顾、反思与展望》,载漆多俊:《经济法论丛》第16卷,中国方正出版社2009年版,第37～57页。

② 在语境的范围上,即什么是意义的基本单位上,有词、语句、语言游戏和整个科学体系之分。如洛克、休谟将词看作是意义的基本单位,弗雷格把语句或命题看作是意义的基本单位,维特根斯坦将语言游戏看作是意义的基本单位,蒯因将整个科学体系作为意义的基本单位。

世界的特征,跟世界的本质,尤其是知识和真理问题关联了起来"。① 例如,在科学技术哲学上,就出现了一种不同于以真理符合论为基础的科学观——语境论的科学观。语境论的科学观不再坚持传统的真理符合论,而把真理理解为是科学追求的长期目标;科学语言描述的不是客观世界,而是描述科学认知的结果,科学术语是针对理论模型的,不是针对世界的。②

语境论在哈特的新分析法学理论中已经得到明确的体现。哈特在评价关于什么是法律的不同说法时指出:"若在他们的语境下来理解,上面那些似是而非的陈述既具有启发性,又令人困惑。"③不要"将'权利'与'义务'、'国家'或'法人'等词汇从句子中剥离,因为只有在句子中它们的功用才能被全面地看到。"④语境论也对我国法学界产生了较大的影响。张文显教授在论及语义分析方法时就指出,分析语言的要素、结构,考察词语、概念的语源和语境有助于克服法学研究中的"定义偏好现象"。⑤ 在苏力看来,"语境论"是研究法律制度的一种进路和方法,是力求语境化地即设身处地地、历史地理解法律制度、规则的历史正当性和合理性。⑥ 田成有理解的语境则是多向度的知识背景,包括构成某种事物的社会政治、意识形态、价值观念、时代精神等文化台面的特质;是观察事物所持的角度、立场和文化眼睛;是附属于观察者身上的一种无形的文化积淀物。⑦ 可见,我国法学界也将"语境"从"语言语境"扩展到了"非语言语境"。

"基于语言学的转向,后现代法学必然反对现代法学的普适性知识理论,必然导致法律知识的语境论或地方性,提倡一种多元的、差异性的法律知识理论。"⑧同样,"经济法责任"研究的语言学转向就是一种经济法责任理论知识的语境论。由于在经济法责任研究中充斥着政策性语言、经济学语言与其他

---

① 郭贵春:《"语境"研究纲领与科学哲学的发展》,载《中国社会科学》2006 年第 5 期。

② 参见成素梅:《语境论的科学观》,载《学术月刊》2009 年第 5 期。

③ [英]H. L. A. 哈特:《法律的概念》,许家馨、李冠宜译,法律出版社 2006 年版,第 2 页。

④ [英]H. L. A. 哈特:《法理学中的定义与理论》,载[英]H. L. A. 哈特:《法理学与法哲学论文集》,支振锋译,法律出版社 2005 年版,第 35 页。

⑤ 参见张文显:《二十世纪西方方法哲学思潮研究》,法律出版社 2006 年版,第 87 页。

⑥ 参见苏力:《语境论——一种法律制度研究的进路和方法》,载《中外法学》2000 年第 1 期。

⑦ 参见田成有:《歧义与沟通:法律语境论》,载《法律科学》2001 年第 2 期。

⑧ 苗金春:《后现代法学面面观》,载《理论学刊》2006 年第 4 期。

风险社会中的法律责任制度改变:以经济法为中心

厦门大学法学院经济法学文库

部门法语言掺杂糅合的局面,经济法责任研究又受制于先天性的"语言瓶颈"制约,这就更加需要对经济法责任的语境问题进行考量,依据经济法责任的特定语境对其进行语义分析,以阐明对"经济法责任"概念的基本把握。

(二)"经济法责任"的言语环境

分析"经济法责任"的言语环境,就是从微观视角分析构成"经济法责任"意义的基本单位。这就是运用语义分析方法分析构成"经济法责任"这一语词的要素或结构,以理解和把握其含义。尽管我们不以为语词本身就能确定语词的意义,但是也不可否认,分析语词的结构要素或结构有助于理解和把握语词的意义,而且构成语词的要素事实上隐含着语词所依托的命题或语境。以"经济法责任"为例,这一语词在结构上是一个偏正结构,构成要素是"经济法"和"责任","经济法"和"责任"就是分析"经济法责任"意义的基本单位。换言之,对于"经济法"和"责任"意义的理解和把握构成了理解"经济法责任"意义的"前理解"。

1.对责任的不同理解直接影响到经济法责任的含义。责任有政治责任、道德责任、法律责任等之分,而"责任"在法律之外运用得更为广泛,法律责任的"基本关注点所在乃是一个与受到制裁的观念紧密相关(但又有所区别)的责任概念"。[①] 责任的自然主义以为,责任的本质意味着行为人具有自由意志,但是忽视了"被害人"和社会。[②] 分析法学派以为法律责任是一种国家制裁,以国家强制力为后盾,这是一种传统法律责任理论。社会法学派认为法律规则的最终权威不是以国家武力为后盾的制裁,也不是法律规则的道德基础,而是来自于法律所要保障的社会利益。[③] 按照分析法学派的理解,经济法责任只能由国家专门机关来认定和归结;而按照社会法学派的理解,经济法责任的最终权威来自于经济法所要保障的社会利益,代表社会利益的社会专门机关也可以认定和归结经济法责任,如行业协会对协会成员的责任认定与执行。在法律责任的分类上,是固守公法责任与私法责任严格区分的传统语境,还是顺应法律社会化的趋势重构法律责任体系,这直接关系到经济法责任的定位。

2.对经济法的不同理解直接影响到经济法责任的含义。将"经济法"理解

---

① [澳]皮特·凯恩:《法律与道德中的责任》,罗李华译,商务印书馆 2008 年版,第5页。

② [澳]皮特·凯恩:《法律与道德中的责任》,罗李华译,商务印书馆 2008 年版,第8页。

③ 参见张文显:《二十世纪西方法哲学思潮研究》,法律出版社 2006 年版,第 91 页。

为一种"综合经济法学说"，就会有相应的经济法责任综合论；将"经济法"等同于"经济法律法规"或"关于经济的法"，也会导致经济法责任综合论；将"经济法"理解为"经济行政法"，自然会产生经济行政法责任论；将经济法理解为与民法、行政法等并列的独立的部门法，则经济法责任有可能成为一种独立的部门法责任。① 可以说，关于经济法责任的含义及其独立性之争的根源仍然在于对"什么是经济法"的不同理解。再进一步追溯，对"什么是法"的不同理解也会导致对经济法责任的不同理解。如果将法局限于狭隘的国家法（硬法），而不包括与之相对应的软法，那么经济法责任就只能是一种国家法责任，就只能由国家专门机关来认定和归结。

3. 经济法责任的语境从属于经济法语境。"经济法责任"作为经济法学者指称经济法领域的法律责任问题的专业语言，其特定语境应当从属于经济法语境而非其他部门法语境。依据蒯因的"整体论的检验理论"，经济法语境就是把整个经济法知识体系看作意义的基本单位。以经济法责任为例，它不是单独出现的，而是作为整个经济法知识整体的一个组合存在，经济法责任的意义不能脱离整个经济法知识整体。李昌麒教授指出："经济法学的文章要真正摆脱不被认为是经济学文章的尴尬境地，就必须完成从经济学语境到经济法语境的转化。"②这说明经济法学者已经认识到了经济法语境的重要性。经济法语境实质上也是一个经济法的话语体系问题，"经济法学科长期以来对传统部门法律的依附性，而缺乏自我指认、自我建构的独特品格，从而致使经济法学自己的话语体系无法在特定的论述和制度性语境内形成"。③

（三）"经济法责任"的非言语环境

从"言语环境"入手分析"经济法责任"有利于理解和把握其含义，减少不必要的争议，而对于"经济法责任"之特征的把握则要着眼于经济法责任产生与发展的"非言语环境"。这种语境提供的是理解"经济法责任"的宏观环境。

---

① 也有将经济法理解为一种独立的部门法，而将经济法责任作为三大责任的综合。对此，也有学者表示质疑，认为综合责任论实质上否定了经济法具有特定的调整对象，也就否定了经济法是一个独立的法律部门。参见薛克鹏：《经济法综合责任论质疑》，载《政法论坛》2005 年第 4 期。

② 李昌麒：《发展与创新：经济法的方法、路径与视域》，载《山西大学学报》（哲学社会科学版）2003 年第 3 期。

③ 单飞跃、李莉：《语境中的经济法——关于经济法的话语体系》，载《南京大学学报》（哲学、人文科学、社会科学版）2005 年第 3 期。

经济法作为一个新兴的法律部门，依托于不同于传统法律部门语境的特定语境，这种语境就是 19 世纪晚期以来社会转型背景下"经济的集中和垄断(市场失灵)、国家第四种权力的出现及有效运作、现实主义法学思潮、集体主义的价值观和方法论(社会本位)等特定语境"。[①] 概而言之，这种语境就是一种风险社会语境以及与之相伴而生的法律社会化语境。经济法责任的风险社会理论诠释就是基于风险社会语境探讨经济法责任产生与发展的社会基础及其特征，揭示经济法责任制度的风险根源。

(四)中国"经济法责任"的特定中国语境

以上对"经济法责任"语境的探讨基本上是以 19 世纪晚期以来的西方社会为基础，因而是一种西方范式的经济法责任语境。而语境具有时空性，不同时空下的语境构成不同的特定语境，中国自 1979 年改革开放的经济法实践必定有其特定的中国语境。如何看待西方范式的经济法责任语境与本土的中国经济法责任语境？不容否认的是，中国经济法实践事实上已经深受西方范式理论的影响，从这个意义上说，西方范式的经济法责任理论本身就是中国经济法责任语境的一个重要组合。然中国的经济法实践毕竟有其特殊的时空条件：中国社会正在经历着一场渐进式改革的社会转型，政府在社会转型中始终处于主导地位，这与西方社会推行的社会福利制度改革不可同日而语；中国实行的是社会主义市场经济体制，其市场经济地位仍未为一些西方国家认同；中国的法律文化传统不同于西方，西方法治文明源远流长、深入人心，中国权力文化根深蒂固、法治理念正在形成之中。这些特定的语境使得中国经济法责任制度会打上深深的中国烙印，综合经济法责任论、经济行政法责任论在中国的流行以及宏观调控法律责任的迟迟难以建立就是这些烙印的典型代表。

三、本书对"经济法责任"含义的把握

综上所述，鉴于定义式思维方式之流弊以及经济法自身的先天性语言困境，本书无意寻求"经济法责任"的一般性定义，而是从经济法产生与发展的特定语境来理解和把握其含义与特征。在宏观上，这一特定语境是 19 世纪晚期以来社会转型背景下的风险社会语境；在中观上，这一特定语境从属于经济法

---

① 刘光华：《经济法的语境论研究进路》，载《兰州大学学报》(社会科学版)2002 年第 2 期。

语境,就是把整个经济法知识体系看作意义的基本单位,经济法责任不是单独出现的,而是作为整个经济法知识整体的一个组合存在,经济法责任的意义不能脱离整个经济法知识整体;在微观的"言语环境"上,"经济法"与"责任"是构成"经济法责任"的要素,是分析"经济法责任"意义的基本单位。因此,对经济法的不同理解直接关系到经济法责任的含义,对法律责任的不同理解直接影响到经济法责任的含义。

(一)"经济法责任"是对经济法作为一个部门法的法律责任的总体性描述

"经济法责任"作为整个经济法知识体系的基本单位,是对经济法作为一个部门法的法律责任的总体性描述。按照魏德士教授的阐述,描述性概念与规范性概念相对应,规范性概念是包含了价值标准的概念,要理解这些概念,必须先做价值判断,如"故意""过失""重大事由"等。描述性概念的使用有两种情况,一是在法律自身当中,用于描述特定事实行为或者一般而抽象地确定法定的事实构成,如对期限的确定;二是在法学研究中借助描述性概念来划分法律学科,是对法律概念与规范的总体性描述,如"物权法"是关于"物上权"的法律规范的总。[①] "经济法责任"就是对经济法上的法律责任的总体性描述,其分类标准是法律责任的部门法性质,而不是某种具体的责任形式。"经济法责任,是专指经济法作为独立法律部门所具有的责任,不是泛指所有具有经济内容的法律、法规所确定的责任……是指经济法律、法规所确认的各种责任形式的总称。"[②]

(二)经济法责任是一个二元结构体系

经济法责任对经济法领域之法律责任的总体性描述不应当是随意的、零散的,而应当是系统的,即经济法责任是一个责任体系。经济法责任体系又从属于特定的经济法知识体系,在二元经济法体系下,经济法责任就是一个二元结构体系。从责任主体上看,经济法责任主体可以分为市场主体与政府主体。依据其实际上不同的社会经济地位,市场主体又可以分为强势市场主体与弱势市场主体,并因此而承担不同的经济法责任。政府主体可以分为中央政府与地方政府。从责任发生的领域看,经济法责任可以分为市场规制法律责任与宏观调控法律责任。由于二元结构的经济法责任之间存在较大的差别,要

---

① 参见[德]魏德士:《法理学》,丁晓春、吴越译,法律出版社 2005 年版,第 85~86 页。

② 李昌麒:《经济法学》,中国政法大学出版社 2002 年版,第 117 页。

风险社会中的法律责任制度改变:以经济法为中心

厦门大学法学院经济法学文库

像民法理论"提取公因式"那样提炼出一般性的经济法责任定义,有点勉为其难。因此,不如从经济法责任体系的二元结构出发,研究两种性质不同的经济法责任主体的责任特征。① 本书遵循的正是这样的一种研究思路。

---

① 已经有学者进行了这方面的研究,参见刘水林:《经济法责任体系的二元结构及二重性》,载《政法论坛》2005 年第 2 期。

第三章

语境论中的经济法责任独立性辨析

　　"什么是法律"这个令哈特烦恼不已的问题带给了法律人不少的理论困惑，古往今来，不知有多少"严肃的思想家以多元的、奇特的甚至是似是而非的方式提出解答"。①　与之相似的是，"什么是经济法""什么是经济法责任"带给经济法学者的烦恼②恐怕有过之而无不及，围绕此类问题产生的争议在中国法学界可谓是"盛况空前"，其中尤以"经济法是一个独立的法律部门"及"经济法责任的独立性"为甚。在法理学界，无论是"三分法"还是"四分法"的法律责任分类均无经济法责任。③　有民法学者在论及民事责任的特征时指出，区别民事责任与其他法律责任的参照标的是刑事责任、行政责任，不包括经济责任，经济责任是一个在立法上和学理上含义都不很明确的概念，经济责任与非经济责任相对应，与民事责任、刑事责任和行政责任不是同一个层次，经济责

---

　　①　[英]H. L. A. 哈特：《法律的概念》，许家馨、李冠宜译，法律出版社2006年版，第1页。

　　②　每当与民商法专业的同学讨论此类问题时就不仅仅是烦恼，甚至有点郁闷，但是一想到哈特的烦恼，就觉得这是很自然的事情，不禁有所释怀。

　　③　所谓"三分法"就是将法律责任分为民事责任、刑事责任和行政责任；"四分法"还包括违宪责任。这种划分只是大体上的、不周延的，如对于诉讼责任、国家赔偿责任等就难以归入其中。有关法律责任分类的论述可以参见张文显：《法理学》，法律出版社2004年版，第120～122页；李步云：《法理学》，经济科学出版社2000年版，第318～320页；沈宗灵：《法理学》，北京大学出版社2000年版，第513～522页。

任只不过是某些经济法学者取代民事责任的概念而已。[①]在经济法学界内部，有关经济法责任的争议也甚为激烈。鉴于"经济法责任的独立性"事实上已经成了研究经济法责任不可回避的问题，此问题的产生又与"什么是经济法责任"乃至"什么是经济法""什么是法律责任""什么是法律"等问题密切相关，而对这些问题的回答远非定义式思维方式所能解决，因此，应当从产生这些问题的特定语境出发，辨析经济法责任独立性之争的原因。只有廓清了这些争议，才可能消除对经济法（学）的傲慢与偏见，才可能探寻经济法责任制度的特征、发现拓展经济法责任制度的难点。本章试图运用语义分析的方法，从言语语境和非言语环境两个方面来廓清有关经济法责任的一些争议。言语环境指产生这些争议的不同部门法知识体系，非言语环境则指引发这些部门法知识体系变革的风险社会环境。

第一节　民法现代化语境与经济法语境冲突下的惩罚性赔偿之争

一、民法现代化语境：风险社会挑战与传统法律责任体系的变革

在罗马法上，对民事责任与民事义务两者未加区分，英美法系民法也是如此，日耳曼法首先确立了与民事义务概念相区别的民事责任概念，现代大陆法系继受日耳曼法并通过法典形式确立了与民事义务严格区分的民事责任制度，[②]这就从过去民刑不分的法律责任中分离出了独立的民事责任。根据传统民法理论，民事责任分为契约责任与侵权责任，契约责任以违反契约约定的义务为基础，侵权责任则以违反不得损害他人合法权益的法定义务为前提。以"契约—侵权"为绝对界分的两分法民事责任体系自其产生之日就存在着理论困境，如日本学者宫本健藏指出："契约责任的扩张化并不只是单单来源于

---

① 参见郭明瑞、房绍坤、於向平：《民事责任论》，中国社会科学出版社 1991 年版，第 27～28 页。

① 参见郭明瑞、房绍坤、於向平：《民事责任论》，中国社会科学出版社 1991 年版，第 27～28 页。

② 《法国民法典》第 1142 条、《德国民法典》第 241 条、1964 年《苏俄民法典》等均规定了民事责任，参见梁慧星：《民法总论》，法律出版社 2005 年版，第 83～84 页。

德国侵权行为法的不完备，它也是古典民事责任法中只有契约责任与侵权责任两种类型责任的狭隘性的产物。"① 被誉为"法学上之发现"的缔约过失责任和积极侵害债权的责任，② 就难以在"契约—侵权"为界分的两分法民事责任体系中合理定位。"不完全给付及附随义务的违反介于侵权责任与契约责任之间，涉及民事责任制度的变革及发展。"③

如果说在交易不甚复杂的近代时期，传统的两分法民事责任体系尚可以应对社会需求，那么 19 世纪下半叶以来的工业革命、城市化、高度危险来源的出现、公司化和垄断化等一系列变化已经改变了大陆法系诸法典赖以存在的经济社会条件。④ 如何维持、修正或变革两分法民事责任体系以适应上述社会经济条件的变化？我们面临的是一个庞德式的悖论："法律必须稳定，却不能静止不变。"⑤ 卡多佐说："无论是静止不变，还是变动不居，如果不加以调剂或不加以制约，都同样具有破坏力。法律如同人类，要活下去，就必须寻觅某些妥协的途径。"⑥ 民法学者如何寻求两分法民事责任体系与日益变化的社会经济条件妥协的途径呢？"一是主要扩张侵权责任，即摒除过错的主观性分析方法，对过错采取客观性分析方法，建立起以注意义务为核心的侵权责任制度；二是主要扩张契约责任，即以诚实信用原则为核心，衍生出有别于给付义务的义务群，并以这些义务为中心全面扩张契约责任。"⑦ 显然，这两种方式都是在两分法民事责任体系的框架内进行。但也有民法学者，如德国学者克劳斯·威廉·卡纳里斯主张建立一个介于契约责任和侵权责任之间的第三种责任类型。这实际上将义务群区分为给付义务和保护义务，将先契约义务、契约

---

① 转引自侯国跃：《契约附随义务研究》，西南政法大学 2006 博士学位论文。

② 参见王泽鉴：《法学上之发现》，载王泽鉴：《民法学说与判例研究》(第 4 册)，中国政法大学出版社 1998 年版，第 1~25 页。

③ 王泽鉴：《法律思维与民法实例》，中国政法大学出版社 2001 年版，第 285 页。我国台湾地区"民法"继受德国法上的积极侵害债权理论，而称之为不完全给付。

④ 参见徐国栋：《民法基本原则解释——成文法局限性之克服》(增订本)，中国政法大学出版社 2001 年版，第 262~280 页。

⑤ Pound·Roscoe, *Interpretation of Legal History*, Cambridge University Press. 1923, p.1.

⑥ [美]本杰明·N.卡多佐：《法律的成长——法律科学的悖论》，董炯、彭冰译，中国法制出版社 2002 年版，第 4 页。

⑦ 邱雪梅：《民事责任体系重构之研究——"两分法"民事责任体系的困境与修正》，厦门大学 2007 年博士学位论文。

风险社会中的法律责任制度改变：以经济法为中心

厦门大学法学院经济法学文库

履行中的附随义务、后契约义务和安全保障义务等这些新类型的民事义务统称为保护义务。保护义务产生的基础是当事人之间基于特定结合关系所产生的信赖关系,违反保护义务而承担的法律责任是一种信赖责任。我国已有学者提出,借鉴德国法上的"统一保护义务关系"学说,构建一个"契约—侵权—保护"的三分法民事责任体系。①

为了应对风险社会的挑战,民法学者在二分法民事责任体系内部无论是通过扩张侵权责任还是扩展契约责任,都没有突破民法作为私法的本质属性,但从二分法民事责任体系到三分法民事责任体系则在一定程度上有了突破。因为三分法民事责任体系中的保护责任已经不再是纯粹的私法责任,它是在民事主体地位的平等性、互换性基础丧失的情形下调整民事关系的民事责任类型创新。保护责任的民事主体不再是"近代民法中的人"——"植根于启蒙时代、尽可能地自由且平等、既理性又利己的抽象的个人,是兼容市民及商人的感受力的经济人",②而是"现代民法中的人"。在现代民法中,为了适用工业社会向后工业社会的各种风险挑战,为了适应自由主义国家向福利主义国家的转变,发生了近代民法向现代民法的转型。这一转型的特征表现为:具体人格的出现,对财产所有权的限制,从追求形式正义到实质正义,从法之安定性转而为社会妥当性的价值取向等等。③ 星野英一将民法中的人的现代化变迁概括为"从对所有人的完全平等的法律人格的承认到承认人格权"的转变;"从自由的立法者向法律的保护对象"、"从法律人格的平等向不平等的人"、"从抽象的法律人格向具体的人"的转变;"从理性的、意思表示强而智的人向弱而愚的人"的转变。④ 但是,"实际上,现代民法中'人'的人格在'抽象化'('戴面具')与'具体化'('穿衣服')之间徘徊"。⑤ 这种徘徊也印证了"民法的现代模式并非完全取代其近代模式,而是构成两者共生的现象",⑥印证了现

---

① 邱雪梅:《民事责任体系重构之研究——"两分法"民事责任体系的困境与修正》,厦门大学 2007 年博士学位论文。

② 古斯塔夫·博莫尔语,转引自[日]星野英一:《私法中的人》,王闯译,中国法制出版社 2004 年版,第 7 页。

③ 梁慧星:《民法学说判例与立法研究》,国家行政学院出版社 1999 年版,第 77 页。

④ 参见[日]星野英一:《私法中的人》,王闯译,中国法制出版社 2004 年版,第 50 页。

⑤ 谢鸿飞:《现代民法中的"人"》,载《北大法律评论》第 2 卷,法律出版社 2000 年版,第 132 页。

⑥ 梁慧星:《民法总论》,法律出版社 2005 年版,第 5 页。

代民法只是对近代民法的原理和原则进行了发展和修正，①二分法民事责任体系的内部扩张和三分法民事责任体系的倡导就是重要的发展或修正之一。这种徘徊也反映了现代民法所面临的一种后现代困境，因为从后现代主义视角观之，"'现代民法'中的'现代'也具有后现代的某些品格"，②依托于后工业社会的"现代民法"实质上也是民法学者的一种现代化反思与回应。由于一切"当下的制度安排或社会秩序——无论是国内的还是国际的——都不是人类的终极性制度安排或社会秩序，因此任何阻碍或反对制度创新或秩序重构的主张或视角都应受到反思和质疑；与此同时，任何支持或捍卫制度创新或秩序重构的主张或视角也同样是一个必须接受审查或反思的开放性问题"，③传统的民事责任体系自然也不可能是终极性的制度安排，如何克服传统民事责任体系的局限性进行制度创新或秩序重构同样需要以开放的态度进行审查和反思。就此而论，无论是在二分法民事责任体系内部扩张侵权责任或契约责任，还是突破二分法民事责任体系构建三分法民事责任体系，都是一种封闭性的理论，都是出于坚持或捍卫民事责任作为一种私法责任所进行的内部修补，而没有跳出私法责任的桎梏去进行新的责任制度创新。与之相反，主张独立的经济法责任的经济法学者则是突破了传统法律责任体系的框架而进行的责任制度创新。

二、经济法语境：风险社会挑战与经济法的责任制度创新

为什么要进行这样的责任制度创新？不外乎两个方面的原因：一是传统的民事责任体系具有自身难以克服的局限性；二是所创新的责任制度如经济法责任具有独特的优势。以经济法学者对民法的附随义务与经济法的基本义务的研究为例，我们可以发现经济法学者所建构的独立的经济法责任不同于民事责任的义务基础和独特优势：经济法将民法上的附随义务提升为经济法的基本义务纳入新的法律体系之中，以在更大范围、更高层次上追求实质公

---

① 参见〔日〕北川善太郎：《关于最近之未来法律模型》，李薇译，载梁慧星：《民商法论丛》第6卷，法律出版社1997年版，第186页。

② 谢鸿飞：《现代民法中的"人"》，载《北大法律评论》第2卷，法律出版社2000年版，第129页。

③ 邓正来：《谁之全球化，何种法哲学？——开放性全球化观与中国法律哲学建构论纲》，商务印书馆2009年版，第43页。

平、维护社会利益。因为"附随义务法定化只是民法在其能力所及范围之内协调个人利益与社会利益矛盾、追求实质公平正义的方法,因而具有显而易见的局限性"。① 首先,法定化的附随义务仍然从属于约定义务,基于意思自治原则约定义务在大多数情形下可以排除附随义务,因而附随义务的法定化并未改变其"附随性"。其次,法定化的附随义务也缺乏特别保障制度。② 最后,民法中规定附随义务的大多是概括性规定或一般性条款,内容极不明确,如《合同法》第60条第2款规定,"当事人应当遵循诚实信用原则,根据合同的性质、目的和交易习惯履行通知、协助、保密等义务"。因而,附随义务内容的明确往往依赖于法官的自由裁量,这表明民法保障附随义务履行的能力并不强。

经济法则通过强调特定关系中强者的义务,更加偏重于保护弱者。如《消费者权益保护法》中经营者的义务、《产品质量法》中生产者与经营者的义务、《反垄断法》与《反不正当竞争法》中经营者的义务等较之于民法上的附随义务要明确详尽得多,而且规定这些义务的法律规范是"强行法律规范,不能依约定而变更"③。此外,经济法还加重了违反此类义务的法律责任。这些均表明经济法保障附随义务履行的能力较之于民法大大加强了。

三、民法学界与经济法学界关于惩罚性赔偿的责任性质之争

以损害赔偿为例,民法上的损害赔偿尊奉的"最高指导原则在于赔偿被害人所受之损害,俾于赔偿之结果,有如损害事故未曾发生者然"。④ 换言之,民法上的损害赔偿以填补损害为目的,以恢复"应有状况"而非"原来状况",即"于契约不履行而发生损害赔偿者,赔偿义务人应填补赔偿权利人所受之损害以至于如同契约被履行然;于侵权行为而发生损害赔偿者,赔偿义务人应填补

---

① 王全兴:《经济法基础理论专题研究》,中国检察出版社 2002 年版,第 167～168 页。

② 王全兴:《经济法基础理论专题研究》,中国检察出版社 2002 年版,第 168～169 页。

③ 法律规范依据其效力强度可以区分为强行法律规范与任意法律规范,强行法律规范不能依约定而变更;任意法律规范唯有在当事人无相反之约定时才予以适用,例如契约法。需要指出的是,现代民法中也不乏强行性法律规范。参见[德]考夫曼:《法律哲学》,刘幸义等译,法律出版社 2004 年版,第 155 页。

④ 曾世雄:《损害赔偿法原理》,中国政法大学出版社 2001 年版,第 16 页。

赔偿权利人所受之损害,以至于如同侵权行为未曾发生一样"。① 从经济学视角观之,"赔偿金使受害人恢复到其未受到伤害时的效用水平或无差异曲线上"。② 然而,兴起于现代英美法的惩罚性赔偿③却可能使得原告所获得的赔偿远远超过了其所受的损害,这就大大突破了民法上损害赔偿的最高原则——填补损害的原则。于是出现了对惩罚性赔偿的两种思维,即民法思维与经济法思维,并因此导致了对惩罚性赔偿责任性质的争议。

从民法的个体主义思维方式出发,惩罚性赔偿在补偿性赔偿制度不能对受害人提供充分补救的情况下也有适用的余地,如精神损害赔偿、人身损害赔偿中损害的计算具有非准确性和困难性,④因为"对于许多侵权伤害而言,并不存在一个已有的替代品市场……对一个孩子或肢体的损害而言,赔偿根本是不可能完全的"。⑤ 因此,从惩罚性赔偿替代精神损害赔偿以使得受害人获得完全充分的补救的角度出发,惩罚性赔偿仍然具有"补偿性",当其尚未超过受害人所受损害的限度时并不具有"惩罚性"。问题在于这样的一个限度事实上是难以界定的,因此,仅从传统理论所关注的受害人损害这一方面难以对惩罚性赔偿做出全面合理的评价。实际上,惩罚性赔偿作为民法应对后工业社会各种风险挑战的表现,"是传统赔偿责任制度对社会化做出的反应,这种反应已经越出传统民法的范围,但属于现代民法的范围"。⑥ 事实上,尽管大多数民法学者主张惩罚性赔偿责任是一种民事责任,但也有不少人深感它与民法理论的矛盾与冲突。⑦ 因此,不可否认的是,惩罚性赔偿确实对传统的民事

---

① 曾世雄:《损害赔偿法原理》,中国政法大学出版社 2001 年版,第 17 页。

② 〔美〕罗伯特·D.考特、托马斯·S.尤伦:《法和经济学》,施少华、姜建强等译,上海财经大学出版社 2002 年版,第 294 页。

③ 据王利明教授的考查,英美法中的惩罚性赔偿最初源于 1763 年英国法官 Lord Calnden 在"Huckl v. Money"一案中的判决,在美国则是在 1784 年的"Genay v. Norris"一案中最早确认了这一制度。参见王利明:《美国惩罚性赔偿制度研究》,载《比较法研究》2003 年第 5 期。

④ 参见王利明:《美国惩罚性赔偿制度研究》,载《比较法研究》2003 年第 5 期。

⑤ 〔美〕罗伯特·D.考特、托马斯·S.尤伦:《法和经济学》,施少华、姜建强等译,上海财经大学出版社 2002 年版,第 295 页。

⑥ 应飞虎:《问题及其主义——经济法学研究非传统性之探析》,载《法律科学》2007年第 2 期。

⑦ 如有人认为,惩罚性赔偿不应当是民法的基本内容,在我国将来的民法典中不宜规定该制度,参见尹志强:《我国民事法律中是否需要导入惩罚性赔偿制度》,载《法学杂志》2006 年第 3 期。

责任、刑事责任分类提出了强有力的挑战，也对传统侵权法造成了巨大的冲击。[1]

从经济法的整体主义思维方式出发，惩罚性赔偿责任的根源在于维护社会公共利益。依据法经济学的经典分析，实际得到赔偿的受害者在全部受害者中的比例——履行差错的存在是产生惩罚性赔偿的经济根源。履行差错造成了以下的情形："追求利润最大化的、其预期责任又限于补偿性赔偿金的生产者将选择低水平的质量管理，而这种低水平是缺乏效率的。"[2]通过判处倍数于履行差错倒数的惩罚性赔偿金则可以促使自私的生产者将社会成本内部化，恢复有效的激励机制，激励生产者严格产品质量管理，促进社会的效率、公平和有序。以上关于惩罚性赔偿的经济分析表明，惩罚性赔偿责任"保护的是整体利益，而不是个人的权利或利益，虽然，从工具性价值上看也保护了个人的权利和利益，但从目的性价值或宗旨看，其主要通过保护所有个体所依存的、作为社会利益载体的经济结构或经济秩序而保护社会整体利益"。[3] 因此，从这一责任形式的主要功能来看，应是经济法责任而非民事责任。

四、惩罚性赔偿责任性质之争源于两种不同的语境冲突

上述惩罚性赔偿责任性质的争议表明，惩罚性赔偿制度是"两种不同的部门法对经济社会化共同做出的反应，是民法和经济法在社会化背景下的制度衔接点之一"[4]。窥一斑见全豹，民事责任的现代化与经济法责任的产生实质上是民法、经济法各自应对经济社会化的自然反应，是应对后工业社会各种风险挑战的不同路径选择。有学者在论及全球化时指出，"广义的全球化既不只

---

① Stephen · Daniel, Punitive Damages: A Real History, *American Bar Association*, 1986,(8):125.

② ［美］罗伯特·D.考特、托马斯·S.尤伦:《法和经济学》，施少华、姜建强等译，上海财经大学出版社 2002 年版，第 301 页。

③ 刘水林:《论民法的"惩罚性赔偿"与经济法的"激励性报偿"》，载《上海财经大学学报》2009 年第 4 期。

④ 应飞虎:《问题及其主义——经济法学研究非传统性之探析》，载《法律科学》2007年第 2 期。

是一种客观现实,也不只是一种主观建构,而更是一种主客观的互动进程"。①
同样,民事责任的现代化与经济法责任的产生也是民法学者、经济法学者与富
于风险变幻的客观现实之间的一种主客观互动。它们都源于客观变化的现实
基础,又是一种深受自身理论框架影响与制约的主观建构。换言之,民事责任
的现代化依托于民法语境,深受民法知识体系与理论框架的约束;经济法责任
则离不开特定的经济法语境,深受经济法知识体系与理论框架的制约。惩罚
性赔偿责任性质之争实质源于民法现代化语境与经济法语境这两种不同的语
境冲突。因此,从民法理论的"错误性先见"②或者传统法律责任体系框架的
"前见"去评判经济法责任的独立性,本身就预设了对经济法责任的否定,已经
没有争论的必要与可能。它在逻辑上是一种封闭的"自我论证",与主张独立
的经济法责任的经济法学者所持的开放性态度截然不同。实质上,民法学者
不承认独立的经济法责任的根源在于否认存在应对后工业社会挑战的另一种
路径选择,民法学者仍然寄希望于对民法这台旧机器修修补补以适用新的社
会环境,美其名曰"民法的现代化",而不是从民法之外去发现、创制新的法律。
借用徐国栋先生一言,这是一种典型的"民法帝国主义"情结。

　　总之,民法学者与经济法学者关于经济法责任独立性的争议本质上是一
种语境冲突,即未能从语言表达式所处的特定环境出发理解或把握其含义所
引起的冲突。

风险社会中的法律责任制度改变: 以经济法为中心

厦门大学法学院经济法学文库

----

　　① 邓正来:《谁之全球化? 何种法哲学? ——开放性全球化观与中国法律哲学建构
论纲》,商务印书馆 2009 年版,第 97 页。另外,贝克在《什么是全球化?》一书中将广义的全
球化概念细划分为客观现实、主观战略与主客观相互作用的发展进程三个不同的层次,分
别使用了全球性、全球主义与全球化三个不同的概念。参见 Beck · Ulrich, *What is Glo-
balization*, Polity Press, 2000. 转引自张世鹏:《什么是全球化?》,载《欧洲》2000 年第 1 期。

　　② 如刘水林教授认为,对惩罚性赔偿的既有研究,多数学者都有一种"民事责任先
见"——预设了这种责任属于民事责任。参见刘水林:《论民法的"惩罚性赔偿"与经济法
的"激励性报偿"》,载《上海财经大学学报》2009 年第 4 期。

第二节　不同行政法语境中的经济法责任之争

一、经济行政法论中的经济行政责任

反对独立的经济法责任的一个重要理论观点是经济行政法论。经济法、经济行政法与行政法之间的关系争议较大。德国学者乌茨·施利斯基将"经济法"理解为"对经济生活有重要意义的所有法律规范的总和"，①将其分为经济私法、经济公法和经济刑法，经济公法（广义上的经济行政法）又包括了经济宪法、经济行政法和竞争公法等。"经济行政法则是指所有普通法上的对调整经济的国家机构授予权利，赋予其义务或对这类调整、监督经济的机构进行组织规范的法律规范的总和。"②韩国行政法学者金东熙指出，经济行政法构成了所有国家法秩序的一部分，最近开始以独立的法领域出现，但对于经济行政法的概念或研究对象及领域，至今仍无确定的观点。如果将经济法定义为"为使整个国民经济全体生产合理的秩序而规范经济的法"，经济行政法在一定范围内与这种经济法重叠。③

在我国，经济行政法是 20 世纪 80 年代初作为经济法的一种观点被提出来，主张经济法即经济行政法，认为经济行政法是调整国家经济管理关系的法律规范，它不是一个独立的法律部门，是行政法的一个分支，属于部门行政法的层次。④ 经济行政法论者以为，经济法不是与民法、行政法并列的部门法，而只是行政法的一个子部门法。因此，其法律责任是一种经济行政责任，是对违反经济行政义务的当事人的法律制裁，由拥有经济行政处罚权的经济行政机关依法追究，实质是依法损害经济行政违法行为人的经济利益或其他利益，

---

① 显然，对"经济法"的这种理解与我国经济法理论存在本质区别，这种理解只是一种字面的解释，未能揭示经济法的本质。

② ［德］乌茨·施利斯基：《经济公法》，喻文光译，法律出版社 2006 年版，第 7～8 页。

③ ［韩］金东熙：《行政法》（下册），赵峰译，中国人民大学出版社 2008 年版，第 427～428 页。

④ 王克稳：《经济行政法基本论》，北京大学出版社 2004 年版，第 14 页。

以达到惩戒行为人的目的,依其性质不准当事人免除或限制责任范围。① 可见,在经济行政法论者看来,不存在所谓的经济法责任问题,自然谈不上什么独立性了。

更有人指出,"时至今日,没有哪一位经济法学者能提出一项能够稍微令人信服的经济法责任形式。所谓的惩罚性损害赔偿责任仍然没有逃出民事责任的范围,所谓的停产停业、罚款等更是典型的行政责任"。② 是不是真如以上学者所言的那样,所谓的经济法责任除了是民事责任之外,就是行政责任呢? 回答这个问题有一个基本前提,即什么是民事责任,什么是行政责任。而对于行政责任的含义与范围,不仅在经济法学界,即使在行政法学界也存在较大的争议。这些争议的背后蕴含的是对行政法本质及其经济法与行政法之关系的不同理解。下文不妨从行政责任的概念、经济法与行政法的关系入手来廓清有关经济法责任与行政法责任的一些争议。

二、行政法学中行政责任范畴的未定

(一)行政责任概念的称谓不一

在我国,法律意义上的行政责任是"行政法律责任"的简称。但是,从比较法上考察,"在诸多域外行政法学的著述中以及行政立法中,我们几乎无从发现'行政法律责任'这一称谓,与之比较接近的是一个概念是'行政损害赔偿责任'"。③ 而在不同的国家,行政责任有不同的称谓:"美国称之为'政府责任'或'政府侵权责任',英国称之为'国家责任',日本称之为'国家赔偿责任',德国称之为'公务责任',法国称之为'行政责任',瑞士称之为'联邦责任'等。"④

(二)多重行政法语境中的行政责任

尽管"行政责任"一词在我国立法中多次出现,⑤成为一个正式的法律概念,但是对于这一法律概念的内涵与外延,行政法学界的争议仍然很大。

---

① 参见梁慧星、王利明:《经济法的理论问题》,中国政法大学出版社 1986 年版,第241～244 页。

② 李曙光:《经济法词义解释与理论研究的重心》,载《政法论坛》2005 年第 6 期。

③ 朱新力:《行政法律责任研究》,法律出版社 2004 年版,第 2 页。

④ 胡肖华:《走向责任政府——行政责任问题研究》,法律出版社 2006 年版,第16 页。

⑤ 在我国的立法模式中,最后一章一般是"法律责任",其中往往不乏"行政责任"的字眼。

我国行政法学界对于行政责任概念的界定可谓是众说纷纭,行政法学者胡肖华教授梳理了九种不同的论述,[①]其中有的论述是大同小异,可以进一步概括为五种:一是行政法学初创阶段受苏联影响的理论,认为行政责任是由行政机关对行政相对人的行政违法行为所追究的法律责任,行政机关不是行政责任的主体,这是一种"管理论"行政责任观,依据"管理论"行政法理论,行政处分就不是行政责任;二是认为行政责任涵盖了行政法律责任和行政纪律责任,此论混淆了法律责任与纪律责任,将行政法学上的行政责任泛化成纪律责任,有使纪律责任替代法律责任之嫌;三是将行政责任等同于行政侵权责任,其承担者是行政主体,此论与法治国家和现代公共行政理念相符,是一种"控权论"行政责任观,此论另有几种大同小异的表述,主要区别是将责任承担者扩及行政机关的工作人员,依照此论,长期以来被我国法学界视为典型行政责任的行政处罚就不是行政责任;四是行政法律关系主体责任论,即行政责任的主体还包括行政相对人,这是一种"平衡论"行政责任观;五是广义与狭义行政责任论,就是把第三种和第四种结合在一起。

关于行政责任概念的分歧主要集中在"责任承担主体究竟仅指行政主体,还是要将行政相对人涵盖在其中"。[②]行政责任作为行政法所设定的法律责任,其含义与范围取决于对行政法本质与功能的把握。对此,经济法学者已经非常精辟地指出:"行政法到底应当是'管理法'、'控权法'还是'平衡法',对认识行政责任有着决定性的意义。"[③]反观行政法学界对行政责任的研究,所谓的广义、狭义行政责任理论明显抱有调和"管理论""控权论""平衡论"等行政法语境中的行政责任的幻想,因而不可能触及问题的根本。

(三)行政处分与纪律处分难以区分

"行政处分"对于国人是一个非常熟悉的字眼,我国现行立法实际上规定了两种不同的行政处分,一种是对行政机关工作人员的行政处分,一种是对企事业单位职工的行政处分。[④] 对于行政机关工作人员的行政处分,我国法学

① 参见胡肖华《走向责任政府——行政责任问题研究》,法律出版社 2006 年版,第 16～18 页。
② 胡肖华《走向责任政府——行政责任问题研究》,法律出版社 2006 年版,第 18 页。
③ 薛克鹏:《经济法的定义》,中国法制出版社 2003 年版,第 266 页。
④ 如国务院于 1982 年 4 月 10 日发布施行的《企业职工奖惩条例》第 19 条就规定了全民所有制企业和城镇集体所有制企业对职工的行政处分权;《环境保护法》第 38 条也规定了企事业单位可以对造成环境污染事故的有关责任人员给予行政处分。

界通说认为它与行政处罚一样是一种典型的行政责任。从形式上看,《行政监察法》《公务员法》《行政机关公务员处分条例》(以下简称《条例》)等法律法规在形式上做了规定,其所规定的行政处分应当属于法律责任,从而有别于违纪责任。从内容上看,它强调的却是对行政违法行为或者违纪行为"追究纪律责任"。① 尽管可以通过纪律责任的法律化将这些被追究的纪律责任解释成法律责任,从而将纪律处分归于行政责任的范畴,但是行政处分追究的不仅是行政违法行为的纪律责任,而且更主要的是追究行政违纪行为的纪律责任,这就背离了行政责任的基本前提——行政违法性。正是由于秉承了"行政处分追究纪律责任而非法律责任"的理念,行政处分这种内部责任制度也缺乏实质上的法律程序制约,在行政法上被视为一种内部行政行为,《行政诉讼法》第12条也排除了人民法院对诸如"行政机关对行政机关工作人员的奖惩、任免等决定"之类的司法管辖权,行政处分不具有可诉性,救济途径局限于申请复核或者申诉,而且《国家公务员申诉控告暂行办法》第20条明确规定"受理申诉的机关作出的申诉处理决定,为最终决定"。这就使得对公务员个人权利影响巨大的行政处分失去了外部监督机制,行政处分的正确性完全依赖于行政机关的内部监督。可以说,"现行制度仍不能充分回应修宪后保障人权的现实要求"。②

一言以蔽之,行政法学界的行政责任理论尚不能合理解释我国法律实践中的行政处分现象。总的来看,实践中的行政处分在很大程度上被泛化成了一种内部纪律责任,很难避免责任追究的政治化、运动化,失去了法律责任追究的程序性和救济性。究其根源,在于"长期以来,人们将行政处分与纪律处分(政纪处分)混为一谈,且往往把行政处分乃至所有行政责任排除在法律责任之外"。③

总之,行政法学界对于行政责任及其相关概念的争议一直没有停止过,其

---

① 如《条例》第2条第1款规定:"行政机关公务员违反法律、法规、规章以及行政机关的决定和命令,应当承担纪律责任的,依照本条例给予处分。"《条例》第16条规定:"行政机关经人民法院、监察机关、行政复议机关或者上级行政机关依法认定有行政违法行为或者其他违法违纪行为,需要追究纪律责任的,对负有责任的领导人员和直接责任人员给予处分。"

② 宋雅芳:《论我国公务员处分救济模式的制度选择——以公正委员会为中心》,载《郑州大学学报》(哲学社会科学版)2008年第6期。

③ 张志勇:《行政法律责任探析》,学林出版社2007年版,第11页。

风险社会中的法律责任制度改变: 以经济法为中心

厦门大学法学院经济法学文库

内涵与外延并不确定。相对于民事责任与刑事责任,被我国法理学界尊为三大法律责任之一的行政责任并不是一个成熟的法学概念,在理论上,行政责任范畴未定;在实践中,行政责任又被泛化。这无疑给区分经济法责任与行政法责任带来了较大的困难,很容易造成不同语境下的争议。经济法学界与行政法学界有关经济法责任独立性的若干争议就源于多重行政法语境冲突,接下来不妨对其中的某些争议进行语境剖析。

三、"管理论"行政法与经济行政责任论

(一)经济行政责任论的语境前提

行政法是一个年轻的法律部门,其本质与范围在各国行政法发展历史上都是一个富有争议的难题。英美法系的行政法与大陆法系的行政法的差别很大,如英国、美国都没有独立的行政法院体系、行政程序法优先于行政实体法,甚至于美国狭义的行政法概念认为行政法是关于行政活动的程序的法律,不包括行政活动的实体法。K. C. 戴维斯教授和 B. 施瓦茨教授均持此类观点。而美国当代很多年轻的行政法学者如 R. B. 斯图尔德教授则持广义的行政法论——包括行政程序法和行政实体法,内部行政法和外部行政法,是关于公共行政的全部法律。这与英国学者 W. I. 詹宁斯的观点如出一辙。[1] 在法国,对行政法也有广义和狭义之分,广义的行政法是调整行政活动的所有法律,狭义的行政法是调整行政活动的国内公法,不包括调整行政活动的私法规则。[2] 狭义的法国行政法是根据国家参事院的判例发展起来的,因为对大革命之前"旧制度"下的司法裁判所的不信任,司法裁判所对行政案件的司法管辖权在大革命后被排除,转而由国家参事院来行使。[3] "德国行政法是以传统的国家权力和服从于国家权力的国民之间的支配、服从关系为中心形成发展起来的。一方面强调公权力发动行为的特殊性,认可行政权的优越地位;另一方面采取谋求国民的自由与权利的救济手段的体制。"[4]德国行政法学者奥托·迈耶就认为:"行政法是特别用于调整作为管理者的国家和作为被管理者的臣民之间

---

① 参见王名扬:《比较行政法》,北京大学出版社 2006 年版,第 31~38 页。

② 王名扬:《比较行政法》,北京大学出版社 2006 年版,第 27 页。

③ 参见[韩]金东熙:《行政法》(上册),赵峰译,中国人民大学出版社 2008 年版,第 20 页。

④ [韩]金东熙:《行政法》(上册),赵峰译,中国人民大学出版社 2008 年版,第 21 页。

的法律关系的法律部门。"①可以说,权力作用是德国行政法的中心。

自清末变法以来,我国法律深受大陆法系的影响,其中尤以德国和日本之法律为甚。在行政法方面,突出了国家权力作用的德国行政法与我国根深蒂固的集权思想传统甚为吻合,我国行政法学界经历了"管理论""控权论"和"平衡论"。但"管理论"行政法思想之影响在短期内是难以消除的,目前被行政法学界视为通说的"平衡论"行政法学说仍然内含了"管理论"行政法思想。何意志在比较德国和中国行政法时指出,中国行政法在控权方面的意义在逐渐形成,如《行政处罚法》和《立法法》中法律保留原则的确立,但是中国行政法也强调行政法的管理功能,如对"依法行政"中的"法"字的广义理解;"具体行政行为"支配了中国行政的实践,不重视合作是行政活动的重要手段;程序法不成熟,行政法规成为行政机关凸显其"国家本位"的工具;对行政行为只是进行有限的司法审查。②

经济行政法理论以为,经济法是行政法的一个子部门法,经济法责任实质上是一种经济行政责任。姑且不论将经济法作为行政法的一个子部门法是否可取,此种做法的基本前提是:对行政法的本质与范围持"管理论"行政法论。如上所述,尽管"控权论"行政法思想在我国已经有了较大的发展,行政法的控权理念和行政相对人的权利本位主义在行政法理论与实践也有了一定的发展,但是"管理论"行政法思想仍然占据着重要地位,甚至是主导地位,行政法的"权力本位主义"仍然十分突出。在这样一种行政法氛围中,行政法学者将作为调整国家干预经济关系的经济法纳入行政法的范畴就不足为奇了。"管理论"行政法是经济行政责任论的语境前提。

(二)"管理论"行政法语境中的经济法学者质疑

对于经济行政法论或经济行政责任论,不少经济法学者进行了回应。概括而言,回应的进路有两种:一种是"管理论"行政法语境下的质疑;另一种则是"控权论"行政法语境下的质疑。

所谓"管理论"行政法语境下的质疑,是指质疑的经济法学者对行政法的本质与范围与主张经济行政法论的学者一样持"管理论"行政法思想,却又认为经济法不是行政法的一个分支,而是独立于行政法的部门法,经济法责任也

---

① 参见[德]何意志:《德国现代行政法学的奠基人奥托·迈耶与行政法学的发展》,载[德]奥托·迈耶:《德国行政法》,刘飞译,商务印书馆2004年版,第15页。
② 参见[德]何意志:《德国现代行政法学的奠基人奥托·迈耶与行政法学的发展》,载[德]奥托·迈耶:《德国行政法》,刘飞译,商务印书馆2004年版,第8～14页。

风险社会中的法律责任制度改变:以经济法为中心

厦门大学法学院经济法学文库

70

不是行政责任,而是有别于行政责任的一种新型责任。如鲁篱教授以为,行政法无法涵盖全部经济管理关系,因为经济管理关系并非全部是国家的经济管理关系,自律性组织如行业协会在经济管理中的地位越来越重要,而集立法、司法、行政于一身的独立经济管理机关也难以纳入行政机关的界域,将其纳入行政法调控范围将有损行政法的内部和谐性;行政法调控经济管理关系难以实现对社会利益的优化调控;行政法调控经济管理关系也无法回应现实公私法二元说之危机。① 有学者不约而同地指出,现代国家管理与调控经济不能单纯依赖实现行政目标的行政法,因为行政责任的单一性使其难以实现对经济管理机关的约束,事实上,由于长期依赖行政法或"经济行政法"管理经济,造成了官僚主义泛滥和市场发育的不完善。②

因此,在经济法学中使用行政责任范畴存在诸多弊端:排除了法院追究此种责任的可能性,形成了审判盲区;不能有效实现经济法维护社会公共利益的目标,因此应当以新型责任弥补行政责任的缺陷。③

另外,不少经济法学者试图从责任制度的权利义务基础着手探讨经济法责任与行政责任的区别。如有人以为:"由于调制主体与调制受体的权利义务同行政法主体的权利义务尚不相同。它不是在行政管理过程中发生的,因而相应的责任也不同于一般的行政责任。"④这是主流法学理论在经济法责任研究中的自然延伸。主流法学理论是一种以权利义务为中心的法律关系论,权利与义务是法哲学的中心范畴。"法律关系是法律规范在指引人的行为、调整社会关系的过程中所形成的人们之间的权利和义务联系。权利和义务构成了法律关系的核心要素,赋予它特殊的质的规定性。"⑤法律规范的核心和实质是权利和义务,又以权利为本位,"从很大程度上讲,学术框架以及教授气质都浸润着权利的浪漫气息"。⑥ 受主流的法律关系理论影响,经济法学者在经济

---

① 鲁篱:《经济法的基本范畴研究》,法律出版社 2008 年版,第 11~22 页。

② 邓峰:《论经济法上的责任——公共责任与财务责任的融合》,载《中国人民大学学报》2003 年第 3 期。

③ 参见韩志红:《关于经济法中以"新型责任"弥补"行政责任"缺陷的思考》,载《法商研究》2003 年第 2 期。

④ 张守文:《经济法学》,北京大学出版社 2005 年版,第 88 页。

⑤ 张文显:《法哲学范畴研究》,中国政法大学出版社 2001 年版,第 332 页。

⑥ [美]玛丽·安·格伦顿:《权利话语——穷途末路的政治言辞》,周威译,北京大学出版社 2006 年版,第 6 页。

法研究中很自然地希望构建与经济法相适应的部门法律关系理论——经济法律关系。① 经济法主体理论、经济法权利义务理论成为经济法基础理论研究的重点。不可否认,这些研究促进了经济法研究的深入,也在一定程度上澄清了经济法与其他部门法之间的若干争议,②但是总体而言,经济法律关系理论并不成熟,尤其是经济法权利义务理论为其他部门法学者所诟病。如一本颇有影响的经济法教材写道:"经济法主体的权利主要包括经济法主体的经济职权、经济管理权。前者主要是指作为经济法决策主体、管理主体和监督主体的国家机构所享有的权力;后者主要是指作为生产经营主体的企业所享有的一种权利。"③很明显,以上论述将"权利"与"权力"混同。对此,有学者如此解释:国家经济调节管理权作为法律关系的内容,当然是一种"权利",这是相对于义务而言的,但在其他场合也可以作为"权力",即它既是权利,也是一种权力,因为权力必须要有相应的"权利"支持。④ 其实,这样的解释仍然是为了迎合以权利义务为中心的法律关系论,否则,为什么明明是一种权力的国家经济调节管理权相对于义务而言就成了权利呢? 权力确实应当为权利而设,而作用,并需要权利的支持,正因为如此,公共机关才既是权力主体,也是权利主体,⑤但是权力需要权利支持并不能否认权力自身之存在。实际上,经济法研究没有必要去生搬硬套权利义务为中心的法律关系理论。早就有法理学者指出,法律关系学说的"一个不可弥补的缺陷是用权利义务来概括法律关系的内容,而权利义务概念却涵盖不住法律关系中的权力因素,从而使得现有法律关系学说只能解释私法关系,不能合乎逻辑地解释公法关系"。⑥ 法律关系学说

---

① 漆多俊教授称之为"经济法法律关系",似乎更为准确。

② 如有人从《反不正当竞争法》的特殊法益与调整对象出发,从经济法的视野考察经营者的内涵与外延,认为其不应适用商法意义上的营利性,而仅关注其是否从市场交易中获得对价进而对市场竞争秩序产生影响。如此解释,则医院、律师事务所、行业协会等属于该法所规定的"经营者",进而适用该法。这既解决了司法实践中的难题,又理清了经济法主体理论与民商法主体理论之间的纷争,使得经济法主体理论不再停留在诸如"经济法主体亦称经济法律关系的主体"之类的抽象式论述上。参见李友根:《论经济法视野中的经营者——基于不正当竞争案判例的整理与研究》,载《南京大学学报》(人文社会科学版) 2007 年第 3 期。

③ 杨紫烜:《经济法》,北京大学出版社、高等教育出版社 1999 年版,第 86 页。

④ 参见漆多俊:《经济法基础理论》,法律出版社 2008 年版,第 125 页。

⑤ 参见漆多俊:《论权力》,载《法学研究》2001 年第 1 期。

⑥ 童之伟:《法律关系的内容重估和概念重整》,载《中国法学》1999 年第 6 期。

的这一缺陷在经济法领域中体现得非常明显,因为经济法域中既有公法关系,还有公私法混合关系。法律关系框架作为主要对私法关系(特别是交易关系)的一种理论抽象,在对经济法域的社会关系进行分析就显得捉襟见肘、力不从心。① 可以说,正是主流法学理论的缺陷和经济法的公私混合性特征导致了目前经济法权利义务研究的困境,也使得从责任制度的权利义务基础着手探讨经济法责任与行政责任之区别的努力显得徒劳无益。

四、"控权论"行政法与独立的经济法责任

在"控权论"行政法语境下,经济法学者对经济行政责任论的质疑就是从探讨行政法的本质入手,企图通过论证现行行政责任制度及其理论与现代法治的不相符来重新界定行政责任,其结果自然是确立独立的经济法责任。如有人认为,当前法学界对行政责任的错误定性是设置经济法责任的障碍之一,将行政处罚归结为行政违法责任是人治的"管理行政法"思想的反映,与法治时代的现代行政法本质属性和价值选择相违背,从而将经济法和社会法中的责任视为行政法中的责任。② 其所指的现代行政法实质上就是"控权论"行政法。

"控权论"行政法十分重视注意发挥行政程序的权力控制功能,从区分实体法与程序法的角度而言,"控权论"行政法可以说是一种行政程序法。如在美国,狭义的行政法概念认为行政法是关于行政活动的程序的法律,不包括行政活动的实体法;在广义的行政法学者看来,行政法还应当包括行政实体法。

"实体法是指以规定和确认权利和义务或职权和职责为主的法律……程序法是指以保证权利和义务得以实施或职权和职责得以履行的有关程序为主的法律。"③在有的经济法学者看来,经济法与行政法之间就存在某种实体法与程序法之间的关系。如有人从经济法的执行入手,从程序法与实体法的视角探讨行政责任在保障经济法实施方面的缺陷,认为行政处罚法、行政强制法等这些明显属于传统行政法的法律只不过是经济法执行的程序法。因此,依据这些程序法所作出的行政处罚,如罚款实际上是因为违反了作为实体法的

---

① 王全兴:《经济法基础理论专题研究》,中国检察出版社 2002 年版,第 47 页。

② 参见薛克鹏:《经济法的定义》,中国法制出版社 2003 年版,第 264~268 页。

③ 张文显:《法理学》,法律出版社 2004 年版,第 73 页。

经济法,况且在经济法中更不乏此类法律责任的规定,"将经济法部门法中的罚款作为经济法责任形式并无不当,但应称其为经济法责任,不宜称其为行政责任"。① 言下之意,不能因为罚款被系统规定在《行政处罚法》中,就否定基于经济法作出的罚款的经济法属性,经济法主要由行政机关执行,《行政处罚法》是实施经济法的重要程序法之一。这与将罚款作为典型的行政责任形成了鲜明的对比。此种论证有一个前提,即将行政法局限于程序法。这显然受到了美国狭义行政法理论的影响,但是,行政实体法与经济法之间的关系又如何呢?如果"行政实体法"与"经济法"只不过是行政法学者或经济法学者从不同的理论体系出发对同一法律现象的不同指称,那么只要这两种理论体系能够自圆其说,就很难说哪一种理论更优越。著名行政法学者王名扬教授在评价广义与狭义的行政法时指出:"广义的行政法概念是从全面的观点来说明行政法,符合行政法的实际情况和需要。然而也不能因此完全忽视狭义行政法概念的作用。从教学和研究的观点而言,狭义行政法是基础。"② 在经济法与行政法的关系上,恐怕也不能完全偏向哪一方,至少从教学和研究的立场出发,两者不是相互排斥而是相互促进的。

总之,经济法学界与行政法学界围绕经济法责任的多数争议是一种语境冲突,③因为经济法学界与行政法学界对于"经济法"、"行政法"与"经济行政法"含义的理解存在明显的不同,"参与争论的双方虽然使用同一词语,其负载的意义和内容的信息却很不相同,甚至代表截然相反的观念"。④ 正是由于对经济法与行政法之本质的不同理解导致了经济法责任与行政责任的有关争议。

---

① 应飞虎:《问题及其主义——经济法学研究非传统性之探析》,载《法律科学》2007年第2期。

② 王名扬:《比较行政法》,北京大学出版社2006年版,第36页。

③ 只有在经济法学者基于"管理论"行政法语境对经济行政法与经济行政责任论的质疑时,争议的双方才具有相同的语境前提。

④ 张文显:《法哲学范畴研究》,中国政法大学出版社2001年版,第19页。

第三节 统一经济法语境的缺失
与经济法责任之争

一、关于经济法责任的内部争议

在经济法学界,经济法责任独立性问题是经济法责任理论研究的热点,围绕独立性问题争论激烈,也尚未形成统一的理论,多年来的研究产生了综合责任论、新型责任论、传统加新型责任论等几种比较有代表性的理论观点。

综合责任论认为:"在我国,违反经济法律与经济法规应负的法律责任,有经济责任、行政责任和刑事责任三种。"[①]经济法不存在自己独有的责任,其法律责任只是行政责任、民事责任(或经济责任)和刑事责任等法律责任的综合,[②]因而具有综合性、多责性。有人认为,法的调整方法决定着法律责任,法律责任是法的调整方法的表现方式,调整社会关系的法律方法是有限的几种方法,如民事方法、行政方法或刑事方法,社会关系纷繁复杂,只能综合运用已有的方法加以调整,因此法的调整方法的综合性必然决定法律责任的综合性,但是这种综合并没有抹杀经济法责任的独特性质。[③] 有人则对经济法综合责任论提出了质疑:该观点缺乏正当的法理理由,如没有将权利和义务作为论证经济法责任的起点,在论证方法上存在严重不足;实质上否认了经济法存在自己的权利和义务配置方式,进而也否认了经济法存在特殊的调整对象,因而难以自圆其说;归责机制主张违背了自然公正原则等。[④]

新型责任论者主张经济法责任是与民事责任、行政责任和刑事责任相并列的另一种独立的法律责任形式。[⑤] 如有人认为,经济法责任是指作为一种

---

① 参见陶和谦:《经济法基础理论》,法律出版社 1986 年版,第 191～192 页。

② 参见李昌麒:《经济法学》,中国政法大学出版社 1999 年版,第 117 页。

③ 参见邱本:《经济法原论》,高等教育出版社 2001 年版,第 179～181 页。

④ 参见薛克鹏:《经济法综合责任论质疑》,载《政法论坛》2005 年第 4 期。

⑤ 参见石少侠:《经济法新论》,吉林大学出版社 1996 年版,第 61 页。

部门法的责任，是三种传统的责任形式之外的一种新型责任，具有相对独立性和独特性；①也有人认为，经济法责任制度是整个法律责任体系的一个子体系，经济法责任的独立性应指经济法责任体系的独立性，而不是指经济法有无独立的责任形式，经济法责任的独立性，不是经济法有无独立的责任形式问题，而是经济法的责任体系有无独特秉性的问题。②

传统加新型责任论者认为，经济法上的责任并非纯粹而全新的责任，经济法上的责任必须适当借助传统的责任形式，经济法以社会性责任为固有责任，体现经济法作为部门法之法律性质的特定性；③"经济法律责任的确是各种传统法律责任形式拓展的结果，从而使经济法律责任与传统法律责任具有渊源性联系"。④ 传统加新型责任论者还认为经济法责任具有双重性，由本法责任与他法责任构成。⑤

还有一种独具特色的观点认为，民事责任、行政责任、刑事责任是分别与民法、行政法、刑法相对应的、独立的法律责任形式这种传统观念是否正确要重新认识，因为任何法都有必要对法律责任形式作出规定，但是法的部门与法律责任形式并不存在对应关系：独立的法的部门并不要求具有与其对应的、独立的法律责任形式；没有独立的法律责任形式，并不能否定有关的法的部门的

---

① 参见应飞虎：《问题及其主义——经济法学研究非传统型之探析》，载《法律科学》2007 年第 2 期。

② 参见刘水林：《经济法责任体系的二元结构及二重性》，载《政法论坛》2005 年第 2 期。

③ 参见郭洁：《经济法的法律责任探讨》，载《辽宁大学学报》（哲学社会科学版）2004 年第 2 期。

④ 吕忠梅：《经济法律责任论》，载《法商研究》1998 年第 4 期。

⑤ 吕忠梅教授持此观点。此外张守文教授认为，经济法主体承担的法律责任具有双重性，也可能由"本法责任"与"他法责任"构成，"本法责任"即"经济法责任"，并且具有独立性，"他法责任"是相关部门法上的责任。可见张守文教授赞同经济法责任具有独立性，可以归于新型责任论；吕忠梅教授持传统加新型责任论，但更多的是从传统责任的角度进行阐述。参见张守文：《经济法理论的重构》，人民出版社 2004 年版，第 431～432 页。另外，对于他法责任是不是经济法主体承担的责任，笔者不敢苟同，承担他法责任的主体已经不是"经济法主体"，而是其他法律主体，如行政法律关系的主体、刑事法律关系的主体。参见张旻昊：《对经济法责任的应然分析》，载《甘肃政法学院学报》2005 年第 5 期。

独立存在。因此,经济法责任、民法责任、行政法责任、刑法责任均不具有独立性。①

二、统一经济法语境的缺失

经济法学界关于经济法责任的内部争议源于统一经济法语境的缺失。在整个经济法知识体系中,对经济法的含义及其调整方法存在着的不同理解导致了经济法责任的内部之争。

(一)对经济法含义的不同理解

对经济法责任独立性问题的不同观点事实上以其对经济法的含义及其地位的见解为前提,可以说,有什么样的经济法,就会有什么样的经济法责任。

综合责任论者、传统加新型责任论者虽然都主张经济法是一个独立的法律部门,但是在论及经济法的法律责任问题时,却混淆了"经济法"与"经济律法规",将"经济法责任"等同于"经济法律法规"规定的法律责任,从而认为经济法责任具有综合性或双重性。② 究其根源,在于对"什么是经济法"这一问题的理解不同。尽管对"什么是经济法"曾经有过这样或那样的争议,但是按今日之通说,"经济法"一词是在部门法意义上使用的,是一个独立的法律部门,它是调整特定的社会关系、具有某些共同特征的法律规范的总称。"经济法律法规"是与经济相关的规范性法律文件。规范性法律文件是表现法的内容的形式或者载体,但是部门法不等于规范性法律文件。③ 19 世纪末后的立法出现了法典式立法、单行立法和混合立法等多种模式并存的局面。不少学者受传统法典式影响习惯于从法典角度认识混合型立法,对一个法律文件做出非此即彼的部门法判断,将"经济法律法规"等同于"经济法",从而将"经济法责任"等同于"经济法律法规"规定的法律责任。这是综合责任论产生的主要原因。④

---

① 参见杨紫烜:《论建立中国特色法律责任体系——兼论经济法责任、民法责任、行政法责任、刑法责任有无独立性》,http://vip.chinalawinfo.com/newlaw2002/slc/slc.asp?db=art&gid=335574172,最后访问日期:2009 年 9 月 14 日。
② 综合性是指经济法责任是传统三大责任的综合;双重性是指经济法责任由本法责任或他法责任构成,本法责任实际上是一种新型责任,他法责任实际上就是传统的三大责任。
③ 参见沈宗灵:《法理学》,北京大学出版社 2000 年版,第 426~428 页。
④ 参见薛克鹏:《经济法综合责任论质疑》,载《政法论坛》2005 年第 4 期。

与之相反,新型责任论者始终是在部门法律责任意义上来界定经济法及其法律责任的,但是正如已有学者指出的一样,法律责任与部门法之间不存在一一对应关系,仅以经济法是一个独立的法律部门就断言经济法责任的独立性值得商榷。当然,法律责任与部门法之间不存在一一对应关系也并不能反证经济法责任不能成为独立的部门法责任。

(二)对经济法调整方法的不同理解

如上所述,有的经济法综合责任论者是从法的调整方法的综合性来论证经济法责任的综合性:法的调整方法是有限的几种,如民事方法、行政方法或刑事方法,社会关系纷繁复杂,故只能综合运用有限的方法加以调整。但是,何谓民事方法、行政方法或刑事方法?作者语焉不详。实际上,作者是将法的调整方法仅仅诸如民事制裁方法、行政制裁方法、刑事制裁[1]以此为前提,经济法自然不可能有其特有的调整方法,相应的,经济法责任也只能是一种综合性责任。

也有人认为,经济法有其特有的调整方法。苏联经济法学者 B. B. 拉普捷夫在论及苏联经济立法的形成时指出,法律的调整方法,由所调整的社会关系的性质决定,经济法可以采用隶属方法、协商方法、建议方法等各种不同的调整方法。[2] 在 B. B. 拉普捷夫看来,这些方法是为了调整当时经济关系的新内容,因为"利用旧的法律形式来调整具有新内容的社会关系的做法,是不能长久继续下去的,到一定阶段,旧的法律形式由于自己同经济关系的新内容不相适应而开始阻碍经济的发展"。[3] 我国经济法学者认为,法的调整方法是法在调整社会关系时所采取的基本方式和手段,包括两方面的内容:一方面是指法

---

[1] 这实际上是苏联学者麦舍拉所持的部门法划分观点。他认为,法律制裁是法律调整社会关系的主要手段,应是划分法律部门的标准,法律制裁又可以分为行政制裁、民事制裁和刑事制裁,相应地可以把法划分为行政法、民法和刑法三大基本部门法;其他同时存在的家庭法、劳动法、财政法、土地法等是综合性部门法。参见[苏联]勃拉图西:《苏维埃部门法:概念、对象、方法》,载《法学译丛》1980 年第 2 期。

[2] 参见[苏联]B. B. 拉普捷夫:《苏联的经济立法》,载中国人民大学苏联东欧研究所编译:《苏联经济法论文选》,法律出版社 1982 年版,第 4 页。B. B. 拉普捷夫将民法、行政法等这些旧的法律打上了"资本主义"的烙印,并创立一个新的独立的法律部门即经济法来统一调整横向经济关系和垂直经济关系,以取代民法和行政法。这种理论后来也成了我国经济法学界与民法学界、行政法学界"地盘之争"式论战的源头。

[3] 参见[苏联]B. B. 拉普捷夫:《苏联的经济立法》,载中国人民大学苏联东欧研究所编译:《苏联经济法论文选》,法律出版社 1982 年版,第 2 页。

在调整社会关系时采取何种规范方式,如是采用强行性规范、任意性规范还是提倡性规范;另一方面指法规定何种法律后果,如法律责任、法律制裁以及奖励等。各个部门法的调整方法都包含着这两个方面,但是各个部门法的任务和调整对象的种类和性质的不同决定了各部门法有其特有的调整方法,其所采取的规范方式和法律后果形式具有差异性;经济法的特定任务和调整对象决定了经济法有其特有的调整方法。①针对法的调整方法的综合性来论证经济法责任的综合性,该作者进一步指出:"法律文件中规定行为人除应接受经济法的制裁形式之外,还要受到行政处罚或刑事制裁时,那是因为该行为同时违反了经济法和行政法或刑法的规定,而并不说明经济法'综合'运用了多部门法的调整方法。"②这实际上以区分"经济法"与"经济法律法规"为前提,也说明对经济法调整方法的认识分歧根源于对经济法的认识分歧。既然经济法没有"综合"运用多种部门法的调整方法,经济法责任自然不具有综合性,经济法责任的性质与其他部门法责任的性质也不相同,因为经济法责任是人们违反经济法规定的义务所应付出的代价,而不同部门法所规定的法律义务的性质是不同的。③

法是一种包含强力的社会控制手段,"调整和安排必须最终地依靠强力,纵使它们之所以有可能,除了一种反社会的残余必须加以强制,主要是由于所有的人都有服从的习惯"。④ 耶林说,没有强力的法治,就像"不发光的灯,不燃烧的火"一样充满着词语矛盾。法律责任作为法的强力的直接体现,虽然不是法的调整方法的全部,⑤但至少是最为重要的法的调整方法。正是由于法律责任与法的调整方法之间的密切联系,对"经济法的调整方法"之含义的不同理解导致了对经济法责任性质的争论。从语境论的视角看,这是一种言语环境的冲突。

① 参见漆多俊:《经济法基础理论》,法律出版社 2008 年版,第 141~149 页。
② 漆多俊:《经济法基础理论》,法律出版社 2008 年版,第 149 页。
③ 漆多俊:《经济法基础理论》,法律出版社 2008 年版,第 150 页。
④ [美]罗斯科·庞德:《通过法律的社会控制》,沈宗灵译,商务印书馆 1984 年版,第 15 页。
⑤ 如经济法上的奖励就是有别于法律责任的调整方法,也有人从法律责任的消极性出发,将法律责任归入消极责任,而将奖励归入积极责任。

第四节 风险社会中法律责任变革的不同路径 与经济法责任之独立

一、独立性之争源于变革的不同路径选择

经济法责任的独立性，实质上就是指经济法责任在整个法律责任体系中的地位如何。所谓法律责任体系，[①]就是按照一定的标准对法律责任进行分类，由这些不同种类的法律责任所构成的体系。"以责任的内容为标准，可分为财产责任和非财产责任；以责任的程度为标准，可以分为有限责任与无限责任；以责任的人数不同为标准，可以分为个人责任与集体责任；以行为人有无过错为标准，可以分为过错责任与无过错责任……以引起责任的行为性质为标准，将法律责任分为刑事责任、民事责任、行政责任与违宪责任。"[②]一般意义上所论及的法律责任体系指的就是所谓的"三大责任"或"四大责任"构成的体系。正如有学者所言，"这样的分类主要是以行为人所违反的三个或四个主要部门法为基础的"，[③]可以说是一种部门法责任体系，深受部门法划分的影响。而"部门法的划分本身就存在诸多问题……以所谓的'三大责任'或'四大责任'的分类去套用于各类法律，自然会出问题"[④]。因此，如果囿于上述传统法律责任体系，独立的经济法责任当然无立足之地。

"世易时移，变法宜矣。"传统法律责任体系要满足不断发展变化的社会需求，就必须不断变革。此点即使是反对经济法责任独立性的学者也不否认。在法的发展历史上，法律责任制度的发展变化本身就是法的发展变化的重要

---

① 国内的法理学著作一般都有关于法律责任分类或种类的论述，但并未明确提出"法律责任体系"的说法。也有学者认为，应当存在而且事实上存在一个法律责任体系，这一体系由"四大责任"构成。参见王成栋：《政府责任论》，中国政法大学出版社1999年版，第17页。

② 沈宗灵：《法理学》，北京大学出版社2000年版，第513页。

③ 张守文：《经济法理论的重构》，人民出版社2004年版，第443页。

④ 张守文：《经济法理论的重构》，人民出版社2004年版，第443页。

内容，以使法能够适应社会变迁、维护社会秩序的安定与融洽。

时至今日，传统法律责任体系面临着新的社会挑战——风险社会的挑战。风险社会是对处于现代化进程中的人类社会的一种新概括：在这种现代化进程中，财富的社会生产系统地伴随着风险的社会生产；生产力的指数式增长，使危险和潜在威胁的释放达到了一个我们前所未知的程度；社会正经历着从短缺社会的财富分配逻辑向晚期现代性的风险分配逻辑的转变。① 风险社会中的风险具有全球性、不可计算性、可建构性、反身性、制度化性和传染性。② 这些风险时刻威胁着人类社会生活的自由与安全，大大改变了旨在保障和实现自由与安全的法律制度的社会基础。与之相适应，风险社会必然会产生新的法律需求。从法律责任制度方面看，这些法律需求可以概括为两种方式：一是工业社会时期构建起来的传统法律责任制度的内部修正；二是有可能在传统法律责任制度之外产生出新的法律责任制度。

从言语环境的角度而言，经济法责任的独立性之争产生于不同部门法语境的冲突，如民法现代化语境与经济法语境的冲突、多重行政法语境与经济法语境的冲突以及不同经济法语境之间的冲突等。从非言语环境的角度看，经济法责任的独立性之争又源于风险社会语境下变革传统法律责任体系的不同路径选择。为了应对工业化以来凸显的各种社会风险，是通过修补传统的法律责任体系加以应对，还是突破传统的法律责任体系发展出新的独立的法律责任？民法学者、行政法学者等倾向于前者，经济法学者有的选择前者，有的选择后者。

事实上，很难评价这两种不同选择的优劣。这涉及静态的传统法律责任体系与处于变动发展的现实法律责任制度之间的冲突，是法的稳定性与社会生活的多样性之间的冲突。法的稳定性与法的变动性是一对永恒的矛盾。法谚云，法是老的好。因为总在变化的规则难以被人了解，也难以给人安全感，而稳定的制度使得人们将自己的优点最佳地适用于老的制度，并养成一种本能地遵守它们的习惯，这有利于减少制度的执行成本和提高制度的可依赖性，但是稳定的制度也有制度僵化的危险。③ 基于对社会稳定的预期，人们对既

---

① 参见[德]乌尔里希·贝克：《风险社会》，何博闻译，译林出版社 2004 年版，第 15 页。

② 参见蔡从燕：《风险社会与国际争端解决机制的解构与重构》，载《法律科学》2008 年第 1 期。

③ [德]柯武刚、史漫飞：《制度经济学》，韩朝华译，商务印书馆 2000 年版，第 114 页。

往的制度具有先天的依赖性，但是在变动不居、复杂多变的社会生活面前，没有一成不变的法律。民法学者、行政法学者等之所以不赞成独立的经济法责任，可以说是源于对传统法律责任体系的惯性依赖，其更为注重的是法的稳定性，对于风险社会的新的责任制度需求，则期望通过传统责任体系的内部修补加以满足。反之，主张独立的经济法责任的经济法学者更为注重的是法的变动性，认为传统法律责任体系的内部修补并不能完全满足风险社会的新的责任制度需求，法律责任制度应当是一个开放的体系，在开放的法律责任体系中，独立的经济法责任并非没有可能。

二、独立之经济法责任论具有一定前瞻性

经济法责任的独立性是指经济法责任作为经济法的部门法责任在整个法律责任体系中与民事责任、行政责任、刑事责任等并列。这实质上是经济法学者的一种应然判断，是为了满足风险社会责任制度需求的一种主观建构。这种应然判断也有其实然基础，在经济法领域确实出现了一些新的责任形态，如惩罚性赔偿、禁止令、恢复原状、缺陷产品强制召回、信用减等，等等。只是这些责任形态还不如传统法律责任形态那样具有较强的系统性，远未达到体系化的程度，但是，静止是相对，运动是绝对的，事物的发展变化不以人的意志为转移，处于现实中的法律责任制度的变革从来没有停止过，当这些新的责任形态累积到一定程度时，经济法责任作为独立的部门法责任也未尝没有可能。民事责任与行政责任也都有这样一个发展的过程。"在法律发展史上，三种法律责任同出一源，起初并无区别。例如上古社会之赔偿金制度，既可以是民事上的损害赔偿，也可以是对犯罪行为的刑事制裁。其后，由于法律之发达，逐渐分化为属于民事责任的损害赔偿，属于刑事责任的罚金，以及属于行政责任的罚款。"①从这个意义上看，经济法责任是一种正在形成中的独立的部门法责任，主张独立的经济法责任的新型责任论者具有一定的前瞻性。

三、建构独立之经济法责任的重点与难点

（一）重点是要实现具体法律责任形态上的传承与超越

既然独立的经济法责任是经济法学者为了满足风险社会责任制度需求的

---

① 梁慧星：《民法总论》，法律出版社 2005 年版，第 82 页。

厦门大学法学院经济法学文库

一种主观建构,是变革传统法律责任体系的另一种路径选择,那么从制度竞争的视角看,经济法责任要成为与民事责任、行政责任等并列的独立部门法责任,就应当具有区别于传统法律责任的特殊性。此即经济法学者所指的经济法责任的独特性。有人指出:"独立性命题,不如改为独特性命题。这既可以理解为经济法有独特的责任形式,也可以理解为三大传统责任在经济法领域运用中的特点,还可以理解为经济法有独特的责任组合,既可是传统责任形式的组合,也可以是传统责任形式与新型责任的组合。"[①]显然,他提出独特性命题的初衷是为了化解经济法责任的独立性之争。有人指出:"经济法律责任的独特性是由经济法的特性决定的,正是'公私混合性'才导致了经济法律责任的特殊性。"[②]还有人以为,所有部门法的责任都是由不同责任形式组成的责任体系,部门法责任的重要区别是责任体系的不同,而不是所有的具体责任形式的不同,当然也不排除有具体责任形式的差别,所以,经济法责任的独立性问题,不是经济法有无独立的责任形式问题,而是经济法的责任体系有无独特秉性的问题。[③] 以上论述至少表明,独特性与独立性并不矛盾,经济法责任的独特性是独立的经济法责任之基础,经济法责任能否成为一个独立的部门法责任在相当大程度上取决于其有没有自身的独特性。因此,经济法责任的独特性应当成为建构独立之经济法责任的重点。

鉴于政府与市场之关系在经济法中的中心地位,在"政府—市场"的经济法框架中,经济法主体分为市场主体与政府,故经济法责任的独特性自然体现为市场主体与政府之经济法责任的独特性。只是相对于市场主体之经济法责任而言,政府之经济法责任的建构甚为困难,可以说是建构独立之经济法责任的难点。

在经济法责任研究中,对于"什么是经济法责任"这一问题的回答最终总是会落到"经济法责任有哪些具体的责任形态"上。经济法是公法与私法相互融合的产物,经济法责任也是公法责任与私法责任融合的结果。这种融合在具体的法律责任形式上体现为两个方面:一方面是对传统法律责任形式的传承,经济法虽然是为解决现代问题而出现的现代法,但仍然要以传统部门法为

① 管斌、崔征、康健:《第十一届全国经济法理论研讨会综述》,载《法商研究》2004年第2期。

② 邓峰:《论经济法上的责任——公共责任与财务责任的融合》,载《中国人民大学学报》2003年第3期。

③ 参见刘水林:《经济法体系的二元结构及二重性》,载《政法论坛》2005年第2期。

基础,经济法与传统部门法之间存在密切的关系,比如在具体责任形式上的借用关系;另一方面,经济法更是对传统部门法的超越,如对传统部门法责任之具体责任形式的借用并不意味着经济法没有自己独特的责任形式,也不是三种责任形式的简单相加与综合,而是在很多方面超越了传统法律责任形式。[①]在经济法领域确实出现了传统法律责任制度难以包含或解释的责任形式,如企业分拆、惩罚性赔偿、缺陷产品召回等。反对经济法责任的学者之所以认为,"没有哪一位经济法学者能提出一项能够稍微令人信服的经济法责任形式"[②],一方面是过于强调经济法责任对传统法律责任形式的传承,另一方面是对经济法领域出现的上述新的责任形式视而不见。

(二)难点是不断拓展经济法领域的政府责任

尽管经济法领域的责任形态还不如传统法律责任形态那样具有较强的系统性,但经济法学者对这些新型责任形态的研究、总结与深化的努力一直没有停止过,对经济法领域的责任问题形成了综合责任论、新型责任论等各种经济法责任理论。理论来源于实践,尚欠成熟的经济法责任理论至少反映了经济法实践中客观存在的某些新型责任形态的现实;理论超越于实践并反作用于实践,经济法责任理论也是经济法学者拓展或变革传统法律责任制度的主观建构,以期满足实践中的责任制度需求。虽然传统法律责任制度为了应对风险社会的挑战进行了一些修补或改正,却仍然无法满足社会的责任制度需求。如在德国法上,存在着对国家竞争行为如何加以规范的问题。"如果国家以私法组织形式出现或采取私法的行为方式,其是否还要受到公法的约束?"[③]国家从事竞争行为的权限何在,应当承担何种责任等问题,可以说是现代市场经济国家所面临的共同问题。在我国,"对于宏观调控和市场规制领域发生的违法行为如何全面追究法律责任,其实是久已存续的问题,只是现在越来越突出了"。[④]

然而,在上文论述的经济法领域产生的新型责任形态中,几乎都是市场主体责任,政府之经济法责任付之阙如。在以往的研究中,经济法学者也提出了几种政府承担的经济法责任形式,如政府经济失误赔偿、实际履行、引咎辞职

---

① 参见朱崇实:《共和国六十年法学论争实录·经济法卷》,厦门大学出版社 2009 年版,第 13 页。

② 李曙光:《经济法词义解释与理论研究的重心》,载《政法论坛》2005 年第 6 期。

③ [德]乌茨·施利斯基:《经济公法》,喻文光译,法律出版社 2006 年版,第 129 页。

④ 张守文:《经济法理论的重构》,人民出版社 2004 年版,第 429 页。

乃至经济宪政责任。政府经济失误赔偿，即因政府经济决策失误而由政府及其责任人员承担的财产责任，它不是一般的行政赔偿或司法赔偿，而应当是"立法赔偿"。这是一种可能出现的财产责任形式，我国经济法学者张守文与颜运秋颇为赞同。也有学者以为，国家机关占有的财产是国家的，不能擅自用国家财产来为其违反经济法的行为承担补偿责任。[①] 不过，这个理由似乎难以成立，因为已有的国家赔偿责任实际上也是用国家的财产为政府及其责任人员的违法行为买单。实际上，问题的关键不在于此，而在于政府经济决策失误的判断绝非易事。此处的实际履行显然系借用合同法上的责任形式，是指政府切实履行营造公平竞争环境、维护市场秩序、必要的宏观调控等责任。[②] 对于政府经济失误赔偿与实际履行，即使提出这两种责任形式者也以为是一种可能，不过到目前为止，它还只是一种理论上的演绎，缺乏实践支持。法律命题不能脱离社会现实，也绝不是意识领域中自给自足的存在，而是在创造特定事实关系这一社会过程的一个接点，因此，法律命题是应然的，但绝不仅仅是应然的，而是向实然的过渡，[③]现代法学理论应当有助于实现"'应然'与'实然'的制度性结合"。[④] 就此而论，政府经济失误赔偿责任与实际履行对于政府之经济法责任的承担并无多少助益。至于引咎辞职与经济宪政责任实际上已经超出了经济法的范围，很难说是一种经济法责任。由此可见，经济法领域的责任制度拓展的一个不足就是政府责任的阙如。尽管如此，无论是把经济法作为一个新的法律领域，还是将其视作一种法律思想方法在各个领域的适用，它对于传统法律责任制度的冲击、解构与重构是客观存在的。

　　既然明确了经济法责任独立性之争的本质与原因以及建构独立之经济法责任的重点与难点，下文就基于风险社会语境采用"主体—行为—责任"框架从市场主体与政府的风险地位出发，研究市场主体之经济法责任的独特性以及造成政府之经济法责任难点的原因，并寻求解决这一难点的对策。

---

① 漆多俊：《经济法基础理论》，法律出版社 2008 年版，第 151 页。

② 参见张守文：《经济法责任理论之拓补》，载《中国法学》2003 年第 4 期。

③ 参见[日]川岛武宜：《现代化与法》，申政武等译，中国政法大学出版社 2004 年版，第 220 页。

④ 季卫东：《"应然"与"实然"的制度性结合》，载[英]尼尔·麦考密克、[奥]奥塔·魏因贝格尔：《制度法论》，周叶谦译，中国政法大学出版社 2004 年版，第 1 页。

第四章

市场主体责任社会性与身份性的风险根源

第一节　风险的外部性与市场主体责任的社会性

一、市场主体责任社会性的研究述评

（一）市场主体责任社会性的主要研究

经济法学界在论及经济法责任的性质或特点时大都指出，经济法责任具有社会性。[①] 有人认为："所谓经济法责任的社会性，是指这种法律责任直接同社会利益相关。"[②]有人指出："经济法的基本宗旨是维护社会公共利益，在经济法中对法律责任的设定，在许多方面都是基于社会公共利益的考虑。因而经济法律责任的社会性也是必须引起重视的。"[③]有人认为，经济法以社会责任为固有责任，经济法上的社会性责任具有如下特征：承担社会性经济法律

[①]　以往对经济法责任社会性的研究主要是以市场主体之经济法责任（以下简称"市场主体责任"）为对象，本节对"经济法责任社会性"的研究也是如此。

[②]　漆多俊：《经济法基础理论》，法律出版社 2008 年版，第 150 页。

[③]　吕忠梅：《经济法律责任论》，载《法商研究》1998 年第 4 期。

责任的违法行为直接损害了社会公共利益；社会责任的实现要求社会公共干预和公众参与；与其他法律责任形式相比，经济法的社会性责任居主导地位。[①] 如果说以上论述是零星的、不系统的，有人则专门撰文论述了经济法责任的社会性，认为它是在责任的设置、体系构建以及制度创设等方面所体现的一种整合性特征，以维护社会整体利益，而且社会性是经济法责任能够相对独立于传统几大责任的关键所在；其社会性突出表现在责任保障制度与损失承担的社会化、责任制度的创新与完善及其实现机制呈多元化趋势、法律责任构成要件做出基于社会性的明显调整等方面。[②]

此外，由于经济法责任的社会性实质上是经济法的社会性在法律责任制度方面的直接体现，因此，关于经济法社会性的相关论述实质上也是在间接地论证经济法责任的社会性。[③] 如有人认为，社会性是经济法的本质特征，体现在调整对象、调整机制和法益目标上，尤其是在调整机制上采取整体调整机制，例如惩罚性赔偿显示了强烈的社会性色彩，而在法益结构上，经济法承认社会公共利益的独立性并将其作为自身保护的首要利益，从而凸显了社会性。[④]

(二)以上研究的基本思路及其不足

从以上论述可以发现，经济法学者在论述经济法责任的社会性时，大都指出经济法责任同社会利益直接相关，[⑤]这说明经济法学界研究经济法责任社会性的基本思路是一种法益思路。自耶林倡导利益法学以来，法律背后的利益日益为法律人所重视，法益应为法律所保护的利益，[⑥]经济法的法益就是经济法所保护的利益，而经济法责任是保护和实现经济法法益目标的重要机制，所以通过论证经济法所保护利益的社会性就等于论证了经济法责任的社会性。经济法责任表面上是"直接对国家或对企业、个人的责任，实际上由于所

---

① 参见郭洁：《经济法的法律责任探讨》，载《辽宁大学学报》(哲学社会科学版)2004年第2期。

② 参见钟雯彬《经济法律责任社会性研究》，载《四川大学学报》(哲学社会科学版)2004年第1期。

③ 也有人称之为"经济法的社会公共性"，参见王保树、邱本：《经济法与社会公共性论纲》，载《法律科学》2000年第3期。

④ 谢增毅：《论经济法的社会性》，载《江海学刊》2003年第6期。

⑤ 有的使用"公共利益"、"社会公共利益"或"社会整体利益"等概念。

⑥ 李宜琛：《民法总则》，台湾正中书局1977年版，第44页。

损害的主要是社会利益,而承担责任也主要是为了防止、弥补或消除社会损害,所以实际上主要是一种社会责任"。①

经济法法学界依循以上思路确实取得了较多的研究成果,社会整体利益也被有的经济法学者认为是经济法学的基本范畴或基石范畴。② 然而,不可否认的是,经济法学界的这些研究成果并没有获得其他部门法学界与法理学界的多少认同,除了经济法学者,几乎没有其他法学者使用"社会整体利益"一词。这到底是因为其他部门法学或法理学对经济法学的傲慢与偏见,还是因为经济法学研究自身原因所致呢? 如果真的存在那样的傲慢与偏见,那么消除傲慢与偏见的最好办法就是进一步反思以往的研究,弥补以往研究中的不足,完善经济法理论体系。就以上研究成果而言,笔者以为至少存在以下几个方面的不足。

1. 指称经济法的法益的概念存在语言混乱

虽然"社会整体利益"被不少经济法学者认为是经济法学的基本范畴,但是也有不少经济法学者使用的是"社会公共利益"。主张采用"社会整体利益"一词的学者也承认公共利益、社会利益、社会公共利益等在本质上并无根本区别,其含义基本相同,即全社会全体成员的共同的、整体的利益,既不同于社会成员个体的利益,也不是社会个体成员利益的简单加总,也与国家利益相区别。③ 从法律语言的角度看,社会整体利益实际上是我国经济法学界所创造的一个新的法律概念。正如本书第一章在论及经济法责任研究的语言学转向时引证的那样,法律概念形成的自主性是有限的。这也提醒经济法学者,是不是确有必要用"社会整体利益"这一新概念去取代法学界及其立法中普遍使用

---

① 漆多俊:《经济法基础理论》,法律出版社 2008 年版,第 150 页。

② 关于社会整体利益的相关研究可以参见以下论述:孙笑侠:《论法律与社会利益——对市场经济中公平问题的另一种思考》,载《中国法学》1995 年第 1 期;李友根:《社会整体利益代表机制研究——兼论公益诉讼的理论基础》,载《南京大学学报》(哲学、人文科学、社会科学版)2002 年第 2 期;冯果、万江:《求经世之道 思济民之法——经济法之社会整体利益观诠释》,载《法学评论》2004 年第 3 期;蒋悟真、李晟:《社会整体利益的法律维度——经济法基石范畴解读》,载《法律科学》2005 年第 1 期;刘水林:《经济法的观念基础与规则构成——对"需要国家干预论"的反思与拓展》,载《现代法学》2006 年第 1 期;石慧荣、李永成:《论社会整体利益的经济法调整》,载《学术研究》2007 年第 10 期;周合星:《论社会整体利益的代表机制》,载《学术界》2007 年第 5 期。

③ 参见李友根:《社会整体利益代表机制研究——兼论公益诉讼的理论基础》,载《南京大学学报》(哲学、人文科学、社会科学版)2002 年第 2 期。

的"社会公共利益"。尽管有学者给出了相应的理由，如强调该利益的主体是社会；更明确地揭示了社会利益的产生机制；社会整体利益可以有效地与局部利益、地方利益相区别；《立法法》第 4 条出现了"国家整体利益"等。[①] 笔者以为，以上理由都难以成立。因为社会公共利益同样强调了利益的主体是社会；社会本身就是一个系统，社会公共利益的考量本来就是基于社会系统的整体性考虑，而非基于局部的、地方性的考虑；《立法法》第 4 条毕竟是立法中的极少数，虽然国家可以作为社会整体利益的代表，但"国家整体利益"与"社会整体利益"绝不能等同。另外，从比较法上看，我国立法及法学界通常采用的"社会公共利益"在英美法上是"public interest"。《元照英美法词典》解释为"公共权益：①应予认可和保护的公众普遍利益；②与作为整体的公众休戚相关的事项，尤其是证明政府管制正当性的利益"。[②] 可见，公共利益或社会公共利益本身就包含了一种整体性考虑。经济法学者采用"社会整体利益"一词，其目的是为了在法益目标上突出经济法的社会本位。就此而言，诚然有一定的可取性，但是此种做法也具有以下弊端：一是舍弃既有的理论资源另走新路，增加了经济法研究的成本，此点可以从经济法学研究社会整体利益的历史与现实中得到印证；二是不利于经济法学与其他部门法学、法理学的交流，增加了理解经济法理论的难度。这恐怕也是经济法学界的理论成果难以为其他部门法学界与法理学界认同的重要原因之一。

2. 割裂了法益保护的整体性

不少经济法学者宣称，经济法的基本宗旨或者首要目标是保护社会公共利益，甚至有人宣称，经济法保护的是狭义的社会利益即社会整体利益，它是经济法的基石范畴。[③] 对此，已有经济法学者指出，调整社会整体利益与社会个体利益之间的关系是整个法律体系的共同任务，各个部门法是从不同的角度以不同的方式对社会整体利益进行调整，这才是各部门法之间的最主要的区别，而不能将社会整体利益作为区别经济法与其他部门法的标志。[④] 我国

---

① 参见李友根：《社会整体利益代表机制研究——兼论公益诉讼的理论基础》，载《南京大学学报》（哲学、人文科学、社会科学版）2002 年第 2 期。

② 薛波：《元照英美法词典》，法律出版社 2003 年版，第 1116 页。

③ 参见程宝山：《中国经济法纲要的理论定位》，转引自胡旭晟：《湘江法律评论》，湖南人民出版社 1999 年版，第 226～239 页。

④ 参见李友根：《社会整体利益代表机制研究——兼论公益诉讼的理论基础》，载《南京大学学报》（哲学、人文科学、社会科学版）2002 年第 2 期。

《宪法》《民法通则》《合同法》《物权法》《著作权法》《行政许可法》等法律中均不乏有关社会公共利益或公共利益的规范。著名的德国《魏玛宪法》将所有权负有"社会义务"这一思想提升为一项具有宪法地位的基本原则；德国《基本法》第 14 条第 2 款规定："所有权负有社会义务。它的行使应同时服务于公共利益。"①普通法的学者习惯于在"公共政策"的名义下谈及社会利益，公共政策就是这样一个法律原则：没有哪个臣民能合法地做那些有侵害公共利益或违反公共道德的行为。根据公共政策，任何会给公共利益造成伤害的行为都是无效的。②

以社会整体利益作为区分经济法与其他部门法的标志也重蹈了划分公法与私法的"利益标准"的覆辙。③ 德国著名民法学者卡尔·拉伦茨指出，私法不但保护个人利益，而且往往同时保护公共利益，如保护交易安全的利益，保护社会秩序如婚姻和家庭等稳定的利益；公法也不是仅仅关系到公共利益，也同样适当地照顾个人利益，如行政诉讼正是为了维护个人的利益；无论是公法还是私法，其宗旨都不仅仅在于促进或保护某些公共的或个人的利益，而在于适当地平衡各方面的利益，创造正义和公正的局面。④ 拉伦茨阐述的这种法益整体保护思想在经济法中也得到了明显的体现。日本《禁止私人垄断及确保公正交易法》第 1 条明确规定："本法是通过禁止私人垄断、不合理的交易限制及不公正的交易方法……以确保普通消费者利益促进国民经济民主、健康地发展为目的。"⑤我国《消费者权益保护法》及《产品质量管理法》都在第 1 条就规定了其立法目的是为了保护消费者的合法权益，维护社会经济秩序，促进市场经济健康发展。我国《反垄断法》第 1 条也规定为了"维护消费者利益和社会公共利益"制定本法，"反垄断法也并不排除对消费者的直接和具体的保

---

① 参见［德］卡尔·拉伦茨：《德国民法通论》（上册），王晓晔、邵建东等译，法律出版社 2003 年版，第 85 页。

② 参见［美］罗斯科·庞德：《法理学》第 3 卷，廖德宇译，法律出版社 2007 年版，第 204 页。

③ 划分公法与私法的"利益说"认为，在界定法律规则的性质时，关键要看法律主要保护的是个人利益即私人利益，还是所谓公共利益。

④ 参见［德］卡尔·拉伦茨：《德国民法通论》（上册），王晓晔、邵建东等译，法律出版社 2003 年版，第 4～5 页。

⑤ ［日］村上政博：《日本禁止垄断法》，姜珊译，法律出版社 2008 年版，第 165 页。

护",只是其目的"侧重于通过维护市场竞争机制,提高经济效率,使消费者整体获益"。①

综上所述,国内外的理论与实践表明,以社会整体利益作为区分经济法与其他部门法的标志割裂了法益保护的整体性。

3.经济法责任社会性的含义过于笼统

既有的研究大多局限于指出经济法责任同社会利益直接相关,对于经济法责任社会性的具体内涵探讨不够。究其原因,在于"社会性"本身的抽象性。哈耶克在批判"社会正义"时指出,"社会正义"这个皇帝原来没有穿衣服,连使用这个说法的人自己都不知道这个说法的意思是什么。② 同样,裸体的社会性不可能存在,必须给经济法责任的社会性穿上"衣服",即从其所处的特定语境中才可能探寻其内涵。

"无论在何种政治或社会制度下,法律不可能要么完全是政府性的,要么完全是社会性的……法律产生于社会与其统治者之间的紧张及协调关系之中。"③因此,作为制度事实的法律都具有一定的社会性。一般意义上所指的"法的社会性"与"法的阶级性"相对应。在我国 20 世纪 80 年代,法学界曾就法的阶级性与社会性问题,展开过长达十年的大论战。④ "法的阶级性,即法是在经济、政治、文化方面占统治地位的阶级意志的体现,是统治阶级进行阶级统治的工具。"⑤至于法的社会性,有人称之为"社会共同性",即"这种法是为社会群体的共同利益服务的,其主体客体都是全社会性的,它和那种专门维护少数剥削阶级统治者的特权利益,损害被统治阶级利益的阶级性之法,从根本上是不同的";⑥有人称之为"共同性",即"某些法律内容、形式、作用效果并不以阶级为界限,而是带有相同或相似性",⑦因为法律不仅是阶级统治,也是

---

① 安建:《中华人民共和国反垄断法释义》,法律出版社 2007 年版,第 12~13 页。

② [英]弗里德利希·冯·哈耶克:《法律、立法与自由》(第 2、3 卷),邓正来等译,中国大百科全书出版社 2000 年版,第 1 页。

③ [美]E. 博登海默:《法理学:法律哲学与法律方法》,邓正来译,中国政法大学出版社 2004 年版,第 345 页。

④ 参见周凤举、纪祥:《关于 80 年代"法的社会性和阶级性问题"大论战——建国以来法学界重大事件研究(二十一)》,载《法学》1999 年第 2 期。

⑤ 张文显:《法理学》,法律出版社 2004 年版,第 45 页。

⑥ 周凤举、纪祥:《关于 80 年代"法的社会性和阶级性问题"大论战——建国以来法学界重大事件研究(二十一)》,载《法学》1999 年第 2 期。

⑦ 张文显:《法理学》,法律出版社 2004 年版,第 45 页。

社会公共管理的手段。

按照法理学的基本理论,法具有阶级统治和社会公共管理的职能,法具有阶级性和社会性,法律责任自然也具有相应的阶级性和社会性。经济法责任的社会性是不是此种意义上的社会性呢? 如果是,其作为法律责任的共有特征怎能成为经济法责任区分并相对独立于其他部门法律责任的关键呢? 笔者以为,经济法责任的社会性一方面是法的社会性这一法现象共性的体现;另一方面,突出经济法责任社会性的原因,在于法的社会性这一共性在经济法特定的时空条件下具有了鲜明的时代性。因此,探讨经济法责任社会性内涵,"不能把它们限定在僵硬的定义之中,而是要在它们的历史或逻辑的形成过程中来加以阐述"。[①] "社会性"本身就是一个高度抽象的术语,其意义内涵于特定的语境之中。经济法作为 19 世纪中晚期以来兴起的一个部门法,经济法责任社会性的含义依托于经济法责任的特定语境——19 世纪中晚期以来社会转型背景下的风险社会语境及其与之在法律领域相伴而生的法律社会化语境。下文就从这两个方面对经济法责任社会性的内涵予以剖析,再从经济学的外部性理论视角探讨经济法责任社会性的风险根源。

二、市场主体责任社会性的语境分析

(一)与风险社会相伴而生的法律社会化

为应对工业化以来的各种社会经济问题,在法律领域相伴而生的是法律社会化的兴起。庞德以为,法律社会化是 19 世纪末以来的一种倾向。[②] 这种倾向试图彻底背离成熟法律体系中的那些基础性理念——"整个理念(作为正当法律秩序的自由)就是表达这样一个领域,在这一领域内个人仅受其意志的指挥并且政府亦不能侵入这一领域,也不能允许其他任何人的侵犯。"[③]这是一种有关个体权利的理念,它的标志是"在抽象意义上强调财产和契约,它由于忽视了具体个体的道德价值以及个体对完善的道德和社会生活的需求,也

---

① 《马克思恩格斯全集》第 25 卷,人民出版社 1974 年版,第 17 页。
② 庞德将法律的发展分为原始法、严格法、衡平法和自然法、法的发展成熟、法的社会化、世界法等几个阶段,分别论述了各个阶段法律的特征。
③ 伯吉斯(Burgess)语,转引自[美]罗斯科·庞德:《法理学》(第 1 卷),余履雪译,法律出版社 2007 年版,第 349 页。

需要一场法律变革"。① 这场变革始于将权利看作是利益的最终归宿,体现为对个体利益的强调逐渐过渡到了对社会利益的关注,崇尚的是满足人类的需求,其目的与其他社会机制的终极目的一样,都是以最小的牺牲或浪费最大限度地满足人类的需求。这场区别于成熟法的抽象个体主义的变革就是法律发展的一个新阶段——法律社会化。庞德还从 12 个方面阐述了美国法中相继出现的法律社会化现象。这 12 个方面是:对财产使用的限制;对契约自由的限制;对处置权的限制;对债权人或受害人要求赔偿的权利加以限制;无过失责任适用范围的拓展;由共有物和无主物向公有物的转化(如将水流和猎物看作公有物,或由法律规定它们属于国家所有,或认为它们是社会的财富,个人无权占有或取得所有权);在家庭未独立成员的问题上侧重于其所体现的社会利益;将公共基金用于公共设施对个人造成的损害;依据契约义务的合理性平衡合同双方的利益;更多地从法律上确认群体和团体的法律主体地位;对不法侵入者的惩罚趋向缓和。②

著名的德国《魏玛宪法》将所有权负有"社会义务"确定为具有宪法地位的基本原则,后来的德国《基本法》第 14 条第 2 款规定:"所有权负有社会义务。它的行使应同时服务于公共利益。"这就是德国学者罗尔夫·斯特博所指的社会国家思想。社会国家是对放任主义国家的否定,以社会均衡和再分配为目标,国家成了社会交换的重要场所,国家应保证经济最低生存条件和保护环境,关心现在与未来的发展。实行社会国家原则的原因在于:"在一个以劳动分工组织起来的、经济上高度专门化的和以工业为特征的现代国家内,生活关系变得越来越复杂,社会弊端和缺陷不可能仅仅通过社会力量内部之间的平衡来消除或防止。"③

德国民法学者卡尔·拉伦茨侧重论述了民法的社会化,以为狭义的"社会原则"成为与私法自治、信赖保护和均衡与公平等原则之外的又一项原则,"社会原则"要求"给予那些依赖于订立合同,但由于经济实力弱或缺乏业务经验

---

① [美]罗斯科·庞德:《法理学》(第 1 卷),余履雪译,法律出版社 2007 年版,第 345 页。

② [美]罗斯科·庞德:《法理学》(第 1 卷),余履雪译,法律出版社 2007 年版,第 356~377 页。

③ [德]罗尔夫·斯特博:《德国经济行政法》,苏颖霞、陈少康译,中国政法大学出版社 1999 年版,第 63 页。

而无法以特有方式充分维护自身利益的人提供法律保护"。① 拉伦茨不仅深入研究了民法社会化的主要表现,如合同法中社会因素的增强、所有权的社会义务、无过错责任以及亲属法的改革等,而且指出了法律社会化的社会原因,在于社会关系的发展使得"真正的个人决策权的范围受到了限制,亲自承担责任和风险的力量也相应地削弱了",②因为个人越来越依赖于社会,"依赖于社会机构和国家'机器'的正常运行,依赖于'管理'其利益的社会组织,依赖于'社会'和群体对个人提出的'角色期待'"。③ 德国学者拉德布鲁赫则指出,社会关系和思潮的巨大变革产生了对社会法的追求,使得私法与公法、民法与行政法、契约与法律之间的僵死划分趋于动摇,并逐渐渗透融合产生了一个新的法律领域,如经济法与劳动法。④

　　法律社会化也意味着国家权力的增强。哈耶克指出,有人之所以倾向于说生产资料等要素的"社会化"而不说生产资料等要素的"国有化"或"政治化",实质上是为了增强政府的强制性权力。⑤ 日本学者美浓部达吉指出,依据国家权力对经济生活进行调整,不单为调整个人相互间的法律关系,而且直接使该项法律关系成为个人与国家之间的关系,就不仅仅使违反限制的个人相互间的法律关系无效,而且要以国家权力对违反者处以公法上的制裁,在依照这种制裁手段去强制其遵守的场合,私法便发生了公法化。美浓部达吉从"所有权之公法上的限制、企业经营的公共化、契约自由之公法上的限制、公法与私法的结合"四个方面进行了阐述。在他看来,公法与私法的结合是私法公法化的最后形态,即同一内容的法同时既为私法又为公法,同一内容的义务,一方面为个人相互间的义务,同时又为个人直接对国家所负的义务。⑥

----

① ［德］卡尔·拉伦茨:《德国民法通论》(上册),王晓晔、邵建东等译,法律出版社2003年版,第69页。

② ［德］卡尔·拉伦茨:《德国民法通论》(上册),王晓晔、邵建东等译,法律出版社2003年版,第70页。

③ ［德］卡尔·拉伦茨:《德国民法通论》(上册),王晓晔、邵建东等译,法律出版社2003年版,第70页。

④ 参见［德］拉德布鲁赫:《法学导论》,米健、朱林译,中国大百科全书出版社1997年版,第77页。

⑤ 参见［英］弗里德利希·冯·哈耶克:《法律、立法与自由》(第2、3卷),邓正来等译,中国大百科全书出版社2000年版,第476页。

⑥ 参见［日］美浓部达吉:《公法与私法》,黄冯明译,中国政法大学出版社2003年版,第234～250页。

从法的本位视角看,法律社会化意味着法的社会本位。法的本位经历了义务本位、权利本位和社会本位的发展历程。"在个人不自觉时代,法律为义务本位。至个人自觉时代,法律为权利本位,故非进于社会自觉时代,法律不能为社会本位也,今则第三期已肇其端。"① 义务本位,即指以义务为法律的中心观念;权利本位以"权利为法律之中心观念,个人权利之保护,成为法律最高使命";② 法的社会本位是指"义务之负担,不必尽由于义务人之意思,法律之任务,亦未必尽在于保护个人之权利。为使社会共同生活之增进,法律即强使人负担特定之义务,限制或剥夺其某种权利",③ 以解决 19 世纪中期以后出现的劳资对立、贫富悬殊等各种严重的社会问题。依照穗积重远之言,风险社会已经进入了社会自觉的时代,风险社会的法律不能不以社会为本位。

我国经济法学者从自由市场调节到政府干预的转变之视角对法律社会化进行了诠释,认为法律社会化就是:"基于由自由放任到政府干预再到市场调节与政府干预内在结合的经济思想和经济政策变革,由契约伦理到社会正义并与此对应由要求政府干预到限制政府干预的时代精神变革,由市民社会—政治国家到市民社会—团体社会—政治国家的社会结构变革,所发生的私法社会化与公法社会化的法律变革过程。"④ 私法的社会化就是基于卡尔·拉伦茨所言的"社会原则"加强公权力对私人活动的控制,限制私法自治的效力。公法社会化是指"由于政府职责的变化,尤其是在社会与公共服务事业方面的扩大,原来作为公法组织的企业或者特殊机构,在一定程度上丧失了公共机构的特权地位,受到契约关系的调整"。⑤ 公法社会化主要表现为宪法社会化与行政法的社会化,如行政法中出现了行政指导、行政计划、行政合同等新类型的行政行为。私法的社会化与公法的社会化突破传统的公法—私法的二元体系,出现了所谓的第三法域。第三法域又被视为广义的社会法,广义的社会法经历了工厂法、社会保障法、经济法和环境保护法四个阶段,经济法是经济领

① ［日］穗积重远:《法理学大纲》,李鹤鸣译,中国政法大学出版社 2005 年版,第129 页。

② 梁慧星:《民法总论》,法律出版社 2004 年版,第 38 页。

③ 梁慧星:《民法总论》,法律出版社 2004 年版,第 39 页。

④ 王全兴、管斌:《经济法与社会法关系初探》,载《现代法学》2003 年第 2 期。

⑤ 董保华、郑少华:《社会法——对第三法域的探索》,载《华东政法学院学报》1999年第 1 期。

域的法律社会化现象,是公法与私法融合的第三法域发展到一定阶段的结果。① 显然,我国学者的论述深受德国学者拉德布鲁赫思想的影响。

(二)法律社会化语境中的经济法责任社会性

经济法产生和发展于 19 世纪下半叶以来工业社会所致的经济社会风险日趋彰显的特定时空条件下,经济法所处的是一种特定的风险社会语境。语境论者十分强调"意义与语境的密切联系,强调语言表达式的意义对语境的依赖性。所谓'语境',指的是词和语句被说出时的环境,即词和语句在其上下文中的位置……要了解词和语句的意义,都必须考察它们被使用于其中的特定环境,考虑使用它们的目的和用途"。② 分析和把握经济法责任社会性的内涵也必须立基于风险社会语境及其与之相伴而生的法律社会化语境。在这一特定语境下,可以对经济法责任社会性做如下的把握:

1. 经济法责任产生基础的社会性

经济法责任产生的社会基础不同于传统的部门法责任。民事责任、刑事责任等传统的部门法责任在工业社会以前早就已经存在,经济法责任则是风险社会中产生的新型责任。工业化以来,人类社会原来的"坚固的共同体生活受到了资本主义市场的挑战。自由经济原则不支持传统的共同体;相反地,它趋向于分化和分裂人民"。③ 美国学者弗朗西斯·福山指出:"由技术进步引起的社会秩序的混乱并不是什么新现象。尤其是工业革命开始以来,随着一种新的生产过程取代另一种生产过程,人类社会经历了一种无情的现代化进程。"④"当'现代性'与工业化的负面后果不再局限于惩罚具体的群体而是侵袭到每一个人时,我们就已经或正在进入一个新的时代。"⑤这就是风险社会的时代。

在现代风险社会,平等而又不平等的现代风险打破了传统的人类共同体生活,人类社会的共同性需求日渐凸显。经济安全、社会安全、环境安全不仅成为一国在制定与实施法律时必须面对的重大问题,而且超越了国家界限事

---

① 王全兴、管斌:《经济法与社会法关系初探》,载《现代法学》2003 年第 2 期。

② 涂纪亮:《维特根斯坦后期哲学思想研究》,江苏人民出版社 2005 年版,第 66 页。

③ [美]弗朗西斯·福山:《历史的终结及最后之人》,黄胜强、许铭原译,中国社会科学出版社 2003 年版,第 371 页。

④ [美]弗朗西斯·福山:《大分裂——人类本性与社会秩序的重建》,刘榜离等译,中国社会科学出版社 2002 年版,第 8 页。

⑤ [英]露丝·利维塔斯:《风险与乌托邦的话语》,载[英]芭芭拉·亚当等:《风险社会及其超越:社会理论的关键议题》,赵延东、马缨等译,北京出版社 2005 年版,第 307 页。

关整个人类社会的前途与命运。图瓦卢 50 年后将沉入海底,图瓦卢居民 Mitiana Trevor 觉得全球 60 亿人都应该向他们说抱歉。[①] 人是社会中的人,社会是人的社会,社会对人的影响在风险社会时代达到了前所未有的广度和深度。图瓦卢悲剧是整个人类社会的悲剧,图瓦卢居民经受的是全球社会的风险。避免此类悲剧需要全球社会的共同行动。由于主权国家仍然是国际社会中最有力的行动者,[②]全球社会的共同行动最终依赖于主权国家的推动。在法治国家,国家行为必须依法实施。事实上,面对风险社会对传统责任伦理和法律制度的冲击,国家正是一方面修正或变革传统的法律责任制度,另一方面就是建立新的法律责任制度,以应对风险社会的挑战。经济法责任正是产生和发展于人类社会共同性需求日渐凸显的大环境中。

2.经济法责任关系的社会性

"责任"一词有两层语义:一是责任关系,指主体 A 对主体 B 负有责任;二是责任方式,指应当承担某种责任,[③]即具体的责任形式。"经济法责任"也有经济法责任关系和经济法责任形式两层含义,经济法责任的社会性在经济法责任关系上体现得尤为明显。"违反经济法所承担的责任,看来是直接对国家或对企业、个人的责任,实际上由于所损害的主要是社会利益,而承担责任也主要是为了防止、弥补或消除社会损害,所以实际上主要是一种社会责任。"[④]此论实际上指出了经济法责任关系的社会性,即经济法责任是责任主体对整个社会承担的责任。尽管对于社会的认识一直存在唯名论与唯实论之争,[⑤]但社会利益或社会损害之类的观念早已深入人心,并深深地影响到各种社会

---

① 王飞:《图瓦卢 50 年后沉入海底 居民要求全球向其道歉》,http://news. sina. com. cn/w/2009-12-02/040819168898. shtml,最后访问日期:2009 年 12 月 3 日。

② 弗朗西斯·福山认为,作为威斯特伐利亚体系基石的主权和民族国家原则已经受到侵蚀,因为一国内部治理问题往往同国际体系中的其他成员密切相关,软弱无能国家或失败国家已经成为当今世界诸如贫困、艾滋病、恐怖主义等许多严重问题的根源,因此,弱国家的国家构建为侵犯该国家的主权提供了一种国际合法性。参见[美]弗朗西斯·福山:《国家构建:21 世纪的国家治理与世界秩序》,黄胜强、许铭原译,中国社会科学出版社 2003 年版,第 90～113 页。

③ 张文显:《法理学》,法律出版社 2004 年版,第 117 页。

④ 漆多俊:《经济法基础理论》,法律出版社 2008 年版,第 150 页。此论也表明,目前对经济法责任社会性的探讨,主要是针对市场主体的经济法责任而言。

⑤ 唯实论认为社会是一个抽象于具体个人而存在的客观实体;唯名论认为社会只是一种假象,不过是由于具体的人的相互联系而成。

活动主体的行为。在此,笔者无意探讨深奥的社会学争论,因为作为社会控制手段的法律实质上是一种社会技术,无论对于社会的认识是持唯名论还是唯实论,[①]都需要法律拟制相应的法律主体来代表社会利益。这是将责任主体对社会承担的责任转为对国家、企业、个人或其他社会组织直接承担责任的原因所在。经济法责任关系的社会性根源于风险的社会化,因为"现代性"与工业化的负面后果不再局限于惩罚具体的群体而是侵袭到每一个人,即侵袭到整个社会。

3.经济法责任保障制度与损失承担的社会化

经济法责任是一种社会性责任,为了避免因经济法责任承担者负担过重或破产使得受害人权利落空及经济法责任的空乏,进而影响整个社会经济的发展,出现了证券投资者保护基金、保险保障基金、存款保险等责任保障制度。英国甚至在 2001 年将以上三种制度统一,设立了新的金融服务赔偿计划,建立了统一的金融服务赔偿体制。[②] 这些制度实质上是"国家对于经济法律责任风险分配与保障的干预,将风险与损失分散于社会,使之消化于无形,从而给经营者带来安全,使受害者得到补偿"。[③] 以证券投资者保护基金为例,其真正的功能已经不再局限于传统民事责任的经济补偿,更重要的是进行破产预防——通过保护中小证券投资者的利益为证券市场的稳定提供信心支撑。[④]

4.经济法责任体现了公法责任与私法责任的融合

经济法责任作为在法律社会化进程中正在形成的一种部门法责任,体现了公法责任与私法责任的融合。在法律社会化之前,公法责任与私法责任是法律责任的基本分类。我国有学者指出:"私法责任主要是指民事责任,公法责任主要是指行政责任、刑事责任、诉讼责任、国家赔偿责任和违宪责任。"[⑤]

---

① 对于社会认识的唯名论与唯实论之争,类似于有关法人本质的"法人拟制说"与"法人实在说"之争。

② 参见傅浩:《证券投资者赔偿制度国际比较研究》,载《证券市场导报》2002 年第1 期。

③ 钟雯彬:《经济法律责任社会性研究》,载《四川大学学报》(哲学社会科学版)2004年第 1 期。

④ 参见黎四奇:《对我国证券投资者保护基金制度之检讨与反思》,载《现代法学》2008 年第 1 期。

⑤ 张文显:《法理学》,法律出版社 2004 年版,第 120 页。

澳大利亚学者皮特·凯恩则将法律责任区分为民法范式的责任、刑法范式的责任和公法责任。在他看来,公法关系到政府的责任,关注公共职能履行的责任,关注作为公民的公民,而不是私法承认的权利所有人的公民。因而,在公法模式里,法院的角色不仅是保护个人的权利,而且也确保政府不"非法"行为,公法责任原则和规则的主要功能是为公务员行使决策权设定法律界限。[①]尽管皮特·凯恩所指的公法责任的范围较之于我国学者所指的公法责任要狭小得多,其中却也不乏对公法责任与私法责任的区分。

区分公法责任与私法责任不仅是法学理论研究的需要,而且对于法律适用具有重要的目的和意义,如有助于区分两类案件当事人的自主权、区分两类案件归责程序中的权力因素、区分两类案件自由裁量的幅度等。[②] 但是,也应当看到,正如公法与私法之间不存在绝对的界限一样,公法责任与私法责任分离的二元责任之间本身也不存在严格的界限,此点从私法的功利性补偿和公法的道义性惩罚并非截然分离的事实也可以得到证明。私法上的法律责任也不完全是补偿方式,也存在惩罚方式,如违约金;公法上的法律责任也不完全是惩罚方式,如行政补偿。[③] 在法律社会化的进程中,公法责任与私法责任融合就是公法与私法之间的融合在法律责任方面的表现。如果说私法责任以补偿方式为主,公法责任以惩罚方式为主,那么在法律社会进程中产生的经济法责任则是将这两种方式融为一体,"正是'公私混合性'才导致了经济法律责任的特殊性"。[④]

综上所述,经济法责任的社会性主要表现为:其一,产生基础的社会性,经济法责任是风险社会中产生的新型责任,凸显了风险社会中人类社会的共同需求;其二,责任关系的社会性,经济法责任是责任主体对整个社会承担的责任,是社会责任的法律化;其三,责任实现机制的社会性,即责任保障和损失承担的社会化;其四,体现了法律社会化进程中公法责任与私法责任的融合。

---

① 参见[澳]皮特·凯恩:《法律与道德中的责任》,罗李华译,商务印书馆 2008 年版,第 79、80、402 页。

② 参见孙笑侠:《公、私法责任分析——论功利性补偿与道义性惩罚》,载《法学研究》1994 年第 6 期。

③ 孙笑侠:《公、私法责任分析——论功利性补偿与道义性惩罚》,载《法学研究》1994 年第 6 期。

④ 邓峰:《论经济法上的责任——公共责任与财务责任的融合》,载《中国人民大学学报》2003 年第 3 期。

三、市场主体责任社会性的外部性理论解析

在法律社会化语境下探讨经济法责任社会性的内涵在很大程度上仍然是就法论法，不过，法之理在法外。马克思指出："社会不是以法律为基础的。那是法学家们的幻想。相反地，法律应该以社会为基础。法律应该是社会共同的、由一定物质生活方式所产生的利益和需要的表现，而不是单个的个人恣意横行。"①经济法责任的社会性反映了风险社会中人类社会共同性需求的日渐凸显，因此，要揭示经济法责任社会性的根源就必须深入分析责任主体在风险社会中的地位及其行为特征。鉴于目前对经济法责任社会性的探讨，主要是针对市场主体的经济法责任而言，下文拟从市场主体行为的风险特征——外部性揭示经济法责任社会性的风险根源。

(一) 经济学中的外部性理论简述

外部性理论是西方经济学中的一个重要理论，最早可以追溯到亚当·斯密的"无形之手"的理论。他在论述限制从外国输入国内能生产的货物时指出，投资者盘算的只是自己的安全和自己的利益，但像在其他许多场合一样，"他受一只看不见的手的指导，去尽力达到一个并非他本意想要达到的目的。也并不因为事非出于本意，就对社会有害。他追求自己的利益，往往使他能比在真正出于本意的情况下更有效地促进社会的利益"。② 西奇威克在《政治经济学原理》一书中指出了私人产品与社会产品的不一致，认为个人经济活动中的私人成本与社会成本、私人收益与社会收益之间经常不一致，从而认识到了外部性的存在。福利经济学的创始人庇古在此基础上提出了社会边际成本与私人边际成本等理论，证明了完全依靠市场机制可以实现资源最优配置的新古典经济学理论的不可能性，因为经济活动经常存在对第三者的经济影响，即外部性问题，如灯塔、交通、污染等例子，而庇古解决外部性问题的对策就是政府征税或补贴。

"庇古税"的传统直到 20 世纪 60 年代才被科斯的《社会成本问题》所打破。科斯指出，传统的方法"无非是要求工厂主对烟尘所引起的损害负责赔

---

① 《马克思恩格斯全集》第 6 卷，中共中央编译局译，人民出版社 1961 年版，第 291～292 页。

② ［英］亚当·斯密：《国民财富的性质和原因的研究》（下卷），郭大力、王亚南译，商务印书馆 1974 年版，第 27 页。

偿,或者根据工厂排出烟尘的不同容量及其所致损害的相应金额标准对工厂主征税,或者最终责令该厂迁出居民区",①但"传统的方法掩盖了不得不做出的选择的实质"。② 科斯将这种选择概括为"对损害负有责任的定价制度"和"对损害不负责任的定价制度"两类,这实质上是一个法律制度对权利的初始界定问题。在市场交易成本为零时,何种选择即法律对权利的初始界定不会影响最终结果(产值的最大化)。科斯进一步指出,市场交易成本为零只是一种假设,企业的出现和政府管制都是基于降低现实中的市场交易成本的目的,尽管该目的往往不一定实现,因为企业内部组织交易的行政成本和政府行政机制的成本也不容忽视。可见,在科斯看来,外部性问题本质上是一个市场交易成本的问题,而解决外部性的决策必须综合考虑"各种社会格局的运行成本(不论它是市场机制还是政府管理机制),以及转成一种新制度的成本",因为"导致某些决策的改善的现行制度的变化也会导致其他决策的恶化"。③

斯蒂格利茨从市场所提供物品的多寡的视角分析了外部性,将其看作是价格制度运行不完善的事例,"当个人或厂商的一种行为直接影响到他人,却没有给予支付或得到补偿时,就出现了外部性"。④ 这是一种负的外部性,外部性也可能是正的,如新发明。平狄克、鲁宾费尔德认为,外在性是一种并不直接反映在市场中的生产和消费的效应,与公共物品是市场失灵的重要来源,可以在生产者之间、消费者之间或消费者与生产者之间产生,可以是负的也可以是正的。⑤ 当存在负外部性时,市场决定的均衡产量要高一些,因为生产者没有考虑到社会成本;当存在正外部性时,市场决定的产量可能相当低。总

① [美]R. H. 科斯:《社会成本问题》,载[美]R. 科斯、A. 阿尔钦、D. 诺斯等:《财产权利与制度变迁——产权学派与新制度学派译文集》,刘守英等译,上海三联书店、上海人民出版社 1994 年版,第 3 页。

② [美]R. H. 科斯:《社会成本问题》,载[美]R. 科斯、A. 阿尔钦、D. 诺斯等:《财产权利与制度变迁——产权学派与新制度学派译文集》,刘守英等译,上海三联书店、上海人民出版社 1994 年版,第 4 页。

③ [美]R. H. 科斯:《社会成本问题》,载[美]R. 科斯、A. 阿尔钦、D. 诺斯等:《财产权利与制度变迁——产权学派与新制度学派译文集》,刘守英等译,上海三联书店、上海人民出版社 1994 年版,第 52 页。

④ [美]斯蒂格利茨:《经济学》(上册),梁小民、黄险峰译,中国人民大学出版社 2000 年版,第 138 页。

⑤ [美]平狄克、鲁宾费尔德:《微观经济学》,张军等译,中国人民大学出版社 2000 年版,第 560~564 页。

之,当存在外部性时,商品的价格不一定反映它的社会价值,市场对资源的配置缺乏效率。

(二)风险社会中市场主体行为的外部性凸显

负外部性意味着市场交易之外的第三者非自愿地承担某种成本或损失,因而对第三者而言它是一种强制性的风险。此种风险不是外生的自然风险,而是人类活动的自反性后果,而且在现代风险社会,这种被人为制造出来的风险取代外部风险占据了主导地位。贝克正是在这种意义上指出,现代风险是决策和选择、科学和政治、工业、市场和资本的问题,是在每个人的生活中和各种不同的制度中内生的风险。① 实际上,自工业革命以来,生产者、经营者的生产经营活动在近现代科学技术的推动下,其外部性问题日渐凸显。其所导致的危害性后果呈全球化扩张趋势,无论人们愿意与否,以至于贝克声称我们进入了一个世界风险社会。"当'现代性'与工业化的负面后果不再局限于惩罚具体的群体而是侵袭到每一个人时,我们就已经或正在进入一个新的时代。"② 这个时代充斥着众多的社会风险事件。这些事件考验和冲击着传统的责任伦理和法律制度。贝克在《解毒剂》一书中形象地指出,公司、政策制定者和专家结成的联盟制造了当代社会中的风险,然后又建立一套话语来推卸责任,造成了"有组织地不负责任"。

在现实生活中私人产权的排他性常常不是彻底的,故人类活动的外部效应广泛存在,但许多外部效应会得到容忍,且不会阻碍自愿的交易活动;也不是所有的外部性效应都会超越国界,从而需要采取国际联合行动。③ 但是随着工业革命以来的各种社会经济风险的出现,尤其人为风险的加剧,风险的外部性日趋凸显。在风险社会中,市场主体行为风险的外部性越来越凸显,而且大量市场主体行为的风险超越了国界,其造成的损害不再局限于国内,以前局限于在一国境内讨论的市场主体活动的外部性问题已经超越国界成为一个全球性的问题。"以污染流通的普遍性和超国家的观点来看,巴伐利亚森林一片

---

① 乌尔里希·贝克:《风险社会政治学》,刘宁宁、沈天霄译,载《马克思主义与现实》2005 年第 3 期。

② [英]露丝·利维塔斯:《风险与乌托邦的话语》,载[英]芭芭拉·亚当等:《风险社会及其超越:社会理论的关键议题》,赵延东、马缨等译,北京出版社 2005 年版,第 307 页。

③ [德]柯武刚、史漫飞:《制度经济学:社会秩序与公共政策》,韩朝华译,商务印书馆2000 年版,第 216～217 页。

草叶的生命,最终将依赖于国际协议的制定和遵守。"①

以温室气体的排放为例,温室气体排放的外部性,产生了有史以来最大的市场失灵,②哥本哈根气候峰会也未能达成一个有约束性的气候协议。事实上,随着低碳经济时代的到来,企业的碳排放问题已经成为各国国内法和国际社会关注的焦点。美国国会正在推动征收碳关税的立法,法国政府也在2010年1月20日提交了新的碳税方案。近年来,随着经济的增长,我国所面临的温室气体排放总量不断增加的压力也越来越大,尤其是"我国人均二氧化碳排放量目前已与世界平均水平相当,以后还会继续提高,人均二氧化碳排放量低的谈判优势在逐渐丧失"。③ 我国节能减排的紧迫与任重道远从一个侧面反映了我国企业温室气体排放外部性的严重程度。

在金融领域,金融风险的负外部性表现得更为明显和强烈。金融脆弱性理论以为,高负债经营的企业具有更容易失败的特征,金融脆弱性会在外力或内力的偶然事件影响下演化为金融危机,而金融危机具有"传染性",始于个别国家或地区的金融危机会通过一定的传染途径迅速波及周边国家或地区,给世界经济带来极大的破坏。④ 金融领域兴起的金融创新浪潮在促进金融效率的同时,也给金融系统的稳定与安全带来相应的风险,由美国次贷危机所引发的全球金融危机再次证明了金融风险的负外部性。

从可持续发展的角度看,市场主体行为风险的外部性还表现为代际外部性。代际关系是人类世代之间的纵向人际关系,代际外部性是一种时间的外部性,如雷切尔·卡逊女士在《寂静的春天》中指出,现在使用的杀虫剂带来的负效应要在若干年后才会显现,这是典型的时间外部性问题。风险的代际外部性使得后代人要为前代人所致的风险负责,损害了代际公平,不利于可持续发展。

(三)解决外部性的以往法律责任制度及不足

1. 风险社会中的契约责任之不足

传统的法律责任制度如契约责任、侵权责任、行政责任和刑事责任等对于

---

① [德]乌尔里希·贝克:《风险社会》,何博闻译,译林出版社2004年版,第21页。

② 参见[英]尼古拉斯·斯特恩:《气候变化经济学》(上),季大方译,载《经济社会体制比较》2009年第6期,第1~13页。

③ 李丽平等:《国际贸易视角下的中国碳排放责任分析》,载张坤民等:《低碳经济论》,中国环境科学出版社2008年版,第235页。

④ 参见陈雨露、汪昌云:《金融学文献通论》(宏观金融卷),中国人民大学出版社2006年版,第474、549页。

外部性的解决均具有作用。有的外部性问题可以通过私人之间的协议进行补偿加以解决，即通过契约责任方式进行。严格地讲，能够通过契约责任解决的外部效应并不构成真正的外部性问题，那意味着对方以获得对价为条件自愿承担了相应的风险。而契约能否达成并得到履行最终取决于市场交易成本，包括了信息搜寻成本、谈判成本、缔约成本、监督履约情况的成本、可能发生的处理违约行为的成本等。① 当市场交易成本超过双方通过达成契约获得的合作盈余时，契约就难以达成。因此，"合同法关注那些能以相对较低的交易成本达成私人协议的人之间的相互关系"。② 科斯在《社会成本问题》一文中强调，两种选择不会影响社会产值最大化的前提是市场交易成本为零，但现实中市场交易成本客观存在，尤其是在风险社会中信息不对称的加剧增加了信息成本，③使得契约责任在应对市场主体行为风险的外部性方面显得无能为力。

2.风险社会中的侵权责任之不足

要求工厂主对烟尘所引起的损害负责赔偿就是运用侵权责任制度来解决外部性问题，它关注的是"那些为达成私人协议要付出相对较高的交易成本的人之间的相互关系"，"侵权责任的经济目的是促使施害人将这些成本内部化"，"将由高昂的交易谈判成本所导致的外部效应内部化"。④

侵权责任不可能完全内部化外部效应，因为有的损失不可能获得完美的赔偿，即使有可能，实施中的错误也会系统地影响损害赔偿。这也决定了刑法弥补侵权法之不足的价值。⑤ 除此之外，侵权责任的不足更多的是来自于风险社会的挑战。我国台湾学者在论及科技活动所致的危险对于民事责任的影响结果时指出："一为危险责任法制之发展，二为民事责任原理之二元化。唯

① ［德］柯武刚、史漫飞：《制度经济学：社会秩序与公共政策》，韩朝华译，商务印书馆2000年版，第239页。

② ［美］罗伯特·D.考特、托马斯·S.尤伦：《法和经济学》，施少华、姜建强等译，上海财经大学出版社2002年版，第248页。

③ 尽管现代科学技术的发展如网络增加了人们获得信息的便利，但是信息的复杂化、专业化也增加了人们搜寻、辨别信息的成本。如在生产者、经营者与消费者之间、制造污染的工厂与受污染的社会大众之间信息的不对称就非常明显，而在金融创新领域，经营金融创新产品的金融机构与其消费者之间的信息不对称则更为严重。

④ ［美］罗伯特·D.考特、托马斯·S.尤伦：《法和经济学》，施少华、姜建强等译，上海财经大学出版社2002年版，第248页。

⑤ ［美］罗伯特·D.考特、托马斯·S.尤伦：《法和经济学》，施少华、姜建强等译，上海财经大学出版社2002年版，第374～375页。

就整个民事责任理论体系言之,则二者实为一体,但分从不同角度加以说明而已。盖唯危险责任法制之发展,建立危险责任原理,以与过失责任分庭抗礼,责任原理二元化始于焉形成。"① 可见,侵权责任制度已经从传统的过错责任发展到了过错责任与危险责任并存的二元结构。尽管如此,侵权责任制度仍然面临着严峻的危机,其中尤以1972年新西兰颁布的《意外事故补偿法》最为引人注目,日本民法学者加藤雅信教授在《关于综合救济系统的建议》一文中提出他关于侵权行为制度和社会保障制度改革的新构想,即建立一种类似于新西兰的统一的综合救济制度。② 为什么侵权责任制度在风险社会中会面临如此严峻的危机呢? 根本原因在于风险社会中风险的不可预见性和科学理性在界定风险方面的垄断地位被打破。贝克指出,现代化风险虽然出现在地理上特定的地域,却又是非特定的、普遍的,其形成危害影响的曲折途径非常不稳定和不可预测,使得科学和法律制度建立起来的风险计算方法崩溃,声称能够客观研究风险的危险性的科学理性式的断言一再被实际发生的事故所反驳。③ "风险社会中风险不确定性的程度远非以往的风险可比,它既表现为认定风险结果的困难,也表现为认定因果关系或责任主体的困难。"④ 这些困难实际上也是制约侵权责任功能得以实现的主要障碍。⑤ 其次,无论侵权责任如何社会化,它仍然是一种民事责任,仍然是采用民法的方法来解决外部性,而民法在"协调个体相互间的利益之外的其他利益时,具有不可克服的功能性障碍……如果交易成本太大,或者由于司法程序上的问题而使交易结果具有

---

① 邱聪智:《民法研究》,中国人民大学出版社2002年版,第230页。

② 参见梁慧星:《从近代民法到现代民法——二十世纪民法回顾》,载《中外法学》1997年第2期。

③ 参见[德]乌尔里希·贝克:《风险社会》,何博闻译,译林出版社2004年版,第19~30页。

④ 蔡从燕:《风险社会与国际争端解决机制的解构与重构》,载《法律科学》2008年第1期。

⑤ 通说以为,因果关系在民事责任原理上具有双重作用:一是判断责任是否成立,二是判断赔偿范围如何。然日本学者平井宜雄认为,"相当因果关系"是一个"假象问题",不过是一种"价值衡量"或"保护范围"的化身而已,主张排除这一概念,而对于责任成立之判断还原为事实因果关系,对于赔偿范围之判断,代之以利益衡量或政策酌定。关于因果关系理论的发展,参见邱聪智:《民法研究》,中国人民大学出版社2002年版,第220~230页。

不可预期性,则受害人也可能不选择协商或诉讼的方式解决负外部性"。[①]

3.行政责任与刑事责任之不足

按照"管理论"行政法学的观点,[②]行政机关可以对造成了污染的工厂予以行政处罚,如罚款、责令停产停业等。首先,以行政管制解决外部性问题的主要问题在于,行政机关也是"经济人",有其独立的利益追求,行政机关的利益与社会公共利益并不总是一致,有时甚至是严重对立。上海市发生的名为整治黑车实为创收的"钓鱼式执法"事件就非常明显地暴露了这种利益的不一致。其次,行政管制的成本也是一个不容忽视的问题,行政管制还要受到政治压力和社会舆论的影响,因此,"直接的政府管制未必会带来比由市场和企业更好的解决问题的结果"。[③] 不能过高估计政府管制的优点,换句话说,不能过高估计行政法在解决外部性问题上的作用。

此外,刑法、安全法规以及税收激励等也是促进外部成本内部化的政策工具。[④] 刑法解决外部性问题依靠的是刑事责任的威慑功能,以阻止不合理的风险。但是,刑罚毕竟是一种最为严厉的法律制裁,只有当造成外部性问题的当事人的行为及其危害结果达到了刑法所规定的条件时才能追究其刑事责任,因而其对外部性问题的适用范围较之于大量存在的外部效应是非常有限的。

上述解决外部性的各种责任制度都各有优势与不足,因为"所有解决的办法都需要有一定的成本"。[⑤] 面对风险社会以来各种风险凸显的外部性问题,作为社会学家的贝克发出了"有组织地不负责任"的感叹,并尖锐地指出:"安全和预防法规并没有充分建立,即使有,它们也不过是一纸空文……资方可以

---

① 胡元聪:《法与经济学视野中的外部性及其解决方法分析》,载《现代法学》2007年第6期。

② 关于行政责任与经济法责任关系的论述可以参见"经济法责任的独立性辨析"的相关论述。

③ [美]R. H. 科斯:《社会成本问题》,载[美]R. 科斯、A. 阿尔钦、D. 诺斯等:《财产权利与制度变迁——产权学派与新制度学派译文集》,刘守英等译,上海三联书店、上海人民出版社1994年版,第23页。

④ 如我国《刑法》在第六章"妨碍社会管理秩序罪"的第六节专门规定了"破坏环境资源保护罪"。

⑤ [美]R. H. 科斯:《社会成本问题》,载[美]R. 科斯、A. 阿尔钦、D. 诺斯等:《财产权利与制度变迁——产权学派与新制度学派译文集》,刘守英等译,上海三联书店、上海人民出版社1994年版,第23页。

风险社会中的法律责任制度改变:以经济法为中心

厦门大学法学院经济法学文库

106

制定严格的安全条例,知道它们无法施行,却硬说条例得到遵守。通过这种方式,资方使自己保持清白,廉价地和问心无愧地把事故和死亡的责任推卸给人们对危险在文化上的无知。"[①]但作为法律人,则必须反思风险社会中各种风险事件所暴露的制度缺陷和教训,不断完善处理和预防风险事件的法律制度,建立和完善经济法责任制度的目的也在于此。

(四)市场主体责任社会性根源:责任主体行为风险的外部性

1. 解决风险社会外部性问题、满足人类社会共同需求的迫切需要

经济法责任的社会性反映了解决风险社会外部性问题、满足人类社会共同需求的迫切需要。经济法责任的社会性不是经济法学者的主观臆测,而有其深刻的社会根源。这一根源就是,经济法责任产生与发展时代凸显的其责任主体行为风险的外部性。"我们生活在这样的一个社会里,危险更多地来自我们自己而不是源于外界。"[②]这就是工业革命以来逐渐形成的一个风险社会。在风险社会里,"人为制造的风险"如市场主体行为所致的风险等超越外部的自然风险占据了主导地位,[③]成为社会风险的主要来源。同时,全球化趋势也使得风险全球化,进而使得风险的外部性已经威胁到了整个人类社会生存与发展的共同需求,地球人已经生活在"文明的火山"上。经济法责任所处的这个特定时代决定了其社会性具有鲜明的时代特色——解决责任主体行为风险的外部性问题,维护社会公共利益。

2. 克服外部性所致的低效率,以实现效率的最大化

经济法责任的社会性是对外部性所致的低效率的克服,以实现效率的最大化。"当外在性存在时,一种商品的价格不一定反映它的社会价值,结果厂商可能生产太多或太少,从而使市场结果无效率。"[④]因为每个厂商在决定生产一种商品多寡的时候,考虑的是该商品的私人成本与私人收益,而非其社会成本与社会收益。换言之,厂商的行为是基于其个人利益而非社会利益,只有当法律制度要求厂商承担其外部性行为的社会成本时,厂商才会予以考虑。

---

① [德]乌尔里希·贝克:《风险社会》,何博闻译,译林出版社 2004 年版,第 47 页。

② [英]安东尼·吉登斯:《失控的世界》,周红云译,江西人民出版社 2001 年版,第 31 页。

③ 此外,政府行为也是风险的重要来源,关于政府的风险地位及其责任问题将在下一章论述。

④ [美]平狄克、鲁宾费尔德:《微观经济学》,张军等译,中国人民大学出版社 2000 年版,第 561 页。

这就是外部性的内部化。科斯说:"当市场交易成本是如此之高以至于难以改变法律已确定的权利安排时,情况就完全不同了。此时,法院直接影响着经济行为。"①这反证了法律对权利的初始界定影响着社会效率。经济法作为国家为了克服市场失灵而制定的调整需要由国家干预的具有全局性和社会公共性的经济关系的法律,②实质上就是对经济法主体权利义务的重新界定,以使经济法主体在为行为时不仅考虑到其私人成本与私人收益,更要考虑社会成本与社会收益,使经济法主体为其行为的外部性风险承担责任。从这个意义讲,"经济法律是一种将外部性内在化的制度设计"。③

经济法也是能够"把所有外在成本和外在收益都纳入生产者计算和决策之中的法律制度安排,将会增加社会的总净收益"。④ 因为经济法是一种整体主义法。在方法论上,经济法的整体主义方法论与民法的个体主义方法论具有根本的区别。个体主义方法论实质是一种个人自由主义,强调个人利益,国家或社会只是个人得以通过它而追求自身利益的一种机构;整体主义方法论强调把对象世界作为一个相互联系的统一体加以把握,于是社会不再是简单的个人的总和,而是超越个体的独立存在,有其独立的利益诉求——社会公共利益。⑤ 经济法的整体主义方法论使经济法在克服外部性所致的低效率、维护社会公共利益、实现社会效率最大化等方面较之于民法具有天然的优势。民法无论如何社会化,最终都难以摆脱其个体主义方法论的束缚。这也是民事责任制度难以在外部性的内部化问题上发挥更大作用的根本原因。

总之,经济法责任对外部性所致的低效率的克服表明,经济法责任"看来是直接对国家或对企业、个人的责任,实质上由于所损害的主要是社会利益,而承担责任也主要是为了防止、弥补或消除社会损害,所以实际上主要是一种

---

① [美]R. H. 科斯:《社会成本问题》,载[美]R. 科斯、A. 阿尔钦、D. 诺斯等:《财产权利与制度变迁——产权学派与新制度学派译文集》,刘守英等译,上海三联书店、上海人民出版社 1994 年版,第 24 页。

② 李昌麒:《经济法学》,法律出版社 2007 年版,第 5 页。

③ 周林彬:《法律经济学论纲》,北京大学出版社 1998 年版,第 266 页。当然,经济法并非唯一的将外部性内在化的制度设计,上文论及的侵权法、行政法与刑法等都具有这方面的功能。

④ 周林彬:《法律经济学论纲》,北京大学出版社 1998 年版,第 266 页。

⑤ 参见刘水林:《经济法的基本方法论探讨》,载《中南民族大学学报》(人文社会科学版)2005 年第 2 期。

社会责任"。①

3.弥补以往法律制度在解决外部性方面的不足

突出了社会性的经济法责任可以弥补以往法律制度在解决外部性方面的不足。著名民法学者梁慧星教授慨叹,现代民法内含了对人性的尊重与对人性的威胁的矛盾,民法所规定的人格平等与私法自治使日益严重的危险和加害行为的受害者得不到法律救济,自己责任原则对于解决风险社会的危险已经不再妥当。② 经济法的产生及其法律责任的拓展可以弥补其不足。

(1)经济法责任主体具有外延的广泛性和形态的多样性。"凡依法参加国家协调本国经济运行过程中各种经济关系的组织体和个人,都能成为经济法主体。"③而且,"经济法对主体形态的设计,遵循的是具体人格的思路,而非抽象人格的思路"。④ 这说明,经济法责任主体突破了民法上的抽象人格思路,扩大了责任主体的范围,为最大限度地预防和控制风险的外部性提供了新的法律依据。

(2)责任归责原则的社会化。经济法责任本质上是一种社会责任而非道义责任。道义责任论者主张法律与道德的一元论,责任同过错相连,因为它假定人的意志及其行为是绝对自由的;社会责任论则以为,法律责任的本质是以对受到侵害的权利的补救来否定侵权行为,以对受到危害的利益的加强来限制侵权者的任性,是对合法的社会利益系统的维护。⑤ 道义责任论在个人主义时代曾盛行一时,它立基于康德"意志自由"的哲学原理。我国台湾地区民法学者邱聪智指出,在静态的农牧社会,无过失的人为加害行为甚为稀少,而且证明行为有无过失并非极为困难,加害人与被害人地位有互换可能,因此,采过失责任主义,赋予社会活动主体以相当程度的自由,尚不至于对法律平等原则有重大违反,而且对于发挥个人能力促进个人积极参与社会活动,促进社会福利等有重要意义;但是19世纪后半叶以来的科技发展,使得个人生活处于各种危险笼罩之下,而科技危险的证明,本身又涉及极为深奥的科技知识,

---

① 漆多俊:《经济法基础理论》,法律出版社 2008 年版,第 150 页。

② 参见梁慧星:《从近代民法到现代民法——二十世纪民法回顾》,载《中外法学》1997 年第 2 期。

③ 杨紫烜:《经济法》,北京大学出版社、高等教育出版社 2008 年版,第 95 页。

④ 杨紫烜:《经济法》,北京大学出版社、高等教育出版社 2008 年版,第 96 页。

⑤ 参见张文显:《法哲学范畴研究》,中国政法大学出版社 2001 年版,第 124～125 页。

致其事实上发生高度困难性。① 换言之,在风险社会,"过失"作为主体的心理状态,判断其有无并非容易之事,因而往往成为逃避责任的借口,以至于贝克"戏说"现有的法律制度是在为风险的危害合法化。在经济法领域,经济法责任的归责原则也呈现出社会化的趋势,过错推定原则和无过错原则广泛运用。日本《禁止垄断法》第 25 条规定的特别损害赔偿制度甚至规定,有违法行为的事业者,对其违法行为不能以举证没有故意或过失而不承担赔偿责任。经济法责任已经与现代社会责任风险分配制度紧密联系在一起,这就有利于对发生侵害权利的行为进行纠错,以处理和预防主体行为风险的外部性问题。

(3)市场主体责任的认定与归结不一定以发生损害结果为要件。美国《谢尔曼法》第 1 条规定的本身违法原则就是典型之一。"任何以托拉斯或其他方式限制洲际贸易或对外贸易的合同、联合或共谋为非法。"本身违法原则强调"任何企业只要出现结合或共谋等垄断行为或状态就视为违法,而无须再考虑其他任何因素"。② 根据我国《反垄断法》第 46 条的规定,经营者违反该法规定,达成垄断协议但尚未实施的,可以处以 50 万元以下的罚款。这说明:"反垄断法不但要制止已发生的垄断行为,更要着眼于防患未然,在垄断行为发生损害市场竞争的后果之前就制止它。"③这些规定表明,"经济法具有行政法和民法难以达到的维护社会经济秩序的积极作用"。④ 由于垄断和外部性都是市场失灵的重要原因,以上关于垄断的法律责任规定对于预防和控制外部性问题有一定的借鉴意义,可以发挥经济法责任控制和预防主体行为风险外部性的重要作用。以环境污染为例,我国《环境保护法》第 41 条规定:"造成环境污染危害的,有责任排除危害,并对直接受到损害的单位或者个人赔偿损失。"这种立法规定显然受制于传统的民法原理——填补损害原则,即无损害无赔偿,赔偿不能超过所受到的损失。但是,这种立法未能全面贯彻"预防为止、防治结合"的环境保护法原则,事实上将预防环境污染的责任主要寄希望于环境行政部门的监督管理,当事人"无法在有造成损害危险、但还未造成实际损害结果之前就采取防止侵害的预防性措施",⑤不利于控制和预防环境污染。为

---

① 参见邱聪智:《民法研究》,中国人民大学出版社 2002 年版,第 213 页。

② 杨紫烜:《经济法》,北京大学出版社、高等教育出版社 2008 年版,第 232 页。

③ 安健:《中华人民共和国反垄断法释义》,法律出版社 2007 年版,第 103 页。

④ 李昌麒:《经济法——国家干预经济的基本法律形式》,四川人民出版社 1999 年版,第 509 页。

⑤ 吴晓燕:《论环境侵权的民事责任》,广西师范大学 2006 年硕士学位论文。

此,有人建议:"法律应规定在污染尚未实际发生,但已构成严重的损害危险,若不制止势必会造成损害后果时,'将来的'受害者即可作为原告,在掌握一定证据的情况下,可提起诉讼请求'侵权者'停止侵权行为。"①这里姑且不论此种建议的可行性,但其至少反映了环境法的一个发展趋势——国际环境法在全球层面上采取了预防性的保护环境的方法,而且在气候变化问题、转基因产品的健康和环境风险问题上采取风险预防方法,更强调环境规制,环境损害问题的重要性下降了。②

风险社会的风险特征也要求应当发挥经济法责任认定与归结不一定以发生损害结果为要件的优势,以更好地预防和控制风险。在风险社会,风险所造成的损害和结果不可计算性这一问题,在缺乏为它们负责任的状况方面变得清晰且特别鲜明。因为科学和立法认可的归责原则是根据因果关系原则、"谁污染谁治理"原则确立的。③ 但是,事实证明,我们所面临的危险并不向补偿开放,事实也证明"谁污染,谁付费"不能阻止对环境的继续损害,"先污染、后治理"的发展模式不可持续。很多风险——尤其是那些涉及人类生命的风险——一直就不受金钱补偿的影响,而且风险社会的许多风险具有不可测量性,过去那种金融测量方式现在不行了,因为成本过高,以至于保险业也不愿意承担这种费用。④ 与其亡羊补牢,不如防患未然,该是我们反思以前法律制度,完善风险预防和控制制度的时候了。

---

① 吴晓燕:《论环境侵权的民事责任》,广西师范大学 2006 年硕士学位论文。

② 参见那力:《国际环境损害责任的两个重大变化》,载《法商研究》2006 年第 6 期。

③ 参见[德]乌尔里希·贝克:《世界风险社会》,吴英姿、孙淑敏译,南京大学出版社 2004 年版,第 72 页。

④ 参见[英]露丝·利维塔斯:《风险与乌托邦的话语》,载[英]芭芭拉·亚当等:《风险社会及其超越:社会理论的关键议题》,赵延东、马缨等译,北京出版社 2005 年版,第 307 页。

第二节　风险地位的不平等性与市场主体责任的身份性

一、对经济法责任作为角色责任的研究述评

（一）以往主要研究概述

经济法学者在研究经济法责任的特点时大多指出，经济法责任是一种角色责任。有人以为，经济责任的含义在于角色责任、能力责任、组织责任和道德责任等方面，角色责任包含各负其责各尽其职的意思，能力责任则是指和职位、角色、资格、判断能力等相适应的责任。[①] 在这里，其所指的能力责任实质上也是一种角色责任。有人以为，经济法主体的角色特定性是研究经济法责任独立性的一个重要限定，[②]并在与民事责任相比较时指出："不同类别的经济法主体所承担的法律责任可能有很大的差别，而民事主体所承担的民事义务和相应的法律责任一般是无差别的。"[③]有人认为："经济责任制是一种角色化的法律关系，它将角色设置及权义（责）、利益与角色扮演者的利害、责任相联系，这是社会主义市场经济及其制度选择的客观要求。"[④]还有人认为，经济法责任具有不对等性、不均衡性，因为"经济行政主体与市场主体并非同类，且不属于同一层面，故规范其行为的法律规范性质不同，享有的权利和承担的义务不同，分别承担的法律责任也有差异"。[⑤] 有人在区分竞争维护者和宏观调控者的基础上明确指出了经济法责任是一种角色责任，是扮演了这两种角色而承担的"岗位责任"；另外，他还指出了经济法责任是一种差别责任，即因有

[①]　参见邓峰：《论经济法上的责任——公共责任与财务责任的融合》，载《中国人民大学学报》2003 年第 3 期。此处的"经济责任"与"经济法责任"含义相同，只是称谓不同而已。

[②]　参见张守文：《经济法理论的重构》，人民出版社 2004 年版，第 433 页。

[③]　张守文：《经济法学》，北京大学出版社 2005 年版，第 88 页。

[④]　史际春：《经济法》，中国人民大学出版社 2005 年版，第 123 页。

[⑤]　吕忠梅、陈虹：《经济法原论》，法律出版社 2007 年版，第 227 页。

责主体的不同而具有差异性。① 实际上,差别责任与角色责任并无质的不同。

(二)以往研究重心及不足

以往对经济法责任作为角色责任的研究重心是从调制主体与受制主体(经济行政主体与市场主体)的不同地位着手,论证这两类不同主体基于不同的角色承担不同的法律责任。这种意义上的角色性并不能体现出经济法自身的特点,带有非常明显的行政法痕迹。行政主体与行政相对人也是基于这种不同的地位而承担行政责任。因此,以往研究并没有抓住经济法作为角色责任的重点所在,因而以往这方面的研究大多只有寥寥数语,难以将研究进一步深入。那么,重点何在呢?笔者以为,不同市场主体由于"在经济能力、认知能力、信息能力、技术能力或控制能力等方面存在差别"②而承担的不同经济法责任才是研究的重点所在。

"角色责任"(role-responsibility)是哈特在《责任》一文中使用的一个概念。哈特在《责任》一文中通过虚构一个沉船事件,运用语义分析哲学的方法主要分析了"责任"一词的四种意思:角色责任(role-responsibility)、因果责任、应负责任和能力责任。"角色责任"中的"责任"相当于"义务";因果责任是从因果关系的角度确定责任,以过失侵权行为责任为典型;应负责任是指法律上的应负责任,即法律责任;能力责任是从人的思考、理解、辨认和控制能力来确定责任的承担,如民事责任能力、刑事责任能力对确定民事责任和刑事责任的意义。③ 哈特指出,船长对船的安全负责就是他的角色责任,角色责任的依据可归于一定的地位或职务,即归于一定的角色。只要一个人具备了一定地位或角色,就对履行这些义务负有责任。换言之,角色责任是因一个人的社会角色而承担的责任。角色是什么? 角色是人的社会面具,是个体在特定社会关系中的坐标点,是人的社会地位和身份的显现。④ 但"角色"并不是一个法律专业术语,法律中与之对应的是法律关系主体,角色责任实际上就是法律关系主体依据其一定的角色所承担的第一性义务,若该主体不履行义务就应承担相应的第二性义务即法律责任。由于角色责任与人的社会地位或身份密切

---

① 参见邱本:《经济法总论》,法律出版社 2007 年版,第 271~272 页。

② 杨紫烜:《经济法》,北京大学出版社、高等教育出版社 2008 年版,第 96 页。

③ 关于哈特的法律责任论,参见张文显:《二十世纪西方法哲学思潮研究》,法律出版社 2006 年版,第 396~404 页。

④ 参见程东峰:《角色论——责任伦理的逻辑起点》,载《皖西学院学报》2007 年第 4 期。

相关,不如借用"身份性"一词来概括市场主体所负有的经济法责任(以下简称"市场主体责任")的特征。[1] 当然,此处的"身份"并非民法上的"身份关系"意义上的身份,更不是"封建身份制"意义上的身份,而是指个人或组织在社会中实际的社会经济地位,也可以说是个体或组织在特定社会关系中的坐标点。

基于以上论述,下文拟先从"从身份到契约"与"从契约到身份"的比较视角阐释市场主体责任身份性的法律缘起,然后再从风险社会中市场主体的风险地位的视角揭示市场主体责任身份性的风险根源——风险地位的不平等性。

二、从两次运动看市场主体责任身份性的缘起

(一)契约自由的兴起:从身份到契约的运动

1.何谓"身份"与"契约"。在古罗马法上,身份制度是罗马法对现代民法的权利能力和行为能力问题的解决方案,但是身份之术语在罗马私法中并无明确的定义,只是一些罗马法学家用身份的概念指称每个个人所处的由权力、权利和义务构成的情势,该情势与他所属的一个更广泛的单位有关。如盖尤斯在《法学阶梯》中指出了最重要的人的划分:自由人与奴隶的划分,开始了以自由人的身份为对象对身份进行的分析;在罗马法上也存在三种基本的身份:自由人的身份、市民的身份与家族的身份。[2] 可见,罗马法的身份理论表明,身份是人在团体或者社会体系所形成的稳定关系中所处社会地位的法律化。

"契约并不是近代社会特有的存在。契约是在具有某种程度的人格主体性的人之间的交往关系中必然产生的规范关系。"[3]古老东方的《汉谟拉比法典》和古罗马的《十二表法》就有不少规范契约关系的条款,古罗马法将契约作

---

① 经济法学界以前未曾使用"身份性"一词来表述经济法责任的特征,笔者最初使用的也是"角色性"一词,承蒙厦门大学法学院林秀芹教授的指导与启发才改用"身份性"一词,觉得更为到位,更契合法律社会化进程中对强势主体与弱势主体进行"身份调整"的经济法意蕴。在此谨致谢意。

② 参见[意]阿尔多·贝特鲁奇:《从身份到契约与罗马的身份制度》,徐国栋译,载《现代法学》1997年第6期。

③ [日]川岛武宜:《现代化与法》,申政武、渠涛译,中国政法大学出版社2004年版,第103页。

为立约人之间债的"法锁",成为近现代契约法理论的重要渊源。① 我国使用契约的历史也很长,如从原始社会末期开始使用的萌芽状态的契约算起,至今有 4000 多年了,保存至今的契约原件是在西汉的居延汉简中发现的"居延汉代契约"。② 究竟何谓"契约"? 康德认为:"通过两个人联合意志的行为,把属于一个人的东西转移给另一个人,这就构成契约(合同)。"③康德的契约观对近代契约法的发展产生了重大影响。"关于近代法上的契约,法解释学上的概念以及学说认为:契约是以当事人之间发生给付义务为目的的、双方当事人之间的意思表示的一致。"④而近代契约的当事人是独立的意思主体,其主体性是"作为'商品'(抽象价值)主体者的抽象意识上的主体性,这种主体性基本上排除了现实中的力量关系"。⑤ 这种抽象意义上的独立主体蕴含着抽象的平等,从而为突破奴隶社会与封建社会中的身份限制,实现所谓的契约自由提供了理论基础。

2. 契约自由兴起的历史背景。契约自古有之,罗马法中已经孕育着契约自由的思想,但是契约自由的兴起却是在 19 世纪的欧洲社会,它是当时特定的政治经济背景及其哲学和法律思潮的结果。日本民法学者星野英一在论及法国社会身份制的废止和契约自由的兴起时指出:"这种发展也是通过思想哲学的潮流和经济、社会、政治的根本动力而逐渐做好准备的。"⑥

从经济上看,商品经济是契约自由兴起的经济基础。"由家庭协同体和其他农业协同体维持的自然经济的崩溃和商品经济的发达"⑦意味着家庭成员脱离了家庭共同体并需要与外部人之间建立法律关系,封建时代的人身依附关系必须要被废除,而代之以契约的形式建立新的法律关系。"不仅商品的交换需要通过契约来完成,就连劳动力的交换也要借助于契约来实现,封建时代

① 关于西方契约理论的起源,参见郑云瑞:《西方契约理论的起源》,载《比较法研究》1997 年第 3 期。

② 参见张传玺:《中国古代契约资料概述》,载《法律文献信息研究》2005 年第 2 期。

③ 〔德〕康德:《法的形而上学原理》,沈叔平译,商务印书馆 1991 年版,第 89 页。

④ 〔日〕川岛武宜:《现代化与法》,申政武、渠涛译,中国政法大学出版社 2004 年版,第 106 页。

⑤ 〔日〕川岛武宜:《现代化与法》,申政武、渠涛译,中国政法大学出版社 2004 年版,第 106 页。

⑥ 〔日〕星野英一:《私法中的人》,王闯译,中国法制出版社 2004 年版,第 16 页。

⑦ 〔日〕星野英一:《私法中的人》,王闯译,中国法制出版社 2004 年版,第 17 页。

第四章 市场主体责任社会性与身份性的风险根源

115

的人身依附关系已经变更为通过契约建立起来的劳动雇佣关系。"①

从政治上看,西方资产阶级革命的兴起及其最终胜利是契约自由兴起的政治保障。私法领域中契约自由原则的提出是出于与公共权力抗衡的本意,为巩固之而进行的法定化过程本身就是资产阶级与封建阶级斗争的过程,它是政治自由在私法中的体现,是政治自由权的变种。②古罗马法中的契约自由很大程度上只是作为一种理想而存在,契约自由也只能在罗马皇帝的统治下呻吟,③因为古罗马社会毕竟是一个身份社会,身份的不平等使得皇帝和臣民、贵族与平民之间不可能真正实现契约自由,甚至于不需要契约,因为他们之间的权利与义务来源于其身份,而非契约。"在专制制度下,身份性的法律本身就与契约平等的观念水火不容,故不可能将契约自由作为普遍的法律原则。故民主的政治制度是契约自由存在的政治土壤和保障。"④

从哲学渊源上看,近代世俗主义的个人主义和自由主义色彩的 18 世纪启蒙哲学直接向封建身份制发起了挑战,是契约自由兴起的哲学根源。如人文主义关于自由意志的观念奠定了契约自由原则的哲学基础,使人从对神的依附中解放出来,成为有独立人格和自由意志的人;⑤而笛卡尔建立的以科学主义为特征的理性主义哲学破除了中世纪经院哲学的愚昧迷信,并成为 19 世纪法典编纂运动的基础哲学。⑥ 如德国学者 Helmut Coing 所言:"这些思想虽是在法国大革命的《人权宣言》中明确地表明的,但却是在康德的哲学中作为典型定式接受下来的。"⑦

从法律思潮上看,罗马法在欧洲的复兴和古典自然法学派的产生是契约自由兴起的理论基础。"罗马自然法和市民法主要不同之处在于它对'个人'的重视,它对人类文明所做最大贡献就在于把个人从古代社会的权威中解放出来。"⑧在权利最不平等的罗马奴隶社会产生了最能体现权利平等的私法,

---

① 苏号朋:《论契约自由兴起的历史背景及其价值》,载《法律科学》1999 年第 5 期。

② 李永军:《从契约自由原则的基础看其在现代合同法上的地位》,载《比较法研究》2002 年第 4 期。

③ 姚新华:《契约自由论》,载《比较法研究》1997 年第 1 期。

④ 姚新华:《契约自由论》,载《比较法研究》1997 年第 1 期。

⑤ 姚新华:《契约自由论》,载《比较法研究》1997 年第 1 期。

⑥ 参见徐国栋:《民法基本原则解释——成文法局限性之克服》,中国政法大学出版社 2001 年版,第 204~205 页。

⑦ 〔日〕星野英一:《私法中的人》,王闯译,中国法制出版社 2004 年版,第 17 页。

⑧ 〔英〕亨利·梅因:《古代法》,沈景一译,商务印书馆 1959 年版,第 79 页。

原因在于罗马法的双重性：契约法是自由民之间的平等交易，而以家父权为核心的家族法则充满了不平等，罗马法后期发展中市民法与万民法的融合过程就是市民法的家庭本位让位于个人本位的过程，就是一个从"身份到契约"的过程。[①]孕育了契约自由的罗马法在14—16世纪的欧洲大陆国家得以复兴，波伦亚成为罗马法学复兴的重心。罗马法的复兴再现了罗马人关于理性、正义和平等的法治思想，阐释与传播了罗马法关于人身和财产的规定及其精神，在很大程度上唤醒和增强了一般民众的权利和平等意识，从而打破了西方中世纪法律思想的沉寂，使神学垄断下的欧洲再一次激起了对古典法律及其观念的探索，为西方近代法治思想的孕育奠定了基础。[②]

17—19世纪初西方自由资本主义阶段所产生的古典自然法学派以人文主义为基础：以人作为研究的出发点，以人的理性作为法律的基础和衡量的主要尺度；强调个人的权利，提出了天赋人权理论；把自然法思想与社会契约相结合。其基本理论包括"三个自然"理论（自然状态、自然权利和自然法）、社会契约论、人民主权说、分权与制衡理论和法律公意说等。[③] 古典自然法学派为资产阶级革命提供了锐利的思想理论武器，并成为资本主义初期法制建设的重要理论来源。就契约自由原则而言，古典自然法学家关于国家和实在法起源的理论假说——社会契约论，对于契约自由这一私法原则的兴起具有重要作用，针对公共权力的社会契约论的盛行为针对个人权利的意思自治与契约自由提供了有力的论据。[④] 既然人的意志具有足够的力量创造一个社会及法律上的一般义务，也能够创设约束当事人特别的权利义务。[⑤]

3.梅因"从身份到契约"的公式。英国著名法学家亨利·梅因用"身份"一词创造了一个表示所有进步社会运动的规律的公式——"从身份到契约"的公式。他指出："在'人法'中所提到的一切形式的'身份'都起源于古代属于'家族'所有的权力和特权，并且在某种程度上，到现在仍旧带有这种色彩。因此，如果我们依照最优秀作者的用法，把'身份'这个名词用来仅仅表示这一些人

---

① 参见江平：《罗马法精神与当代中国立法》，载《中国法学》1995年第1期。

② 参见汪太贤：《论罗马法复兴对近代西方法治理念的奠定》，载《现代法学》2000年第6期。

③ 参见严存生：《西方法律思想史》，法律出版社2004年版，第125～127页。

④ 李永军：《从契约自由原则的基础看其在现代合同法上的地位》，载《比较法研究》2002年第4期。

⑤ 参见尹田：《法国现代合同法》，法律出版社1995年版，第19页。

格状态,并避免把这个名词适用于作为合意的直接或间接结果的那种状态,则我们可以说,所有进步社会的运动,到此为止,是一个'从身份到契约'的运动。"① 在运动的发展过程中,"'个人'不断地代替了'家族',成为民事法律所考虑的单位"②。因个人自由合意而产生的契约逐步代替了源自"家族"关系的各种权利义务。于是,契约在社会中所占的范围不断扩大。梅因认为,其所处的社会与以前历代社会之间的主要不同在于契约在社会中所占范围的大小。因为"旧的法律是在人出生时就不可改变地确定了一个人的社会地位,现代法律则允许他们用协议的方法为其自己创设社会地位"。③ 在梅因之前的历代社会,"人与人之间的关系,局限于家族,各成员均有其特定身份,而整个社会秩序,即以此身份关系为基础"。④ 那是一个身份制社会,契约在社会中所占的范围非常有限,个人的权利与义务绝大部分源自于其从属的家族关系。18 世纪以前的欧洲社会就是一个典型的身份社会,"人的私法地位是依其性别、其所属的身份、职业团体、宗教的团体等不同而有差异的;作为一个侧面,一个人若不属于一定身份便无法取得财产特别是像土地那样的财产权利的情形是普遍存在的"。⑤ 罗马时期的奴隶和中世纪农奴完全不能作为权利义务主体,还存在只享有一部分权利义务的人;1794 年《普鲁士一般邦法》规定有的财产如贵族用不动产仅属于贵族所有;市民营业之经营、城市不动产的取得,原则上皆排他性地仅仅属于市民。⑥ 在法国大革命前夕,依据法国民法典之父朴蒂埃关于人的分类,就有"圣职者、贵族、第三等级者、农奴、外国人、丧失市民权者和恢复市民权者等之分类",⑦可见法国当时的身份等级制度已经登峰造极。我国有学者将"身份"与"契约"作为区别不同社会的一个根本标准,据此区分为"身份社会"与"契约社会",并企图洞悉二者之间的区别:在身份社会,身份或出身是人们获取特权的主要途径,而在契约社会,契约是设定人们权利义务的常规手段;等级森严的身份限制使得身份社会是一个不平等的社会,是一个分裂的社会,契约社会则是一个平等的社会、互相协作的社会;

① [英]亨利·梅因:《古代法》,沈景一译,商务印书馆 1959 年版,第 97 页。
② [英]亨利·梅因:《古代法》,沈景一译,商务印书馆 1959 年版,第 96 页。
③ [英]亨利·梅因:《古代法》,沈景一译,商务印书馆 1959 年版,第 172 页。
④ 梁慧星:《民法总论》,法律出版社 2004 年版,第 37 页。
⑤ [日]星野英一:《私法中的人》,王闯译,中国法制出版社 2004 年版,第 12 页。
⑥ [日]星野英一:《私法中的人》,王闯译,中国法制出版社 2004 年版,第 11~13 页。
⑦ [日]星野英一:《私法中的人》,王闯译,中国法制出版社 2004 年版,第 14 页。

身份社会是人治社会,契约社会则是法治社会;身份社会的人们奉行的是宿命论哲学,契约社会的人们推崇的是竞争论哲学;身份社会是一个落后的社会,契约社会则是进步的社会。从身份社会进化到契约社会是人类社会历史发展的必然趋势。①

历史表明,谁也无力阻挡社会进步运动的历史车轮。所谓物极必反,正是在身份等级制度登峰造极的法国发生了大革命,并彻底打碎了这种社会身份制。法国《人权宣言》第1条规定:"人们生来并且始终是自由的,在权利上是平等的;社会的差别只可以基于共同的利益。"《人权宣言》在《法国民法典》中得到了鲜明的体现。该法第8条规定:"所有法国人均享有私权。"该法第1134条规定,"依法成立的契约对于缔约当事人双方具有相当于法律的效力"。奥地利民法典第16条规定:"在法律规定的要件之下,每个人皆能够取得权利。"这是首次将外国人与本国人的权利能力平等对待,比起《法国民法典》仅仅承认全体法国人的权利能力,外国人只依据"相互主义"原则享有该国给予法国人的私权有所进步。② 日本明治政府在1869年和1872年相继颁布法令,解放"四民",并通过改革地租使纯粹封建制的等级制度解体,承认契约自由原则,使社会关系的构成由以往的世袭身份决定的社会结合变成了由契约决定的社会结合。③ 随着各国法律对人的一般性权利能力的承认,身份制被逐渐地废止了。

身份制被废止的反面是契约自由的兴起。梅因用"身份"表示的那些人格状态"处于外在关系的制约之中,或强制之下,自己没有自主个性和独立决定权,因而既没有自由,也无所谓平等"。④ 而契约自由则以独立的当事人意思表示为前提,契约的成立以当事人的意思表示一致(合意)为必要,合意体现着人与人之间的关系是平等关系而非强制关系。"从身份到契约"的运动实质上就是"从身份限制走向契约自由"。

(二)契约的死亡与再生:风险社会的身份调整

1.契约的死亡与再生。与19世纪契约自由的兴起相反的是,20世纪以来的契约似乎不再神圣,契约在逐渐衰落,古典契约理论面临着重重危机,以

---

① 参见邱本、董进宇、郑成良:《从身分到契约》,载《社会科学战线》1997年第5期。
② [日]星野英一:《私法中的人》,王闯译,中国法制出版社2004年版,第15页。
③ 参见[日]川岛武宜:《现代化与法》,申政武、渠涛等译,中国政法大学出版社2004年版,第101页。
④ 陈刚:《从身份到契约》,载《南京师大学报》(社会科学版)2005年第1期。

至于美国的格兰特·吉尔莫教授在《契约的死亡》一书中声称:"有人对我们说,契约和上帝一样,已经死亡。的确如此,这绝无任何可以怀疑的。"①吉尔莫所指的"契约的死亡"实质上是指"古典主义理论家所建构的正式的契约理论体系的解体",②具体而言,是美国的古典契约概念——一般交易理论。③而在内田贵教授看来,"契约之死"与其说是作为社会现象的契约的死亡,不如说是支持古典契约法的"契约法原理"死亡。④而作为社会现象的契约之死,无非是契约自由的丧失,如缔约强制、内容规制的增加以及依约款订立契约的普及等事例无一不是限制了一方当事人缔结契约的自由或者决定内容的自由,或者根本不存在这些自由。内田贵甚至以为,古典契约模式只是一种曾经为"现实"的假说,是一种幻影。他说:"我们之所以感到作为社会现象上的契约之死,就是因为我们受到把幻影当成现实的理念与意识形态力量的左右。"⑤我国有学者则直截了当地指出:"事实上,自由竞争的市场环境、充满理性且地位、实力完全平等的主体从来都不存在或几乎不存在,这就注定了古典契约模式是一项纯粹的理论设计,在其理想与现实之间会出现巨大的虚拟真空。"⑥

与契约自由的兴起一样,契约的死亡也有着深厚的社会根源和深刻的法理背景。在经济上,垄断资本主义的形成使得自由主义经济理论显得捉襟见肘。"毫无限制的契约自由和放任主义已经造成了种种弊端,经济强者与弱势

---

① [美]格兰特·吉尔莫:《契约的死亡》,曹士兵,等译,载梁慧星:《民商法论丛》第3卷,法律出版社1995年版,第199页。

② [美]格兰特·吉尔莫:《契约的死亡》,曹士兵,等译,载梁慧星:《民商法论丛》第3卷,法律出版社1995年版,第290页。

③ 在德国,豪普特教授在1941年发表的《论事实契约关系》一文提出了"事实契约关系理论",并为1956年德国最高法院的一个停车场收费判决所采纳,对传统契约观念产生了重大冲击。参见王泽鉴:《事实上之契约关系》,载王泽鉴:《民法学说与判例研究》(第1册),中国政法大学出版社1998年版,第103~124页。

④ [日]内田贵:《契约的再生》,胡宝海译,载梁慧星:《民商法论丛》第3卷,法律出版社1995年版,第332页。

⑤ [日]内田贵:《契约的再生》,胡宝海译,载梁慧星:《民商法论丛》第3卷,法律出版社1995年版,第332页。

⑥ 万向群:《美国契约理论的历史发展和思想渊源》,载梁慧星:《民商法论丛》第6卷,法律出版社1997年版,第436页。

风险社会中的法律责任制度改变:以经济法为中心

厦门大学法学院经济法学文库

120

群体实质上的不平等地位,决定了'自由意志'不过是欺压、剥夺和非理性的一层外衣。"①自由竞争被垄断打破,国家干预的触角逐渐深入社会经济各个领域,公法渗入经济活动,契约自由的限制成为必然。相应的,20世纪以来的各种法学思潮也对古典契约理论进行了深刻的检讨和反思,古典契约模式在"目的法学""自由法学""利益法学"等的围剿下全面崩溃。② 作为近代民法基础的两个基本判断——民事主体的平等性与互换性已经丧失,出现了企业主与劳动者之间、生产者与消费者之间的对立,劳动者和消费者成为社会生活的弱者,甚至有人认为在现代市场条件下,生产者与消费者之间不再是平等关系,而是一种支配与被支配的关系。③ 现代民法不再像近代民法那样对契约自由不加限制,契约自由所追求的形式正义为实质正义所代替。

美国法律史学家伯纳德·施瓦茨教授指出,法律随着所调整的那个社会的主流向前发展,每个社会都有它自己的通过法律秩序力图实现的目标反映出来的价值观念。④ 古典契约法原理的死亡就是契约法适应20世纪以来社会的主流而向前发展的结果,在古典契约法原理死亡的同时,契约在全新的现代契约观念中得以再生和发展。麦克尼尔的关系契约理论展示了社会学上的契约形象——契约是以将来的交换为目的所为的某种企划。它包含着以约定为核心的约定契约与此外的非约定契约。对非约定契约而言,不是约定,而是当事人所处的社会关系在企划中发挥重要作用,故麦克尼尔称之为"关系契约";古典契约法上的约定契约是在完全独立对等的不相识的个人之间缔结的,孤立于契约缔结前和缔结后的社会关系,麦克尼尔称之为"单发契约"。单发契约实际上是可能存在的,但即使在自由资本主义时期的竞争市场,其也不具有现实上的典型性,它之所以成为模式是因为在契约关系中交易的人们意识到自己与他人一样为平等的这种意识形态。⑤ 关系契约理论以为,契约的基础是当事人所处的社会关系,而非当事人之间的合意,现实中详细的契约条

① 钱玉林:《内田贵与吉尔莫的对话——解读〈契约的再生〉》,载《北大法律评论》第5卷,法律出版社2003年版,第254页。

② 钱玉林:《内田贵与吉尔莫的对话——解读〈契约的再生〉》,载《北大法律评论》第5卷,法律出版社2003年版,第254页。

③ 参见梁慧星:《从近代民法到现代民法》,载《中外法学》1997年第2期。

④ [美]伯纳德·施瓦茨:《美国法律史》,王军,等译,中国政法大学出版社1997年版,第23页。

⑤ 参见[日]内田贵:《契约的再生》,胡宝海译,载梁慧星:《民商法论丛》第3卷,法律出版社1995年版,第323~327页。

款的必要性更多产生于组织内的要求。这就否定了古典契约的"意志论",是对契约的一种典型社会学分析。

2. "从契约到身份"的身份调整。与契约的死亡相伴而生的是一种"从契约到身份"的运动。"从身份到契约"的运动废除了封建身份制,实现了所有人的法律人格的完全平等,是人类社会的巨大进步。但是此种平等只是一种形式上的平等。由于人被作为抽象掉了种种能力的个人并且以平等的自由意思行动的主体被对待,致使产生了人与人之间实际上的不平等。[①]"其结果是,虽然个人同时在很大程度上从传统的家庭、宗教和职业阶层的束缚中解放了出来,但真正的个人决策权的范围受到了限制,亲自承担责任和风险的力量也相应地削弱了。今天,个人在经济上的保障,与其说是依靠自己的努力以及由他们自己采取的预防措施,更多地靠的是某个集体、国家或社会保险公司所提供的给付。"[②]人们更多地"依赖于'管理'其利益的社会组织,依赖于'社会'和群体对个人提出的'角色期待'"。[③] 里佩尔在《职业民法》一文中指出:"法律不是为了一个国家内的全体国民乃至居住在一个国家内的全体人们,而是以各种职业集团为对象而制定的","我们必须给法律上的抽象人(例如所有权人、债权人、债务人)以及为进行论证而架空了的人(例如甲、乙)穿上西服和工作服,看清他们所从事的职业究竟是什么"。[④] 在星野英一看来,里佩尔的"职业民法"尚有诸多疑问,但是正确指出了"在现代法中不是把人作为法律人格做平等处理而是根据种种差异区别对待的倾向"[⑤]。相对于梅因"从身份到契约"的公式,此种倾向或许可以说是"从契约到身份"。麦克尼尔的关系契约理论强调契约的基础不是当事人之间的合意,而是当事人所处的社会关系,身份就是人们所处社会关系的表征,可见关系契约理论也带有"从契约到身份"复归的色彩。

---

① [日]星野英一:《私法中的人》,王闯译,中国法制出版社 2004 年版,第 65 页。

② [德]卡尔·拉伦茨:《德国民法通论》,王晓晔、邵建东,等译,法律出版社 2004 年版,第 70 页。

③ 施米德林为第三届奥地利法学家会议所撰写的鉴定,转引自[德]卡尔·拉伦茨:《德国民法通论》,王晓晔、邵建东,等译,法律出版社 2004 年版,第 70 页。

④ 转引自[日]星野英一:《私法中的人》,王闯译,中国法制出版社 2004 年版,第 74 页。

⑤ [日]星野英一:《私法中的人》,王闯译,中国法制出版社 2004 年版,第 75 页。

风险社会中的法律责任制度改变:以经济法为中心

厦门大学法学院经济法学文库

当然,此种复归"完全不是意味着向旧的身份制的复归或新的身份制的出现",①它不是简单的反向运动,而是更高层次上的复归。"从身份到契约"所指的"身份型社会"覆盖了全部社会关系领域,"从身份到契约"是从以家族身份、人身依附关系为主分配权利义务转变到以个人契约为主决定相互之间的权责关系;而"从契约到身份"是从依靠个人契约分配权利义务到主要依靠各自所处的实际地位——强弱主体地位来决定权利和义务的承载对象,"从契约到身份"只是一种局部的"身份调整",只是在一定的领域内发挥作用,即在强弱主体鲜明对比的第三法域中发挥作用。②

三、风险社会中的强弱市场主体及其身份调整

(一)风险社会中市场主体风险地位的平等性

"社会风险地位"是贝壳在《风险社会》中提出的一个与阶级社会的"阶级地位"相对应的新概念。奥地利因斯布鲁克大学教授阿兰·斯科特指出,贝克的风险社会理论的分析基础是"阶级社会"对"风险社会"、"稀缺性"对"不安全性"(风险)的对立;阶级社会的不平等形式是社会阶级位置,风险社会的不平等形式则是社会风险位置;阶级社会有关公平公正的核心争论问题集中于稀缺物品(财富)的分配,风险社会则集中在风险的分配,恐惧替代了饥饿成为风险社会中的范式化个人体验。③ 在风险社会,财富的社会生产也系统地伴随着风险的社会生产,相应的,阶级社会中财富的稀缺与分配冲突也重叠着风险的界定、生产与分配冲突。面对风险的分配和增长,某些人比其他人会受到更多的影响,因为"不同人群在论证能力、获得合法性的证明、将风险转嫁给其他群体以及保护自己不受潜在危险伤害等问题上也都存在着差异"④。于是,社会风险地位应运而生了。

---

① [日]星野英一:《私法中的人》,王闯译,中国法制出版社 2004 年版,第 84~85 页。

② 董保华、周开畅:《也谈"从契约到身份"——对第三法域的探索》,载《浙江学刊》2004 年第 1 期。

③ 参见[奥]阿兰·斯科特:《风险社会还是焦虑社会?有关风险、意识与共同体的两种观点》,载[英]芭芭拉·亚当等:《风险社会及其超越:社会理论的关键议题》,赵延东、马缨,等译,北京出版社 2005 年版,第 50 页。

④ [英]芭芭拉·亚当、约斯特·房龙:《重新定位风险:对社会理论的挑战》,载[英]芭芭拉·亚当等:《风险社会及其超越:社会理论的关键议题》,赵延东、马缨,等译,北京出版社 2005 年版,第 5 页。

风险社会并不意味着阶级社会的消亡,两者存在相当范围内的重叠。一方面,"风险总是以层级的或依阶级而定的方式分配的……像财富一样,风险是附着在阶级模式上的,只不过是以颠倒的方式:财富在上层聚集,而风险在下层聚集。"①"在极端的贫困和极端的风险之间存在系统的'吸引'。在风险分配的中转场里,'不发达的偏远角落'里的车站最受欢迎。"②另一方面,"风险在其范围内以及它所影响的那些人中间,表现为平等的影响"。③ 风险的"飞去来器效应"就是这种平等影响的体现,它打破了风险分配的社会界限,④即使是富裕和有权势的人也逃避不了风险的影响。"贫困是等级制的,化学烟雾是民主的。"⑤贝克正是从这个意义上指出,风险社会不再是阶级社会。

总之,风险社会是一个"平等而又不平等"的社会。风险社会之所以"平等",源于风险的全球化内在倾向及其危害的普遍化,而社会风险地位的"不平等"又强化了阶级地位的不平等,并在世界范围内发展出一种新的国际不平等。大量的危险工业被转移到第三世界绝不是历史的巧合,而是"爱贫嫌富"的风险分配逻辑的必然结果。

(二)风险社会中市场主体风险地位的不平等性

市场主体是指在市场中从事经济活动的个人或组织体。在经济学上,市场主体是指企业和消费者,经济学上的市场主体侧重的是从事经济活动的组织形式,其本身就是构成市场的重要部分。在法学上,同一主体由于受到不同法律的规制,其角色可能会有所不同,例如,企业和消费者会成为民法上的民事主体、商法上的商事主体、行政法上的行政相对人等。⑥ 法学上的市场主体侧重的是该主体在经济活动中享有的权利和承担的义务。在经济法上,无论是按照"政府—市场"框架还是"政府—社会中间层—市场"框架,市场主体都是重要的经济法主体之一。鉴于"两层框架"宽厚的理论基础、法律依据及其

---

① [德]乌尔里希·贝克:《风险社会》,何博闻译,译林出版社 2004 年版,第 36 页。
② [德]乌尔里希·贝克:《风险社会》,何博闻译,译林出版社 2004 年版,第 45 页。
③ [德]乌尔里希·贝克:《风险社会》,何博闻译,译林出版社 2004 年版,第 38 页。
④ 飞去来器是一种抛出去又会重新回来的武器。贝克所指"飞去来器效应"的意思是,生产风险或从中得益的人会受到风险的报应。
⑤ [德]乌尔里希·贝克:《风险社会》,何博闻译,译林出版社 2004 年版,第 38 页。
⑥ 参见张守文:《经济法理论的重构》,人民出版社 2004 年版,第 347 页。

在现代市场经济体制中仍然存在的原始、基础和普通意义，[①]本书拟以其作为分析经济法责任主体的基本框架。按照不同标准，可以将市场主体分为不同的具体类型。如按照其经济功能，可以分为投资者、经营者、劳动者和消费者；按照其市场地位，可以分为垄断性主体和竞争性主体。这两种分类对于分析市场主体风险地位的不平等性具有重要意义。

1. 经营者与消费者之间风险地位的不平等。保罗·维里奥（Paul Virilio）指出："每一种技术都产生、激发、规划了某种特定的意外事故……船只的发明导致了乘船事故的发生，蒸汽机与机车的发明带来了火车出轨事故的可能，高速公路的发明则使得 300 辆汽车有可能在 5 分钟内撞在一起，飞机的发明导致空难。我相信从此以后，如果我们还想继续有进步的话（我不太相信我们可以回到石器时代），就必须同时考虑财富和事故。"[②]维里奥基于具体实例的阐述表明，经营者在生产、提供产品或服务的同时也在生产着风险。对于消费者来说，这些"风险的不可预见性几乎不可能使他们做出任何决定。它们是和其他东西一起吸入和吞下的附带产品。它们是正常消费的夹带物"。[③] 这种风险制造者与风险接受者之间的不平等是"发达文明史中存在的一种风险命运"。[④] 在日本民法学者石本雅男看来，这种风险命运的不平等就是"活动主导者恒为活动主导者，非活动主导者恒为非活动主导者"，即"加害人恒为加害人，被害人恒为被害人"。[⑤] 实际上，消费者已经深陷于经营者的包围圈之中，尤其是"公司帝国"的包围之中。这些富可敌国的跨国公司在不断吞噬着普通民众的生活，其行为影响远远超出了经济范畴，甚至侵占了政府的权力，对社会的民主和经济生活构成了严重的威胁。[⑥] 它们一方面声称向全世界消费者生产销售安全优质的商品，提供优质的服务，一方面雇佣大量的技术专家和法律专业人士垄断着风险的话语权，定义什么是风险，通过专家告诉消费者"允

① 关于两种框架的评析，可参见杨紫烜：《经济法》，北京大学出版社、高等教育出版社 2008 年版，第 96～98 页。

② 转引自[奥]阿兰·斯科特：《风险社会还是焦虑社会？有关风险、意识与共同体的两种观点》，载[英]芭芭拉·亚当等：《风险社会及其超越：社会理论的关键议题》，赵延东、马缨，等译，北京出版社 2005 年版，第 48 页。

③ [德]乌尔里希·贝克：《风险社会》，何博闻译，译林出版社 2004 年版，第 44 页。

④ [德]乌尔里希·贝克：《风险社会》，何博闻译，译林出版社 2004 年版，第 44 页。

⑤ 转引自邱聪智：《民法研究》，中国人民大学出版社 2002 年版，第 213 页。

⑥ 参见[美]查尔斯·德伯：《公司帝国：公司对政府和个人权利的威胁》，闾正茂译，中信出版社 2004 年版，第 65 页下。

许的"的空气、水和食物中的污染和毒物的含量的可接受水平,甚至发起组织院外活动影响规制风险的立法。

总之,商品化生产与工业化生产的高度结合必然造成经营者与消费者之间风险地位不平等。一方面,生产销售的社会化、专业化大大强化了产品生产的时空性,产品的风险完全置于经营者的控制之下,消费者对于风险的源头无能为力;另一方面,高度组织化的经营者之间形成了紧密的协作分工,而消费者作为市场决策主体的决策具有分散性,其搜寻、辨别和处理信息的能力远不及经营者,两者之间存在信息不对称,经营者是信息优势主体,消费者是信息劣势主体。"信息优势主体往往可以利用其优势地位采取机会主义行为,获得不法利益而使劣势主体受到损害。"[①]

2. 垄断性主体与竞争性主体之间风险地位的不平等。经营者与消费者之间风险地位的不平等是纵向的不同类市场主体之间的不平等,而垄断性主体与竞争性主体之间风险地位的不平等则是同类市场主体之间的横向不平等。垄断性主体具有垄断势力,它们可以选择价格和产量水平以实现利润最大化,垄断势力并不要求厂商是一个纯粹的垄断者,而是有几个厂商相互竞争,但是各厂商至少都有垄断势力——它对价格有控制且所定价格大于边际成本。[②]竞争性主体则不具有垄断势力。两者之间风险地位的不平等主要体现在以下两个方面:

第一,两者应对市场风险的能力不可同日而语。垄断性主体占有市场垄断地位,对于市场产品定价具有举足轻重的影响;对于劳动者具有较强的吸引力因而具有明显的人力资源优势;资金雄厚,融资渠道便捷;等等。这些优势使得垄断性主体的抗风险能力往往要高于竞争性主体,[③]相对于垄断性主体

① 应飞虎:《从信息视角看经济法基本功能》,载《现代法学》2001 年第 6 期。
② 参见[美]平狄克、鲁宾费尔德:《微观经济学》,张军等译,中国人民大学出版社 2000 年版,第 371~372 页。
③ 垄断性主体也有它的劣势,如垄断性主体一般规模大,行政管理成本高,经营决策不及竞争性主体灵活,等等。

而言,竞争性主体也是弱势群体。中小型企业是竞争性主体的典型,①各国大都立法给予中小企业在税收、融资等方面的优惠措施加以扶植。如美国将企业分为大企业和小企业,反垄断只是针对大企业,并成立了小企业管理局和专门的风险投资部门对小企业加以支持。② 日本在 20 世纪六七十年代就制定了《中小企业现代化促进法》《中小企业现代化资金等促进法》《中小企业事业团法》《中小企业事业转产对策临时措施法》等法律以改善中小企业结构、促进中小企业的现代化。③ 我国也制定了《中小企业促进法》,规定对中小企业给予资金支持、创业扶持,鼓励中小企业进行技术创新和市场开拓,并建立服务机构为中小企业提供优质服务。这些立法和措施就是通过国家干预增强中小企业的抗风险能力,平衡二者风险地位的不平等。

第二,竞争性主体还得面临来自垄断性主体的不公平竞争风险。垄断是自由竞争的结果,却可能走向竞争的反面而排除、限制竞争,造成低经济效率。斯蒂格利茨分析了垄断造成低经济效率的四种来源:产量受到限制、管理松懈、对研究和开发关心不足和寻租行为。垄断厂商可以用竞争厂商无法做到的方式——通过限制产量来提高价格,从而获取利润;由于缺乏竞争,垄断厂商缺乏使其成本尽可能低的动力,更愿意坐享现有利润,而不是积极推动科技进步开发新产品和研究成本更低的生产方法;垄断厂商甚至将资源花费在非生产性活动上,如将资源用于获得遏制进入的政府保护,以获得或维持其垄断地位。④ 除此之外,掠夺性定价行为、拒绝交易行为、独家交易行为、搭售行为、价格歧视等都是垄断厂商惯用的不公平竞争手段。这些是竞争性主体面临来自垄断性主体的不公平竞争风险。

竞争必然会给竞争主体带来风险,竞争失败者就要承受竞争风险所致的

---

① 根据我国《中小企业促进法》所制定的《中小企业标准暂行规定》分别针对工业、建筑业、批发和零售业、交通运输和邮政业、住宿和餐饮业等规定了中小企业的标准。如中小型工业企业的职工人数 2000 人以下,或销售额 30000 万元以下,或资产总额为 40000 万元以下。中型工业企业须同时满足职工人数 300 人及以上,销售 3000 万元及以上,资产总额 4000 万元及以上。

② 参见刘志荣、姜长云:《国外中小企业支持政策的演变趋势》,载《经济研究参考》2009 年第 64 期。

③ 参见[日]金泽良雄:《经济法概论》,满达人译,中国法制出版社 2005 年版,第 290～303 页。

④ 参见[美]斯蒂格利茨:《经济学》,梁小民、黄险峰译,中国人民大学出版社 2000 年版,第 359～363 页。

损失。按照损失产生的原因可以分为自致性损失和非自致性损失:自致性损失是由于竞争主体自己本身的能力、方法等原因所造成的损失;非自致性损失是由于外在因素造成的损失,如竞争规则的不公平、竞争对手的不正当竞争行为等造成的损失。[①] 竞争性主体因垄断性主体的不公平竞争行为造成的损失就是一种非自致性损失。依据我国《反垄断法》第47条、第50条的规定,对于这种非自致性损失,实施垄断行为的经营者应当承担民事责任,同时由反垄断执法机构责令停止违法行为,没收违法所得,并处以罚款。

总之,主体地位的强弱是第三法域中确定权利和义务的主要依据,如何识别、确定主体地位的强弱呢? 从风险社会的视角看,主体地位的强弱源于主体风险地位的不平等性。

(三)基于不平等风险地位的身份调整与角色责任

1.身份调整的两种法律进路

既然"从契约到身份"是一种"身份调整",那应当如何进行调整呢? 概而言之,"身份调整"的法律进路有二:一是从近代民法发展到现代民法的传统进路;二是社会法进路。传统进路坚持传统的公法与私法的二元结构,如日本学者星野英一教授和我国学者梁慧星教授。传统进路表现为民法上的人"从理性的、意思表示强而智的人向弱而愚的人"[②]的转变。依据梁慧星教授的论述,现代民法上的"身份调整"的原因是十九世纪末以来人类生活的深刻变化使近代民法的两个基本判断即所平等性和互换性已经丧失,出现了严重的分化和对立,相应地动摇了传统民法所规定的抽象人格的基础,经济地位上的强者对弱者的支配使得现代民法在维持关于抽象的人格的规定的同时,又从抽象的法人格中,分化出若干具体的法人格。[③] 有学者对传统民法进路提出了质疑,认为民法实际上无法放弃主体平等、抽象人格和形式正义;将具有强弱对比关系的社会关系纳入民法体系会使得民法违反"逻辑的同一律",破坏自己原有的体系;民法主要是依靠一些抽象的原则或理念调整强弱主体之间关系,因而利益失衡的矫正任务主要依靠司法环节来调整,故民法调整此类关系

---

① 参见冯必扬:《不公平竞争风险》,社会科学文献出版社2007年版,第68~70页。

② [日]星野英一:《私法中的人》,王闯译,中国法制出版社2004年版,第50页。

③ 参见梁慧星:《从近代民法到现代民法——二十世纪民法回顾》,载《中外法学》1997年第2期。

的成效有赖于可以信赖的法官。[1]

社会法进路突破了传统的公法与私法的二元结构,在公法与私法的结合处划分出社会法——一种以维持社会经济弱者阶层的生存及其福利的增进为目的的诸法律在学术上的体系分类,以将一定的更加具体的社会类型的人与其他具体的社会类型的人区别开来,并对其中一方进行很好的保护,[2]准确地讲,是偏重保护或倾斜保护。正是在这个意义上,有学者指出,社会法的调整方法的本质特征是"身份调整"——基于强势主体与弱势主体之间的相对身份的调整。[3] 日本学者金泽良雄在论及经济法在法律体系中的地位时指出:"随着资本主义的高度发展,在私法领域内实行了社会性规制,或者说随着国家通过私法关系干预的加强,在社会或共同经济中去寻求这些法的基础(或支撑),除了作为个人法之私法与国家自身之法的公法外,又产生了承认社会法或经济法为独特法域的见解,是有其道理的。"[4]作为广义的社会法——第三法域的演变经历了工厂法、社会保障法、经济法和环境法四个阶段,[5]这四个阶段都呈现出"身份调整"的特点,将雇主与劳动者、生产者经营者与消费者、环境污染者与环境受害者等强势主体与弱势主体区别开来,并对弱势主体实行偏重保护或倾斜保护,这些不同类型的人的法律人格在新的法律关系中被具体化,获得了新的法律关系主体资格。以经济法为例,个人或组织体被经济法依据其在社会经济活动中所处的不同角色赋予了相应的法律资格,成为经济法主体。与民法上的"债权人""债务人"这样的抽象用语相比,作为经济法主体的生产者、经营者、消费者是一种具体的"社会资格者"。法律上的人——个人

---

[1] 参见董保华、周开畅:《也谈"从契约到身份"——对第三法域的探索》,载《浙江学刊》2004 年第 1 期。

[2] [日]星野英一:《私法中的人》,王闯译,中国法制出版社 2004 年版,第 72~73 页。

[3] 董保华、周开畅:《也谈"从契约到身份"——对第三法域的探索》,载《浙江学刊》2004 年第 1 期。

[4] [日]金泽良雄:《经济法概论》,满达人译,中国法制出版社 2005 年版,第 31 页。

[5] 依据王全兴教授的论述,社会法有广义、狭义和中义之分。广义的社会法指法律体系分类上的第三法域;狭义的社会法指劳动法和社会保障法;中义的社会法介于两者之间,包含狭义的社会法与经济法。关于社会法的界定、演变及经济法与社会法的关系的详细论述可参见王全兴:《经济法基础理论专题研究》,中国检察出版社 2002 年版,第 142~158 页。李昌麒教授认为,社会法不是经济法发展的终极进路,经济法与社会法是同属于第三法域下的两个并行的法部门。参见李昌麒等:《经济法与社会法关系考辨》,载《现代法学》2003 年第 5 期。

或组织体从民事主体到经济法主体的演变就是"从契约到身份"运动中的一种"身份调整"。这种身份调整反映了不同类别主体,如经营者与消费者之间、雇主与劳动者之间等在经济能力、认知能力、信息能力、技术能力或控制能力等方面存在的差别,也反映了同类主体,如具有市场支配地位的经营者与不具有市场支配地位的经营者之间的差别。

2. 身份调整的结果是角色责任的加强。身份调整也意味着角色责任的加强,因为角色责任与人的社会地位或身份密切相关。一是随着社会的分化出现了新的角色类型,其中消费者运动、环保运动、女权运动等各种社会运动的兴起促进了社会分化;二是新的角色类型的法律化。"社会需要是法律产生的前提,而法律的产生又能为社会需要提供保障。"①社会的分化导致了新的法律需求,出现了新的法律现象,产生了新的法律关系主体。如消费者保护运动就促进了消费者保护法立法,产生了经营者与消费者等经济法主体。三是法律责任的角色性、身份性加强。以市场主体责任为例,市场主体责任的承担是基于其实际的社会经济地位,且并不以市场主体意思表示同意为要件。

身份调整的具体方式是权利义务的调整及其法律责任形式的相应拓展,调整的依据是强势主体与弱势主体的不平等风险地位。如生产者对其所生产产品的严格责任,在于生产者的特定风险地位——生产者是产品缺陷所致风险的来源,便于对产品风险加以控制,生产者还可以通过责任保险或预期价格等形式将产品责任社会化;生产者与用户、消费者之间的信息不对称;两者风险地位的不平等使得两者之间形成了支配与被支配关系,消费者表面上有选择不同生产者生产的产品的权利,实质上无法选择这些产品所附带的风险。这是消费者无法回避的风险地位。又如,依据我国《反垄断法》的相关规定,达成、实施垄断协议的法律责任的主体是具有竞争关系的经营者(横向垄断)和处于同一产业链有供求关系的垂直纵向的两个以上的经营者;滥用市场支配地位的法律责任的主体是拥有市场支配地位的经营者;违法实施经营者集中的法律责任的主体是实施了具有或者可能具有排除、限制竞争效果的经营者集中的经营者。② 可见,经营者实际的社会经济地位是确定其承担反垄断法律责任的身份前提,而这实质上根源于垄断性主体与竞争性主体风险地位的

---

① [美]格兰特·吉尔莫:《契约的死亡》,曹士兵等译,载梁慧星:《民商法论丛》第3卷,法律出版社1995年版,第203页。

② 参见我国《反垄断法》第46条、第47条、第48条。

风险社会中的法律责任制度改变:以经济法为中心

厦门大学法学院经济法学文库

不平等。

3. 身份调整与角色责任的分配正义追求。市场主体风险地位的不平等性决定了其责任的身份性。基于不平等风险地位的身份调整及其相应的角色责任的加强,实质上是以法律制度的方式对不平等风险地位的平衡,或者说是法律制度对风险的重新分配。这种分配在法律形式上表现为主体之间权利义务的调整,调整的原则是对弱势主体的倾斜保护原则。从法理学视角观之,它追求的是一种基于差别原则的分配正义,这是约翰·罗尔斯式的民主原则与差别原则的结合,其对象是用来分配权利和义务、划分由社会合作产生的利益和负担的社会的基本结构。"所有的社会基本善——自由和机会、收入和财富及自尊的基础——都应被平等地分配,除非对一些或所有社会基本善的一种不平等分配有利于最不利者。"[1]"社会结构并不确立和保障那些状况较好的人的前景,除非这样做适合于那些较不幸运的人的利益。"[2]"为了平等地对待所有人,提供真正的平等的机会,社会必须更多地注意那些天赋较低和出生于较不利的社会地位的人们。"[3]基于不平等风险地位的身份调整也是如此。

在风险社会中,众多的个人的身体和精神能力之间的差异日渐扩大,甚至于一个人拥有压倒其他人的能力,而能力较弱的个人则极易受到攻击。这意味着正义的环境发生了改变,相应的,以正义作为首要价值的社会制度也应随之变化。以法律责任制度为例,不参考分配正义的责任理论就是不完整的。基于行为和意志概念的责任理论企图在不同的分配正义理论中保持中立,以建构一个分配权利和义务以及"法律责任资源"的特定的社会格局,但事实上一个针对故意或过失行为的责任原则本身就是一个分配责任的标准,故中立是不可能的。人是社会中的人,责任的概念和实践是社会互动的产物,完全基于行为和意志的概念的责任学说并不能够解释所有责任的基础和范围,因为他们忽视了责任实践的许多功能,尤其是分配的功能。[4] 除了违反承诺和保

---

① [美]约翰·罗尔斯:《正义论》,何怀宏,等译,中国社会科学出版社 1988 年版,第303 页。

② [美]约翰·罗尔斯:《正义论》,何怀宏,等译,中国社会科学出版社 1988 年版,第76 页。

③ [美]约翰·罗尔斯:《正义论》,何怀宏,等译,中国社会科学出版社 1988 年版,第101 页。

④ 参见[澳]皮特·凯恩:《法律与道德中的责任》,罗李华译,商务印书馆 2008 年版,第284~336 页。

证、干涉权利、不实陈述等之外,产生损害的风险也是产生法律责任的基础之一。在经济法上,产生损害的风险也是基于不平等风险地位对强势的市场主体而课加法律责任的基础所在,如经营者基于其垄断地位而承担的反垄断法律责任。

第三节　市场主体责任的个案分析:
金融危机责任费

一、金融危机责任费的提出背景与社会反应

(一)美国次贷危机与金融危机责任费的提出

1.美国次贷危机简述。美国次贷危机的发生及美国政府为了应对危机所采取的各种措施是提出金融危机责任费的社会背景。"次贷危机"是"次级按揭贷款债券危机"的简称,它在 2007 年 2 月爆发以后演变成为自 1997 年东南亚金融危机以来的又一场全球性金融风暴。有关危机产生原因的探讨见仁见智,却也不乏共识,如人们普遍认为,华尔街的贪婪是造成危机产生的重要原因之一。次级按揭贷款是"借贷给不具有完全信用记录或者信用受损的个人的贷款。尽管在金融服务业中信用记分模型各异,而且依据主要模型的信用记分结果不能得到一致适用,但这些人的信用记分通常低于一般银行贷款的标准,因而不能够获得一般银行贷款"。[①] 信用记录差、风险较大是次级按揭贷款的基本特征。华尔街出于对高利润的贪婪追求,利用资产证券化这一"现代金融炼金术"将次级按揭贷款予以证券化,从而埋下了次贷危机的风险根源。

2.金融危机责任费的提出。2010 年 1 月 15 日,美国总统奥巴马发表讲话指出,银行及金融机构追求短期利润和高额奖金的冒险行为导致了一场几乎使经济陷入第二次大萧条的金融危机。危机本应由这些金融机构自行承担,但它们的失败可能给全国带来更大的灾难。为避免这种结果,美联储及其

---

① 　2001 OCC Guidance, 6 Fed. Banking L. Rep. (CCH) 63～792, at 73,299-30.

他机构采取紧急援救措施,如资产救助计划(Troubled Asset Relief Program,简称"TARP"),提供资金帮助其渡过难关。TARP 原来估计需要 7000 亿美元,现在估计需要 1170 亿美元。这仍然是一笔为数不少的资金,这是美国纳税人对华尔街的非凡贡献,正是由于美国纳税人的援助,这些金融机构才得以继续存在。当这些金融机构重新获得巨额利润并发放下流的高额奖金时[①],美国联邦政府应当决心收回这些资金,即向在 2008 接受政府援助的、资产超过 500 亿美元的大型金融机构征收占其债务 0.15% 的"金融危机责任费"(Financial Crisis Responsibility Fee,简称"FCRF"),直到纳税人的损失得到全部补偿。征收金融危机责任费的目的,不是要惩罚华尔街的这些金融机构,而是防止它们滥用权力和过度冒险的投机行为,这些行为几乎使这些公司破产和整个金融体系崩溃。[②]

(二)金融危机责任费的社会反应

华尔街的大型金融机构反对征收金融危机责任费,认为它是扰乱市场的一种不公平竞争。摩根大通首席执行官戴蒙指出,银行业是应该偿还对政府的债务,但是政府也不该向金融机构施以惩罚性征税;银行业不应该承担政府对汽车业的援助费用。戴蒙的言下之意是,只对银行业征收,而对同样接受了援助的汽车业不征收是不公平的。美国金融服务业协会主要成员塔尔博特说,对于那些已经偿还了救助款项的银行和从来没有接受过救助款项的银行来说,这样的惩罚性税收的确是不公平的。[③] 正如奥巴马所言,金融危机责任费对受益于 TARP 援助的金融机构不受欢迎,但是对于承担了援助成本的美

---

① 奥巴马称高管人员的高额奖金是"下流的奖金"(obscene bonuses)。高管人员给自己发放巨额奖金,实质上源于委托代理中的道德风险。为了控制金融机构的高管人员发放高额奖金,奥巴马曾提出"限薪令"。与美国不同的是,英国财政大臣阿利斯泰尔·达林曾经在 2009 年 12 月 9 日声称,对每笔数额超过 2.5 万英镑的奖金一次性征收 50% 的奖金税,以从根本上改变银行业鼓励冒险的"薪酬机制";法国也紧随其后宣布对银行业员工 2009 年度超过 2.75 万欧元的奖金征税 50%。但迄今为止,两国政府均尚未出台具体的相关操作细节。金融危机责任费则是美国政府拟对大型金融机构征收的一种特别税收。

② Remarks by the President on the Financial Crisis Responsibility Fee[EB/OL]. http://www. whitehouse. gov/the-press-office/remarks-president-financial-crisis-responsibility-fee, 最后访问日期:2010 年 2 月 9 日。

③ 《奥巴马欲征金融危机责任费 华尔街人士强烈不满》,http://stock. hexun. com/ 2010-01-15/122374941. html,最后访问日期:2010 年 2 月 11 日。

国人民却是适当的,金融机构应当承担起责任,而且不应当将其转嫁给股东或客户,而应当通过削减高管人员的奖金承担起责任。美国财政部长盖特纳说,"这一税费或将延长征收期,直到纳税人援助金融系统的每一分钱都得到偿还、纳税人的施援成本降至零。"[①]

金融危机责任费的提出也引发了中外学者们的热议。美国纽约大学教授理查德·爱泼斯坦认为,征收金融危机责任费毫无积极意义,反而会对银行业造成破坏,不利于美国经济的持续复苏和整个国家的长期稳定,因此,它是政治家嫉妒情绪导致的一个错误决策;他赞成"应该由美国民众而非从中受惠的金融机构来承担政府救助计划成本更合适"的逻辑,认为银行业的高额利润以及银行家超高的薪水对周围其他人也是有利的。[②] 爱泼斯坦是《福布斯》杂志的专栏作家,自然倾向于从金融自由主义的立场来维护金融机构的利益。在我国,有人却以为金融危机责任费是公众的福音,是对企业社会责任的强化,对于解决我国国有企业高管薪酬失控问题具有启示意义;[③]也有人担心,金融危机责任费惩罚不了金融机构的大股东与高管人员,为金融危机责任费买单的仍然会是小股民。

二、金融危机责任费正当性的经济法解释

(一)金融危机的法律责任制度视角反思

尽管此次金融危机已经远离,但是危机的教训却值得深思。对金融危机责任费的不同看法也反映了人们对金融危机产生原因以及后危机时代如何防范金融风险的不同看法。金融危机责任费为法律人提供的现实反思路径是,政府救助金融危机的成本应当由谁承担?危机暴露了以往法律制度存在的哪些缺陷?如何改革和完善法律制度以更好地防范金融风险维护金融稳定?作为一种包含强力的社会控制工具,法律对社会关系的调整和安排必须最终地依靠强力,没有强力的法治就像"不发光的灯,不燃烧的火",人们服从法律的

（侧栏）风险社会中的法律责任制度改变:以经济法为中心

---

① 《盖特纳称可能延长"金融危机责任费"征收时间》,http://news. xinhuanet. com/world/2010-02/03/content_12924765. html,最后访问日期:2010 年 2 月 11 日。

② 李倩:《爱泼斯坦:金融危机责任费只是妒忌的产物》,http://www. dzwww. com/rollnews/finance/201001/t20100120_5499909. html,最后访问日期:2010 年 4 月 25 日。

③ 朱四倍:《美国征收金融危机责任费的启示》,http://news. sina. com. cn/pl/2010-01-16/091919481243. html,最后访问日期:2010 年 2 月 25 日。

习惯在不小的程度上是意识到如果他们坚持反社会的残余，那么强力就会适用于他们。[①] 法律责任作为法律运行的保障机制就是法的强力的体现，改革或完善法律责任制度应当是法律人反思金融危机的依归，事实上已有法律人做出了有益的探讨。因此，在回应金融危机责任费的上述社会反应之前，有必要从法律责任制度的视角对此次危机的发生加以反思。

有人指出，法律责任制度的失灵是次贷危机中的一个基本事实，金融自由化趋势下主导的法律鼓励金融创新和冒险投机，却没有对金融机构及其管理层在经营金融创新产品的过程中带来风险的行为规定任何实质性的责任，导致了风险、收益与责任的失衡，背离了公平的责任理念。[②] 这就指出了引发金融危机的法律责任制度的缺陷。有人重点探讨了解决金融危机的法律责任问题，指出金融危机的解决应当是解决好责任的承担问题，明晰相关主体的义务和责任；其中，经济法上的信用减等、资格减免等责任形式非常重要；解决金融危机涉及的责任包括私人主体的责任，也包括政府的责任；这些责任的承担或分配很复杂，尚有待深入研究。[③] 有人强调，应当健全金融危机救助中的责任追究机制，要对政府不当救助、滥用救助权等违法行为所应承担的法律后果作出明确规定。[④]

从经济法的视角看，以上探讨比较明显地体现了经济法责任体系的二元结构，即两种性质不同的责任主体承担两种不同性质的责任：一是政府的经济法责任，它是作为社会有机整体代表所承担的责任；二是由功能个体（市场主体）承担的经济法责任。[⑤] 以对金融危机的反思为例，当前的探讨更多的是从市场主体责任的缺失来分析危机产生的原因，而从政府责任的视角来探讨金融危机救助的责任。但是，政府与市场之区隔并非绝对，而是对立的统一体，政府承担起金融危机救助的责任可能会使得市场主体逃避其本应承担的责任，从而导致市场主体的道德风险。"这种风险由政府承担、利益归于自己的盘算就必将刺激这些金融机构有恃无恐地从事一些高风险性的投资行为。可以断言的是，作为美国大萧条后的此次危机在被救助的同时所衍生的道德风

① ［美］罗斯科·庞德：《通过法律的社会控制》，沈宗灵译，商务印书馆 1984 年版，第 15 页。

② 岳彩申、楚建会：《论金融创新领域法律责任制度的改革与完善——美国次级贷款危机的教训与启示》，载《法学论坛》2009 年第 3 期。

③ 张守文：《金融危机的经济法解释》，载《法学论坛》2009 年第 3 期。

④ 参见齐萌：《美国次贷危机救助的法律规制及启示》，载《财经科学》2009 年第 4 期。

⑤ 刘水林：《经济法责任体系的二元结构及二重性》，载《政法论坛》2005 年第 2 期。

险又为下一轮更凶猛的危机埋下了可怕的种子。"[1]正是出于对这种道德风险的担心,美国总统奥巴马说,不能让华尔街赚了钱转身就跑,并一直在努力寻求相应的对策,从"限薪令"到金融危机责任费都是这种努力的体现。如何在政府与市场主体之间重新分配责任,以纠正因政府救助的道德风险所致的政府与市场之间的失衡,成为后金融危机时代法律关注的重点。就此而言,对大型金融机构征收金融危机责任费,让其最终承担起政府救助金融危机的成本有助于恢复政府与市场之间的平衡。当然,这种责任的分配已经突破了传统的法律责任理论,只有从经济法责任的本质入手,才能正确认识和把握此种责任分配的正当性。

(二)金融危机责任费对政府与市场之间失衡的纠正

从形式上看,金融危机责任费是通过专门立法对大型金融机构征收的一种特殊的税,其直接目的是以"税美元"的形式收回政府救助金融危机的成本,缓解美国政府的财政赤字危机。怎样收回?就是由引发了此次金融危机的大型金融机构承担,而且这些金融机构事实上也受益于政府救助并重新获得了高额的利润,因而也有这样的承受能力。最重要的是,如果不让这些金融机构承担这些成本,就会使得这些金融机构的投机行为"收益自享,风险却由社会承担"。这是一种非常严重的道德风险,也是政府救助以前历次金融危机所面临的一个两难——"金融机构太大不能倒",而救助这些大金融机构却又难以避免道德风险。而如今,以"金融危机责任费"的形式让其承担政府救助金融危机的成本,既可以让这些金融机构对其过去冒险投机行为的风险承担责任,也可以抑制其将来行为的道德风险,以更好地防范金融风险、维护金融安全。

反对者如戴蒙和塔尔博特认为,金融危机责任费是一种"不公平的惩罚性征税",尤其是对已经偿还了救助款项的银行和从来没有接受过救助款项的银行来说更是如此。果真如此吗?笔者不以为然。

第一,对偿还了救助款项的银行征收金融危机责任费至少有以下理由。其一,银行所偿还的救助款项与其因救助所获得的收益并不对等。政府利用公共资金援助问题金融机构的方式主要有直接注入资金、债券互换和国家参股等方式。如在次贷危机中,美国银行收购美林、摩根大通收购贝尔斯登时,美联储都提供了大量贷款。且不说金融危机救助时政府所提供贷款的诸多优惠,单就因收购所获得的"控制权收益"就价值不菲。显然,这些收益并没有为

---

[1] 黎四奇:《对美国救市方案之评价及其对我国之启示》,载《法律科学》2009 年第 1 期。

提供了收购贷款的政府所分享。其二，最重要的是，偿还政府的救助款项并没有使得银行对其冒险投机行为风险所致的损害负责。金融危机一到，随之而来的是经济不景气，大量金融机构倒闭，甚至影响到实体经济，工厂倒闭，工人失业。这些宏观上的损害皆有其微观上的经济根源。由于此种损害更多的是一种不特定的社会损害，传统的侵权法几乎无能为力。法律提供了金融创新的自由，却没有为金融乃至社会的安全规定风险制造者所应承担的责任，传统法律责任构成模式没有将风险作为承担法律责任的事实，放任了冒险者们为了私利制造和扩大市场风险的行为。①

第二，对于从来没有接受过救助款项的银行征收金融危机责任费有何理由呢？其一，首先要澄清的是，依据美国政府的计划，征收的对象仅限于在2008年接受政府援助的、资产超过500亿美元的大型金融机构。其二，没有接受过救助款项只能说明其没有接受直接的政府救助，并不能说明这些银行就没有从政府救助中受益。实际上，正是由于有了政府对金融危机的救助，才可能避免金融危机的进一步恶化，避免金融挤兑现象的发生，为这些银行的经营安全营造了比较稳定的宏观经济环境。其三，没有接受过救助款项也不能说明这些银行对于金融危机的产生就毫无责任。金融危机责任费的征收对象是大型金融机构，事实上，在次贷危机发生之前的美国，大型金融机构的业务都呈现出综合化与创新化的趋势，没有哪一家大型金融机构不从事冒险投机行为。如果仅因为其没有接受过救助款项就不对其征收金融危机责任费，那会使得其仍然抱有侥幸心理；反之，则可以部分地抑制其侥幸心理，促使其更好地防范金融风险。

第三，从戴蒙和塔尔博特所谓的"不公平"可以看出，其所要求的公平是一种形式上的公平，即要求对大型金融机构与中小型金融机构乃至其他普通的中小企业进行无差别的对待。殊不知，这样的一种形式公平却是对其他人实质上的不公平。显然，戴蒙和塔尔博特的公平观是一种本位主义的公平观。

一般意义上的税收是国家筹集财政收入和进行收入再分配的主要手段，以税收的名义出现的金融危机责任费也具有这两种职能。如通过征收此种费用，缓解美国联邦政府的财政赤字危机和减少金融机构高管人员的高额奖金。但除此之外，征收金融危机责任费的主要目的是抑制因政府救助引起的道德

---

① 岳彩申、楚建会：《论金融创新领域法律责任制度的改革与完善——美国次级贷款危机的教训与启示》，载《法学论坛》2009年第3期。

风险,纠正政府与市场之间的失衡。它通过法律的形式对市场主体权利义务重新调整,也是责任的重新分配。如果大型金融机构不履行缴纳金融危机责任费的义务,就要承担相应的法律责任。这种责任本质上是一种法定的经济法责任,具有明显的社会性和身份性,并有其内在的风险逻辑。

(三)金融危机责任费的社会性及风险根源

金融危机责任费是金融机构承担的一项经济法义务,不履行该义务就要承担相应的经济法责任。这种责任的社会性体现在四个方面。其一,产生基础的社会性,经济法责任是风险社会中产生的新型责任,工业化以来,人类社会原来的"坚固的共同体生活受到了资本主义市场的挑战。自由经济原则不支持传统的共同体;相反地,它趋向于分化和分裂人民"。[①] 美国学者弗朗西斯·福山指出:"由技术进步引起的社会秩序的混乱并不是什么新现象。尤其是工业革命开始以来,随着一种新的生产过程取代另一种生产过程,人类社会经历了一种无情的现代化进程。"[②]"当'现代性'与工业化的负面后果不再局限于惩罚具体的群体而是侵袭到每一个人时,我们就已经或正在进入一个新的时代。"[③]这就是风险社会的时代。在现代风险社会,平等而又不平等的现代风险打破了传统的人类共同体生活,人类社会的共同性需求日渐凸显,经济法责任凸显了风险社会中人类社会的共同需求。其二,责任关系的社会性。经济法责任是责任主体对整个社会承担的责任,是社会责任的法律化。其三,责任实现机制的社会性,即责任保障和损失承担的社会化。其四,体现了法律社会化进程中公法责任与私法责任的融合。具体就金融危机责任费而言,它是为了应对金融危机、防范金融风险;它是大型金融机构对整个社会所承担的责任,国家以税收的形式落实此种责任代表的是整个纳税人;在责任的归结与认定上,不以发生特定的损害结果为要件,而是一种新的"主体行为—风险—责任"模式,大型金融机构的"带来或扩大风险的行为即使没有给具体的法律关系主体造成损害,仍然可以作为承担责任的事实基础,行为人应当承担相应

① [美]弗朗西斯·福山:《历史的终结及最后之人》,黄胜强、许铭原译,中国社会科学出版社 2003 年版,第 371 页。

② [美]弗朗西斯·福山:《大分裂——人类本性与社会秩序的重建》,刘榜离等译,中国社会科学出版社 2002 年版,第 8 页。

③ [英]露丝·利维塔斯:《风险与乌托邦的话语》,载[英]芭芭拉·亚当等:《风险社会及其超越:社会理论的关键议题》,赵延东、马缨等译,北京出版社 2005 年版,第 307 页。

的法律责任"。①

经济法规定金融危机责任费的内在风险逻辑之一,就是金融风险的外部性。在金融领域,金融风险的外部性表现得非常明显和强烈。金融脆弱性理论认为,高负债经营的企业具有更容易失败的特征,金融脆弱性会在外力或内力的偶然事件影响下演化为金融危机,而金融危机具有"传染性",始于个别国家或地区的金融危机会通过一定的传染途径迅速波及周边国家或地区,给世界经济带来极大的破坏。② 金融领域兴起的金融创新浪潮在促进金融效率的同时,也给金融系统的稳定与安全带来了相应的风险,由美国次贷危机所引发的全球金融危机再次证明了金融风险的外部性。在次贷危机所引发的这场全球金融危机中,金融风险的外部性借助于资产证券化和金融全球化的张力再次印证了贝克的世界风险社会理论的现实性。面对风险社会的现实挑战,法律应当从"压制型法"或"自治型法"走向"回应型法",即法律要对现实社会中的各种变化作出积极回应。③ 经济法的回应性较之于民商法更为鲜明,如其对现实经济关系的反应速度更为敏捷;反应的范围更广、敏感度更高;反作用更为明显。④ 此点在经济法应对金融风险的外部性方面表现得非常明显。

首先,金融风险的外部性使得金融机构冒险投机行为的风险不仅造成了其自身的损失,而且给广大的社会公众造成了损失,政府利用公共资金救助金融机构意味着纳税人的福利损失。从根本上讲,政府救助问题金融机构只是手段,其最终目的是为了维护金融安全和经济稳定,实现社会效率的最大化。为此,需要政府承担起救助责任。

其次,政府救助责任不应当是法律解决金融风险负外部性的终极办法,法律还应当寻求新的方式让引发了这些金融风险的金融机构承担起自身的责任,不能任其将自身本应承担的责任外部化给社会公众。但是,由于负外部性的存在,金融机构与纳税人之间的交易成本太高,甚至于两者之间不存在交易的可能,因此,契约责任在此无适用之可能。金融风险所造成的损害和结果具有不可计算性,从而使得侵权责任法也无能为力。即使基于"管理论"行政法

① 岳彩申、楚建会:《论金融创新领域法律责任制度的改革与完善——美国次级贷款危机的教训与启示》,载《法学论坛》2009 年第 3 期。

② 陈雨露、汪昌云:《金融学文献通论》(宏观金融卷),中国人民大学出版社 2006 年版,第 474 页。

③ [美]诺内特、塞尔兹尼克:《转变中的法律和社会》,张志铭译,中国政法大学出版社 1994 年版,第 18 页。

④ 参见刘普生:《论经济法的回应性》,载《法商研究》1999 年第 2 期。

下的行政责任理论,也难以确定金融机构冒险投机行为的违法性,这些金融机构的冒险投机行为并没有违反美国当时的金融监管法律,自然难以追究其行政责任。由此看来,民商法和行政法在回应金融风险的负外部性方面具有明显缺陷。经济法则可以进行反向的利益平衡予以矫正这种负外部性,可以对负外部性的制造者征税,促使其将外部性所致的社会成本内部化。金融危机责任费就是为了促使大型金融机构将其行为风险外部性所致的社会成本内部化,以防范金融风险、维护金融稳定。

(四)金融危机责任费的身份性及风险根源

为什么只对资产超过 500 亿美元的大型金融机构才征收金融危机责任费,对中小型的金融机构却不予以征收呢?因为大型金融机构与中小金融机构之间的风险地位不平等,市场主体风险地位的不平等性决定了其责任的身份性。基于不平等风险地位的身份调整及其相应的角色责任的加强,实质上是以法律制度的方式对不平等风险地位的平衡,或者说是法律制度对风险的重新分配。这种分配在法律形式上表现为主体之间权利义务的调整,调整的原则是对弱势主体的倾斜保护原则。从法理学视角观之,它追求的是一种基于差别原则的分配正义,这是约翰·罗尔斯式的民主原则与差别原则的结合,其对象是用来分配权利和义务、划分由社会合作产生的利益和负担的社会的基本结构。"所有的社会基本善——自由和机会、收入和财富及自尊的基础——都应被平等地分配,除非对一些或所有社会基本善的一种不平等分配有利于最不利者。"[1]"社会结构并不确立和保障那些状况较好的人的前景,除非这样做适合于那些较不幸运的人的利益。"[2]"为了平等地对待所有人,提供真正平等的机会,社会必须更多地注意那些天赋较低和出生于较不利的社会地位的人们。"[3]基于不平等风险地位的身份调整也是如此。

基于大型金融机构与中小金融机构之间的不平等风险地位所进行的身份调整就产生了金融危机责任费。这表明金融危机责任费具有鲜明的身份性,这种身份性也有其内在的风险逻辑。

---

① [美]约翰·罗尔斯:《正义论》,何怀宏等译,中国社会科学出版社 1988 年版,第303 页。

② [美]约翰·罗尔斯:《正义论》,何怀宏等译,中国社会科学出版社 1988 年版,第76 页。

③ [美]约翰·罗尔斯:《正义论》,何怀宏等译,中国社会科学出版社 1988 年版,第101 页。

首先，大型金融机构与中小金融机构之间的风险地位不平等。大型金融机构是垄断性主体，中小金融机构是竞争性主体，两者对系统性金融风险的影响有天壤之别，两者应对市场风险的能力也不可同日而语，中小型金融机构还得面临来自大型金融机构的不公平竞争风险。两者在政府金融危机救助体系中所处的地位也不同，"太大而不能倒"的现实表明，金融危机中政府救助的往往是大型金融机构，对于中小金融机构，政府奉行的往往是市场约束机制。

其次，金融危机责任费是基于上述不平等风险地位所进行的身份调整，调整的结果是角色责任的加强。不平等的风险地位表明，大型金融机构是强势主体，中小型金融机构是弱势主体，两者不再是毫无差异的匀质的"理性人"，而是穿上了衣服的"社会人"。身份调整就是依据强势主体与弱势主体的不平等风险地位，重新调整两者之间的权利义务，即对弱势主体实行偏重保护或者对强势主体课以特别的义务，金融危机责任费就是对强势的大型金融机构所课加的特别义务。

三、对完善我国金融法制建设的若干启示

"他山之石，可以攻玉。"美国所提出的金融危机责任费对于我国的金融法制建设也不乏借鉴意义，在政府救助金融危机成本的收回、金融业高管人员的薪酬控制与金融机构社会责任的强化等方面提供了新的法制建设思路。

（一）政府救助问题金融机构成本的收回

金融机构救助制度是防范和化解金融危机的重要法律制度。以银行业为例，国外立法规定的政府救助问题银行的制度主要有最后贷款人制度、存款保险基金制度、中央银行信誉支持制度等。除此之外，政府还可以动用财政资金直接向问题金融机构注入资金。众所周知，这些救助措施都要耗费成本，尤其是财政注资需要纳税人承担；另外，救助本身隐含着严重的道德风险。这也是美国金融危机救助计划迟迟难以在国会通过的重要原因。金融危机责任费就是要通过对被救助的金融机构追回救助费用，抑制道德风险，恢复政府干预与市场约束之间的平衡。

我国自实行市场经济体制以来，虽然没有发生过金融危机，却不乏救助金融机构的实践。1997 年亚洲金融危机之后，为了使四大国有商业银行达到巴塞尔资本协议规定的资本充足率 8％的要求，中央政府给四大国有商业银行注资 2700 亿元以补充资本金，并成立了四家金融资产管理公司剥离了四大商业银行 1.4 万亿元的不良资产；2003 年为了配合对中国银行和中国建设银行

的股份制改造，通过外汇储备金分别注资 225 亿美元；2005 年中国工商银行也获得了 150 亿美元的政府注资；依据 2008 年国务院审议通过的《农业银行股份制改革实施总体方案》，中央汇金投资有限公司向中国农业银行注资约 200 亿美元。这些注资被媒体称之为"最后的午餐"，甚至是"免费的午餐"。然而，只要是实行市场经济体制，政府为了防范和化解金融风险对问题金融机构注资予以救助永远不可能是"最后的"，政府救助成本如何分担、救助措施的道德风险如何抑制等是金融救助法律制度建设不可回避的关键问题。

为了防范和化解金融风险，维护金融稳定，政府注资是必要的，却不应当是免费的，那样只会引发和累积新的更大的金融风险。因此，如何收回政府注资的成本应当是政府注资以后考虑的首要问题。政府注资获得的是股权，对股权投资而言，收回投资成本的方式不外乎分红、股权转让或退股。以后两种方式收回政府注资不现实，而且不利于维护金融稳定；而分红要以盈利为前提，分红的比例实际上取决于董事会的决策和股东大会的决议。"据汇金公司总经理谢平 2005 年估算，注资建设银行、中国银行获得的回报累计将接近 3000 亿元人民币。汇金在注资以后收益颇丰，但这部分收益不会冲抵国有银行的改革成本，不会让央行的资产负债表更加平衡，也不意味着纳税人不需要承担改革成本。"①言下之意，政府注资的部分损失在所难免了。难怪获得政府注资的金融机构上至老总下至普通员工一片欢呼雀跃，因为他们确实获得了免费的午餐，至少是部分免费的午餐，他们的福利会因之而改善。没有获得者自然会黯然神伤。在实行了几百年市场经济的美国，朝野上下早就明白了政府注资金融机构的奥妙所在，要不然救助计划也不会在国会遭受如此之大的阻力，金融危机责任费也不会为华尔街如此反对，华尔街将因之不能再"白吃"。金融危机责任费的高明之处是，政府利用自身的特殊身份——不是一般的投资者，而是公共权力的执行者——通过征收特别税收的形式来收回政府注资。当然，美国政府只是提议这样做，能否这样做还必须通过美国国会制定法律授权。这也给了我们如下的启示：我国政府要收回政府注资的成本并不难，对接受了政府注资的金融机构征收一种特别税收就可以实现。

(二) 金融业高管人员的薪酬控制

华尔街高管人员不顾金融机构自身安全及投资者利益而发放巨额奖金的

---

① 叶檀：《拿什么拯救中国经济》，http://news.lanshizi.com/preview/849/，最后访问日期：2010 年 5 月 26 日。

类似现象在我国也同样存在,并成为社会公众关注的收入分配问题的重点所在。2008 年 3 月金融机构的"天价薪酬"现象就引起了国家有关决策层的极大关注。这种现象的产生与金融行业鼓励冒险的薪酬机制不无关系,有的金融行业高级管理人员的高额薪酬甚至大大超过了依据其所承担的风险所应享有的收益水平。这种鼓励冒险的薪酬机制对于金融机构的风险防范带来了巨大的挑战,尤其是当这种本应由其自身承担的风险可能被外部化时,其冒险投机的欲望会更强烈。对国有控股金融机构而言,其高管人员外部化此种风险的可能性更大,因此更有必要对其高管人员的薪金水平加以控制。

为了实现收入分配的公平,我国许多部门进行了一些制度探索,如 2009 年 9 月人力资源和社会保障部等六部委联合发布了《关于进一步规范中央企业负责人薪酬管理的指导意见》;2010 年 2 月财政部颁布了《中央金融企业负责人薪酬审核管理办法》;2010 年 3 月银监会发布了《商业银行稳健薪酬监管指引》(以下简称《指引》),商业银行全体员工均成为规范薪酬的对象。

以上有关规定都将薪酬管理与绩效考核、风险约束和监管指标等挂钩。值得注意的是,银监会的指引规定了延付、止付及扣回制度,这是因为银行风险的暴露具有时滞性,延付、止付及扣回制度可以有效防止管理人员在风险暴露之前拿走薪酬或在风险暴露之后不退回薪酬,从而使其承担起风险,防止其将风险外部化。《指引》规定的薪酬扣回制度与金融危机责任费有异曲同工之妙,因为征收金融危机责任费的目的之一也是为了控制华尔街金融机构高管人员的薪金水平,防止其利用信息优势地位发放巨额奖金而损害投资者利益、危及金融稳定。当然,两者也有一定的区别。其一,金融危机责任费的征收对象是大型金融机构,是通过对金融机构的利润影响以间接控制高管人员的薪酬水平,而扣回制度直接针对的是金融机构的管理人员;其二,金融危机责任费是危机之后的一种措施,既是为了收回政府收回救助金融危机的成本,也是对金融危机之后大型金融机构经营行为风险的预防,扣回制度则主要是一种金融风险预防措施。不过,在使金融机构及其管理者对其自身行为所致风险承担起相应的责任这一点上,两者无疑是一致的。

(三)金融机构社会责任督促机制的完善

金融危机的爆发也从反面印证了金融领域企业社会责任的缺失及完善金融机构社会责任督促机制的必要性。自 20 世纪 80 年代企业社会责任运动兴起以来,有关企业社会责任的争议就未曾停止过。"利益最大化理论"以为,企业(公司)的社会责任就是为股东利益最大化目标而行为;"最低道德要求理论"以为,企业应当避免对别人造成损害并赔偿所引起的损害;"其他利益主体

的利益保护理论"以为，企业要考虑所有同企业有利益关系的人的利益，包括股东、雇员、顾客、供应商、债权人和政府。① 金融机构高管人员出于对巨额奖金的追求所进行的高风险冒险经营行为实质上并不符合金融机构投资者利益最大化的目标，两者之间存在着较大的利益冲突；对其冒险经营行为所致的全部损害，大型金融机构及其高管人员并没有予以全部赔偿，而往往是通过政府对金融危机的救助将这些损害外部化给广大社会公众，因而也不符合最低道德要求，也表明这些金融机构的经营行为并没有考虑到其他利益相关人的利益。从责任承担的视角看，金融危机责任费旨在让大型金融机构对其冒险经营行为所造成的损害承担相应的责任，因而也是对金融机构社会责任的强化。

我国金融机构社会责任也正在兴起，许多商业银行发布了社会责任年度报告，银监会 2007 年发布的《关于加强银行业金融机构社会责任的意见》明确要求金融机构保护相关利益者的权益，但是该意见只是部门规章，而《商业银行法》与《公司法》等法律又没有明确银行践行社会责任的法律义务，监管机构对金融机构社会责任的履行也缺乏具有强制力的监管体系和统一的监管标准，使得商业银行践行社会责任方面处于无序状态，要纠正此种状态需要建立"硬法"与"软法"并施、外部督促力量与内控督促制度相结合的督促机制。② 金融危机责任费实质上是以"硬法"的形式强化金融机构的社会责任，这为完善我国金融机构社会责任的督促机制提供了新的思路。

---

① 张民安：《公司法上的利益平衡》，北京大学出版社 2003 年版，第 2～7 页。
② 刘志云：《商业银行社会责任的兴起及其督促机制的完善》，载《法律科学》2010 年第 1 期。

第五章

双重风险地位与政府责任两难及其克服

在"政府—市场"的二元经济法框架及相应的二元经济法责任体系中,市场主体之经济法责任是以往经济法责任研究的重点,政府之经济法责任是经济法责任研究中的难点,也是欲建构独立之经济法责任难以回避的问题。"调制受体的责任,同一般的市场主体在其他法域中应承担的责任在'表面形式'上并无大异,而在调制主体责任领域,则无论在制度设计还是理论研究方面,都还存在着很多盲点与难点。"①如政府对其宏观调控活动如何承担法律责任的问题一直是近年来经济法研究的难点。本章拟以宏观调控中的政府责任两难为重点探讨政府责任两难及其风险根源,并对企图克服两难的几种进路加以评析,然后分析软法如何克服政府在宏观调控中的责任两难。

---

① 张守文:《经济法理论的重构》,人民出版社 2004 年版,第 452~453 页。

第一节 从宏观调控看政府责任的两难

一、政府与政府责任的一般理论

(一)政府的起源与含义

政府对人们的社会生活具有广泛的影响,人们对于政府的含义却是众说纷纭。在政治学上,政府有"国家机构的政府"与"非国家机构的政府"之分。① 日常生活中所言的政府总是与国家相连,中国封建社会更是有"官府"之称。英国国际法学者则指出,"国家四要素包括人口、确定的领土、政府、独立。"②

卢梭说:"在谈到政府的各种不同形式之前,让我们先来确定政府这个名词的严格含义,因为它还不曾很好地被人解说过。"③实际上,政府的含义又与政府或国家的起源问题密切相连,在不少西方学者探讨政府起源问题的论述中就包含了对政府含义的不同理解,在卢梭之前,已有不少思想家探讨过。如柏拉图以为,政府是国家的统治机器。洛克的《政府论》较早地论述了政治社会的起源、政治社会和政府的目的,他以为政府是人们自愿通过协议联合组成的共同体,联合的重大和主要目的是保护他们的财产,为人民谋福利。④ 在洛克看来:"创设政府的行为乃是人民与他们所加于自己之上的首领之间的一项契约;由于这一契约,人们便规定了双方间的条件,即一方有发号施令的义务,

风险社会中的法律责任制度改变:以经济法为中心

厦门大学法学院经济法学文库

---

① 两者都涉及公共权力问题,行使公共权力的主体或机构就是政府,故在私有制、阶级与国家产生之前,原始社会时期行使公共权力的主体如酋长会议也可以称为"政府"。参见乔耀章:《政府理论》,苏州大学出版社 2003 年版,第 5~9 页。

② [英]伊恩·布朗利:《国际公法原理》,曾令良、余敏友,等译,法律出版社 2000 年版,第 646 页。

③ [法]卢梭:《社会契约论》,何兆武译,商务印书馆 2003 年版,第 71 页。

④ 参见[英]洛克:《政府论》(下),瞿菊农、叶启芳译,商务印书馆 1964 年版,第 92~95 页。

而另一方有服从的义务。"①卢梭的看法恰恰相反,他认为政府的创制绝不是一项契约,因为至高无上的权威是不能加以改动的,说主权者给自己加上一个在上者的说法是荒谬的、自相矛盾的;卢梭以为政府的创制是由法律的确立和法律的执行所构成的一种复合行为。② 卢梭的政府理论以"主权在民"和立法权力与行政权力的分立为基础。卢梭强调,立法权力属于人民而且只能属于人民,行政权力不具有像立法者或主权者那样的普遍性,它只包括个别的行动,因此公共力量需要有一个适当的代理人充当国家与主权者之间的联系,并且使他按照公意的指示而活动,这个中间体就是政府,负责执行法律并维护社会的以及政治的自由的政府只不过是主权者的执行人,人民服从政府时所根据的那种行为绝不是一项契约,而是一种委托,政府只是以主权者的名义在行使着主权者所委托给他们的权力,只要主权者高兴就可以限制、改变和收回这种权力,这种行政权力的合法运用被卢梭称之为政府。③ 与卢梭同时代的英国功利主义大师边沁将自然状态称之为自然社会,将政府状态称之为政治社会,当一群人(臣民)被认为具有服从一个人或由某些人组成的集团(统治者)的习惯时,这些臣民与统治者就合在一起处于一种政治社会的状态之中。④

马克思主义认为政府与国家同时产生。"国家并不是从来就有的。曾经有过不需要国家,而且根本不知国家和国家权力为何物的社会。在社会经济发展到一定阶段而必然使社会分裂为阶级时,国家就由于这种分裂而成为必要了。"⑤"为了使这些对立面,这些经济利益互相冲突的阶级,不致在无谓的斗争中把自己和社会消灭,就需要有一种表面上凌驾于社会之上的力量,这种力量应当缓和冲突,把冲突保持在'秩序'的范围以内;这种从社会中产生但又自居于社会之上并且日益同社会脱离的力量,就是国家。"⑥因此,"国家的本

---

① [法]卢梭:《社会契约论》,何兆武译,商务印书馆 2003 年版,第 124～126 页。另外,霍布斯在《利维坦》中也表述了相同的观点。

② [法]卢梭:《社会契约论》,何兆武译,商务印书馆 2003 年版,第 124～126 页。

③ [法]卢梭:《社会契约论》,何兆武译,商务印书馆 2003 年版,第 71～73 页。

④ 参见[英]边沁:《政府片论》,沈叔平等译,商务印书馆 1995 年版,第 132～133 页。

⑤ [德]恩格斯:《家庭、私有制和国家的起源》,中共中央编译局译,人民出版社 1972 年版,第 171 页。

⑥ [德]恩格斯:《家庭、私有制和国家的起源》,中共中央编译局译,人民出版社 1972 年版,第 167～168 页。

质特征,是和人民大众分离的公共权力。"①恩格斯的上述经典论述表明,国家和政府不是从来就有的,而是在不断发展的人类社会生产力推动下,伴随私有制的产生、社会分裂为阶级时才出现的一种历史现象,在不知国家和国家权力为何物的社会,自然就谈不上有政府的存在。

即使在国家机构的层面上,人们对于政府的理解也并不相同。广义的政府泛指一切国家政权机关,包括立法机关、行政机关、司法机关和其他一切公共机关;狭义的政府则指一个国家的中央和地方的行政机关。总之,政府代表着国家,国家是把一定领土范围内的人结合在某个政府之下的组织,这个组织只是自由社会里众多组织中的一个,旨在提供一个能够使自生自发秩序得以有效型构的外部框架,其范围只限于政府机构。②

(二)政府责任的一般理论

1. 主权理论与政府责任。政府既是主权的执行者,应当向主权的授予者负责。主权理论有神授主权理论和人民主权理论之分。西方 13 世纪的法学家托马斯·阿奎那是欧洲中世纪神权政治学的主要代表。在阿奎那看来,国家起源于人的本性,而上帝是人和人性的创造者,所以上帝是一切权力的来源和象征,《圣经》也有云:"没有权柄不是出自神的。"君主或国王是按照上帝的意旨来管理国家,"国王必须期望从上帝那里获得酬劳以报答他的施政"③。国王作为上帝的仆人应当向上帝负责,"如果上帝所选择的人变成暴君,怎么承担责任? 上帝对他追究责任"④。

近代资产阶级启蒙思想家托马斯·霍布斯的《利维坦》、洛克的《政府论》及卢梭的《社会契约论》等对中世纪封建专制的君权神授说展开了猛烈的抨击。如霍布斯认为政府是通过社会契约创造的,君权并非神授,而由人民转让;卢梭的社会契约论与霍布斯具有不同之处,他以为主权不能转让,主权属于人民,统治者(政府)只是主权者的代理人,政府工作人员是人民的仆人,人民有权追究政府的责任。

政府究竟对主权者承担何种责任呢? 广义的政府责任包括了政府的道义

① [德]恩格斯:《家庭、私有制和国家的起源》,中共中央编译局译,人民出版社 1972 年版,第 116 页。

② 参见[英]弗里德利希·冯·哈耶克:《法律、立法与自由》(第二、三卷),邓正来等译,中国大百科全书出版社 2000 年版,第 474 页。

③ 王哲:《西方政治法律学说史》,北京大学出版社 1988 年版,第 74 页。

④ 王成栋:《政府责任论》,中国政法大学出版社 1999 年版,第 134 页。

责任、政治责任和法律责任,其中法律责任是核心;狭义的政府责任仅仅指的是政府的法律责任。如阿奎那所指的国王对主权者(上帝)的责任在于神界而非世俗界,这很大程度上是一种道义责任,其责任的追究具有不确定性或随意性;而卢梭虽然"找到人民是主权者,却发现主权者无法追究仆人的法律责任而只能追究政治责任",[①]言下之意,卢梭所指的政府责任主要是政治责任。

2. 政府的法律责任演变。道义责任和政治责任代替不了法律责任,那与法治政府的要求背道而驰,因此,政府责任必须法制化。[②] 如何才能解决国家承担法律责任的问题呢?中国式的解释是"主人可以为仆人制定规则,让仆人自己打自己的耳光,让政府自己追究自己责任"。[③] 政府责任的法制化实质上就是制定让政府自己追究自己责任的规则。在欧洲中世纪虽然有过受损的臣民针对君主的诉讼,但是其所针对的是王公,并非发号施令的统治者,他们不过是特权拥有者。实际上,君权神授论下的统治权相对于平民并不受任何法律限制,统治者任何符合国家利益的活动必然符合法律,政府责任主要是道义责任,即由统治者接受上帝的惩罚。只有在人民主权论的前提下,政府的法律责任才有可能。

国家(政府)在不同的部门法中具有不同的法律地位,承担着不同的法律责任。如国家作为所有权主体,享有国有财产所有权,参与民事法律关系,承担相应的民事责任;[④]法国在没有建立专门的国家责任制度之前曾采用民事责任来追究国家责任,此时,国家是作为公法人对由它负责的人的行为负责;美国1946年联邦侵权赔偿法明确规定:"凡联邦政府之任何人员对于职务范围内因过失、不法行为或不行为,致人民财产上之损害或损失,或人身上之伤害或死亡,于当时环境,美国联邦如处于私人地位"[⑤]予以赔偿,由此也可见国家赔偿责任与民事责任之间的深厚渊源。

---

① 王成栋:《政府责任论》,中国政法大学出版社1999年版,第136页。

② 参见田思源:《论政府责任法制化》,载《清华大学学报》(哲学社会科学版)2006年第2期。

③ 王成栋:《政府责任论》,中国政法大学出版社1999年版,第137页。

④ 国家作为民事主体,西方较早的理论有"国家法人说""法人拟制说""法人目的财产说""法人有机体说"等,参见马骏驹、宋刚:《民事主体功能论——兼论国家作为民事主体》,载《法学家》2003年第6期。

⑤ 王名扬:《美国行政法》,中国法制出版社1995年版,第738~739页。

行政法的产生与行政赔偿责任的确立大大推进了政府责任的法律化。^①当统治者从它和平民一起遵守的不取决于它本身的法律秩序中解脱出来,面对自己可以限制的统治权的时候,就可能从平民相对于统治者的权利中产生行政法、公法。这就是用国家的立法制约国家的行政,以实现"国家的自我约束"。^② 代表国家行使公权力的行政主体要对其行政违法或行政不当行为承担诸如行政赔偿、行政补偿等形式的行政责任。

然而,"行政国"的出现使得立法权与行政权的分野不再泾渭分明,当某个国家机关同时享有立法权与行政权时,行政责任还能实现这种"国家的自我约束"吗? 宏观调控权的运行实践或许已经做出否定的回答。

二、宏观调控的经济学与法学含义

"宏观调控"是一个出自宏观经济学的概念,国外学者的相应提法不少,如"宏观经济调控"(macroeconomic regulation),"宏观经济协调"(macroeconomic coordination),宏观经济政策(macroeconomic policy)。^③ 尽管这些提法各异,但是核心内容都是对国民经济总量的调控,以实现总供给与总需求的平衡、物价水平的稳定以及充分就业等。我国有的经济学者将经济结构的调整也包括在宏观调控之内,^④反映了我国亟须加强经济结构调整、转变经济增长方式的现实国情。

在法学上,自我国 1993 年宪法修正案第七条规定"国家加强经济立法,完善宏观调控"以来,"宏观调控"就进入了经济法理论的视野,宏观调控法也与市场规制法等成为经济法的重要组成部分。^⑤ 经济法学对"宏观调控"的理解

---

① 如法国 1873 年布朗戈案件被认为在法国确立了独立的国家赔偿责任。布朗戈的女儿被国营烟草公司(法国法上的公法主体)的翻斗车撞伤,他起诉至普通法院,要求追究民事赔偿责任,政府提出管辖权异议,后法院裁定,国家及公务员责任应当通过公法来解决。参见单mały伟:《论法国国家赔偿之原则》,载罗豪才、应松年:《国家赔偿法研究》,中国政法大学出版社 1991 年版,第 106～108 页。

② 参见[德]拉德布鲁赫:《法学导论》,米健、朱林译,中国大百科全书出版社 1997 年版,第 131～132 页。

③ 参见张德峰:《宏观调控法律责任研究》,中南大学 2007 年博士学位论文。

④ 参见魏杰:《宏观经济政策学通论》,中国金融出版社 1990 年版,第 2～3 页。

⑤ 在漆多俊教授的经济法理论中,使用的是"宏观引导调控法"。

与把握自然不同于经济学界,要体现法律科学的特点,而"除了行为之外,法律别无客体",①行为主义法学者甚至把法看成是国家和公民的行为。在经济法学中,"宏观调控"是一种国家行为或政府行为,经济法法学者着重研究的是宏观调控行为的性质、实施宏观调控行为的主体、宏观调控权的性质以及宏观调控主体的义务与责任等。另外,在我国经济法理论中,"宏观调控法"与"市场规制法"相对应,区分依据主要是国家调节经济手段的强制性程度。宏观调控措施具有总体性和宏观性,但也会对微观的市场主体产生间接影响;市场规制措施针对的是微观的市场主体,对市场主体产生直接影响,具有较强的强制性。当然,这种区分也不是绝对的,许多宏观调控措施并不直接及于企业和个人,但对于各"中间调节主体"却是直接和必须执行的,②如中央银行上调法定存款准备金率之于各商业银行就是如此。

三、宏观调控中的政府责任两难

(一)宏观调控之政府责任的缘起

近年来,随着一系列公共安全与卫生事件的发生,"责任政府"和"行政问责制"兴起,政府责任也成了理论界研究的热点问题。③ 从宏观调控法律关系的主体构成出发,宏观调控法律责任应当包括调控主体的法律责任和受控主体的法律责任,但是我国立法的实际情况是,受控主体的责任得到高度重视,调控主体的责任却被忽视,政府作为调控主体的责任在法律上没有规定。④这与建设责任政府所要求的政府责任法治化背道而驰。英国安东尼·奥格斯指出,立法者往往将规制性规则的制定权不同程度地授予政府官僚机构或特定的公共机构,而且授权也具有强烈的公益、正当性基础,但是却产生了责任问题:规制者应当对他们行使权力的方式负责;⑤在政府部门被授予广泛的自

---

① 《马克思恩格斯全集》第 1 卷,中共中央编译局译,人民出版社 1956 年版,第16 页。

② 漆多俊:《经济法基础理论》,法律出版社 2008 年版,第 245 页。

③ 关于责任政府的研究,参见姚尚建:《国内责任政府研究的历史与现状》,载《学术交流》2006 年第 4 期。

④ 参见王全兴、管斌:《宏观调控法论纲》,载《首都师范大学学报》(社会科学版)2002年第 3 期。

⑤ [英]安东尼·奥格斯:《规制:法律形式与经济学理论》,骆梅英译,中国人民大学出版社 2008 年版,第 114 页。

由裁量权的同时,也逐渐更多地依赖自我规制,尤其是在金融和职业服务领域,这种现象产生了一系列更为严峻而迫切的控制和责任问题。[①] 本书正是从政府责任的视角来探讨宏观调控法律责任——作为调控主体的政府对其宏观调控行为所承担的责任,故本书中的宏观调控法律责任是指宏观调控法中的政府责任。

在国内宏观调控领域,宏观调控法草案正式提上议事日程,宏观调控实践对个人经济生活的重大影响已经引发了某些个案纠纷,如"谢百三诉财政部国债争议案"。财政部国库司2001年在当年发行的第七期国债发行完毕后,以便函形式发出通知规定,"上市以后,交易方式为现券买卖,回购交易起始日将视情况安排",从而限制该期国债暂不能进行回购交易。[②] 谢百三教授认为此种限制侵犯了投资者的财产权,提起行政诉讼请求撤销该通知。国外在应对金融危机中也产生了一些典型个案。如韩国检察官在1999年6月指控前财经院长姜庆植和前总统顾问金仁浩在处理1997年金融危机时严重失职,要求法庭对其严惩;还有一位韩国公民对央行行长和财政部长提起诉讼,要求追究两者的责任,并赔偿其因金融危机遭受的损失;在美国,曾经有人以美联储货币政策执行不力为由向法院起诉,但被法官驳回起诉。[③]

以上事例已经彰显了民事责任与行政责任适用于宏观调控领域的局限性。以国内国债的发行为例,其所形成的政府与国债持有者之间的国债法律关系已经不是一般的债权债务关系,这种关系具有明显的隶属性,要服从于政府利用国债进行宏观调控的需要,该种法律关系的产生、变更与消灭更多的是依据国家意志,而非双方当事人之间的意志表示一致。因此,不能说政府限制该种国债的回购是违反了契约,也就无民事责任适用之余地。当然,政府的宏观调控行为也不能随心所欲,应当严格遵循法定程序。宏观调控程序的完善应当是完善我国宏观调控法律制度的重点所在,但是美国与韩国的事例也表

---

① [英]安东尼·奥格斯:《规制:法律形式与经济学理论》,骆梅英译,中国人民大学出版社2008年版,第56~57页。

② 国债回购是一种以国债作为媒介的资金融通方式,有卖出回购与买入返售两种方式。前者是指国债持有者在卖出国债同时,与买方约定于某一到期日再以事先约定的价格将该笔国债购回;后者是指投资者在购入国债的同时,与卖方约定在未来某一到期日再以事先约定的价格卖给最初的售券者。

③ 详情参见刑会强:《宏观调控权运行的法律问题》,北京大学出版社2004年版,第45~46页。

明,完善的程序也不一定能实现政府的自我约束,政府责任在法律上如何落到实处仍然是一个难题。

(二)经济法学界关于宏观调控之政府责任的主要论述

国家作为经济法主体负有经济职权,宏观调控权就是经济职权的核心内容,它既是权力也是义务,代表国家行使宏观调控权的宏观调控机关及其工作人员应当承担何种法律责任?经济法学界形成了以下几种主要观点。

有人将宏观调控法律责任分为传统责任和新型责任。传统责任就是对三大法律责任的综合,并以行政责任为主;新型责任是现实中出现的新的责任形式,如"专业不名誉责任或制裁",并且呼吁重视在宏观调控中运用新型责任。① 这实质上是综合经济法责任论在宏观调控法中的自然延伸。

有人以为,宏观调控法律责任作为宏观调控决策主体和执行主体承担的法律责任相对于其他法律责任,尤其是行政法责任,具有独立性。其理论依据是漆多俊教授所提倡的"国家经济调节论"。宏观调控权是一种国家经济调节权,而国家经济调节权是从传统的行政权中分离出来的"第四种权力",这使宏观调控职能及宏观调控权相对于行政职能和行政权而独立。② 这种观点在一定程度上有助于论证经济法责任的独立性。

有人则将宏观调控行为分割为宏观调控决策行为和宏观调控执行行为,将宏观调控权仅理解为宏观调控决策权(仅为中央政权主体享有)。宏观调控决策行为是一种国家行为,不具有可诉性,相应的,该行为导致的责任主要是一种政治责任,而非法律责任。③ 此论一出就引起了学界的质疑。这些质疑主要体现在两个方面。其一,将宏观调控这一寓于政府与市场互动中的政府干预过程分割为决策和执行阶段缺少令人信服的论证,地方政权主体是宏观决策的参与主体,不宜将其排除在宏观调控权主体之外;④有人以为,割裂的宏观调控行为不是一个完整的宏观调控行为,只处于决策阶段而不与执行相

---

① 参见王全兴、管斌:《宏观调控法论纲》,载《首都师范大学学报》(社会科学版)2002年第3期。

② 参见张德峰:《宏观调控法律责任研究》,中南大学2007年博士学位论文;陈云良:《中国经济法的道路与模式:转型国家经济法》,中南大学2006年博士学位论文。

③ 参见刑会强:《宏观调控权运行的法律问题》,北京大学出版社2004年版,第33~36页;刑会强:《宏观调控行为的不可诉性探析》,载《法商研究》2002年第5期。

④ 此为王全兴教授为为刑会强的专著《宏观调控权运行的法律问题》所作序中提出的商榷意见。

联系的宏观调控行为根本没有讨论的必要。[①] 其二,宏观调控行为是不是国家行为。有人认为,它不是法律上的国家政治行为,只是一种政府经济行为,因此应当强化宏观调控行为的可诉性,强化的方式是公益经济诉讼与违宪审查。[②]

(三)从以上论述看宏观调控之政府责任的两难

以上论述实际上蕴含着两种不同的思路:一种是对政府作为调控主体的实然责任状况的理论诠释;一种是对政府作为调控主体之法律责任的应然设计。设计的是宏观调控领域的法治理想图景,旨在实现宏观调控的法治化;诠释的是宏观调控责任的现实状况——政治责任仍然是主流,法律责任仍然阙如。

尽管早在20世纪六七十年代美国制定了《充分就业与平衡增长法》、德国制定了《经济稳定与增长促进法》等有关宏观调控的法律,但是从其立法内容与法律实践来看,法律责任问题并非是其强调的重点。以德国《经济稳定与增长促进法》为例,该法着重规定了程序制度对联邦政府宏观调控行为加以约束。如该法第6条第1款规定了经济过热时的批准程序。"当需求的扩大超过国民经济的承受能力时,联邦政府可以授权联邦财政部长在实施联邦财政计划的过程中要求某些财政支出的使用、(公共)建设项目的动工、设定后续财政年度负担等必须获得其批准。联邦财政部长和经济部长提出采取有关的必要措施的建议。""当整体经济出现疲软的危险时,联邦政府可以决定增加额外的公共支出。为此适用本条1款规定的程序。"[③]在韩国,也有公民在亚洲金融危机期间起诉韩国央行行长、财政部长,要求赔偿损失,也被驳回。美国次贷危机发生以后,前美联储主席格林斯潘因其任期期间长期奉行的低利率政

---

① 参见李刚:《宏观调控行为的可诉性初探》,载漆多俊:《经济法论丛》第7卷,方正出版社2003年版,第401页。

② 参见颜运秋、李大伟:《宏观调控行为可诉性分析》,载《中国社会科学院研究生院学报》2005年第5期。持类似观点的还有重庆大学的胡光志教授,他还建议在宏观调控公益诉讼中引入"法院之友"制度,参见胡光志:《论宏观调控行为的可诉性》,载《现代法学》2008年第2期。另外,史际春、肖竹认为,宏观调控行为可诉性问题是一个中国特色的问题,按照法治国家的要求,除少数涉及国家主权的行为外,包括抽象行政行为都是可诉的,因此,应当将各种宏观调控主体的各种宏观调控决策和执行行为纳入法律责任体系。参见史际春、肖竹:《论分权、法治的宏观调控》,载《中国法学》2006年第4期。

③ 《德国经济稳定与增长促进法》,http://www.wuyuelaw.com/article/germanlaw/200701050182.html,最后访问日期:2010年1月21日。

风险社会中的法律责任制度改变: 以经济法为中心

厦门大学法学院经济法学文库

策被认为助长了美国房市的泡沫,并对金融衍生品不予干涉,从而被认为对金融危机的发生负有责任,并被迫到美国国会接受质询。面对质询,格林斯潘承认自己应该承担"部分责任"。至于如何承担责任?除了质询之外,未见美国司法部门采取任何行动。换一个角度而言,让格林斯潘承担责任公平吗?"以前我因为莫须有的事情受到称颂,现在又因为莫须有的事情而被责难。"①格林斯潘这段饱含委屈的表白已经给出了否定的回答。

主张宏观调控的责任主要是政治责任及其宏观调控行为不可诉的第一种思路看到了政府作为调控主体的实然责任状况,并企图将宏观调控行为分割为决策行为和执行行为,将宏观调控决策行为归入国家行为,以证成宏观调控实然责任状况的合理性。但正如质疑者所指出的那样,将统一的宏观调控行为分割为决策行为和执行行为缺乏足够的依据,而且宏观调控行为也不是国家行为。"国家行为是为了国家安全、国家主权、国家外交、军事机密,由最高行政机关和最高权力机关作出的属于'政治保留'范畴的行为。"②可见,此种思路一方面难以论证为什么宏观调控责任主要是政治责任,另一方面也很容易给予理想的法治主义者以背离法治化趋势的口实。

反之,主张宏观调控法治化的第二种思路更多的是基于约束与控制宏观调控权的理想追求——"宏观调控法的目的或基本任务就是规定宏观调控的具体权限,或者说以具体规则来控制政府宏观调控,使之不至于滥权",③这主要是从宏观调控的程序制度、宏观调控的法律责任制度及其宏观调控行为的可诉性等方面来实现对宏观调控权的法律控制。在美国、德国等市场经济法律制度相对完善的国家,已经通过相关立法建立了比较完善的宏观调控程序制度;即使是对往往被认为是抽象行为的宏观调控行为也可以通过违宪审查的形式予以司法审查。只不过这种司法审查主要是依据法制统一原则与合宪性原则进行的形式审查,而非对宏观调控行为之正当性的实质性审查。但是,宏观调控的法律责任承担可以说是一个世界性难题,难就难在政府对其宏观

---

① 范辉:《格林斯潘:金融危机我有责任》,http://bjyouth.ynet.com/article.jsp? oid=45166469,最后访问日期:2010 年 2 月 21 日。

② 胡光志:《论宏观调控行为的可诉性》,载《现代法学》2008 年第 2 期。另外,判断国家行为的标准在各国并不一致,但各国采用的标准都具有"高度政治性",如各国均确认国防、外交行为属于国家行为。参见胡锦光、刘飞宇:《论国家行为的判断标准及范围》,载《中国人民大学学报》2000 年第 1 期。

③ 史际春、肖竹:《论分权、法治的宏观调控》,载《中国法学》2006 年第 4 期。

调控行为承担何种法律责任,尤其是政府工作人员是否以及如何承担法律责任。当"调控主体并无过错但却造成了客观损害时,是否要追究调控主体的责任,以及如何追究其责任"①确实是一个难题。实践中,法院也驳回了宏观调控的受控主体对调控主体的赔偿请求;格林斯潘的表白也说明,如何追究从事宏观调控的工作人员的法律责任是一件更为棘手的事情。

这些都反证了传统的民事责任与行政责任在宏观调控领域中适用的局限性。如何创新法律责任制度以克服上述局限性,成为法律人尤其是一些经济法学人的不懈追求。例如,有人提出宏观调控法律责任相对于其他法律责任具有独立性,并在探讨其责任形式时指出,经济管理行为方面的责任适用于国家经济管理主体,即国家经济管理机关及其工作人员,具体责任形式包括限制或剥夺其经济管理资格(如撤职)或纠正调整其经济管理行为(如变更撤销或重新作出决策)等。② 有人提出了具有立法赔偿性质的"经济法上的国家赔偿",以赔偿基于国家实施的宏观调控或市场规制不当,而给调制受体所造成的损害。③ 然而,如何判断宏观调控或市场规制不当殊为困难,正是这种困难造成了安东尼·奥格斯所说的规制者的实体性责任两难。安东尼·奥格斯认为规制者的责任形式有三种:一是追求行政成本最小化的财政责任;二是确保程序公正、客观的程序性责任;三是保障规则和决定自身正当性的实体性责任,这也是最为重要的责任。前两种责任已经有了潜在的有力工具,如审计署与法院,但是对规制者实体性责任的司法审查仍然是不完善的,任何规制的司法审查都受到其所依据的法律条文的限制,法院也并不乐意用他们的裁判来代替规制者的合理决定,实体性审查只限于确保裁量权的行使不是出于恶意或不正当目的,只要决定的作出已将相关因素纳入考量,且不至于"如此不合理,以至于任何一个理性的机关都不可能作出此类决定"。而要设计改进的方案并非易事,实体性责任的核心总是存在两难:特定机构之所以可以被指定为规制者,是因为其具有专业技术且独立于政治影响,因而最有可能满足公益目标;如果其他并不具有同样专业性和政治独立性的机构能够推翻他们的判断,

---

① 张守文:《经济法理论的重构》,人民出版社 2004 年版,第 453 页。

② 其所指的宏观调控法律责任包括了决策主体和执行主体的法律责任,而其所指的执行主体如商业银行实质上是宏观调控的受控主体,是政府作为宏观调控主体的作用对象,因而与本文所指的宏观调控法律责任相比,其外延要广泛得多。参见张德峰:《宏观调控法律责任研究》,中南大学 2007 年博士学位论文。

③ 张守文:《经济法理论的重构》,人民出版社 2004 年版,第 456 页。

那么其功能的实现则可能大大降低。① 宏观调控部门就是这样的特定机构之一，对宏观调控行为之正当性的判断也存在同样的两难，这最终导致了宏观调控中的政府责任两难：一方面，建立和完善宏观调控法律责任制度是宏观调控法治化的必然要求；另一方面，传统的法律责任制度在宏观调控领域中的适用具有明显的局限性，宏观调控责任仍然主要是一种政治责任，法律人寻求政府责任制度化、法律化的努力可谓任重道远。

第二节　从宏观调控看政府责任两难的风险根源

法律是人类社会管理、分配、预防风险的重要手段，义务或责任就是其具体的实施方式。从这个意义上说，宏观调控之政府责任也就是对宏观调控的风险进行管理、分配、预防。但是，政府自身的特殊风险地位——双重风险地位，以及宏观调控这种政府经济行为本身的前沿性、技术性、复杂性和灵活性使宏观调控行为的风险管理呈现出一种两难。这种两难就是宏观调控之政府责任两难的风险根源。

一、风险社会中政府的双重风险地位

(一)作为风险规制者的政府

1. 风险社会中政府规制风险的必要性。在古代文明中，人们为了避免诸多的风险，在充满矛盾的经验以及道德困惑中企图创造出一种秩序，而这种秩序通过人们联合成为国家或置身于政府之下得以实现。因为在自然状态下，人们对其财产的享有很不安全、很不稳妥，自然状态下的自由是一种充满着恐惧和经常危险的状况，它缺少一种确定的、规定了的、众所周知的法律；缺少一个有权依照既定的法律来裁判一切争执的知名的和公正的裁判者；缺少权力来支持正确的判决，使它得到应有的执行等等。② 事实上，自古代文明以来，

---

① ［英］安东尼·奥格斯：《规制：法律形式与经济学理论》，骆梅英译，中国人民大学出版社 2008 年版，第 114～120 页。

② 参见［英］洛克：《政府论》(下)，瞿菊农、叶启芳译，商务印书馆 1964 年版，第 92～95 页。

"国家作为公共权力的掌握者,应对着三类风险:组织社会成员应对自然风险;调节社会内部关系,缓和阶级或阶级冲突的风险;以及避免其他社会攻击的风险"①。有人甚至以为,"国家的唯一目的就在于保障安全,亦即捍卫合法自由的确定性"②。

风险社会的来临并没有造成贝克所声称的"国家—政府制度的崩溃",③国家或政府治理仍然是现代公共领域治理的核心:国家治理具有权威性和整合作用;具有强制性和规范性;具有强大的渗透力,"行政力量如今日益进入日常生活的细枝末节,日益渗入最为私密的个人行为和人际关系";④国家治理具有延展性,单个国家的治理经验和机制能够被其他国家所学习和效仿。⑤哈耶克在论述作为公共部门的政府所提供的安全或保障时指出,对于所有社会成员来说,外敌威胁并不是唯一一种只有凭靠拥有强制性权力的组织才能够有效对付的危险因素,由风暴、洪水、地震、瘟疫等自然灾害造成的损害也只有拥有强制性权力的组织才能够应对,而且也只有这种组织才能够采取有效的措施以防止或救济这些灾害造成的损失。⑥此外,随着风险社会的来临,地方社区中的生活纽带断裂了,社会呈现出高度流动的开放特征,越来越多的人与特定的群体之间不再存有紧密的联系,以至于难以在遭受不幸的情况下再指望从这些群体中得到相应的支持和帮助。这就是哈耶克所说的人们共同面临的另一种风险,人们最近才普遍承认需要政府采取行动来应对这类风险。政府应当为脱离了小群体成员的社会公众提供安全保障,以使因各种缘故而无力在市场中谋生的人能得到一定标准的最低收入。在哈耶克看来,这既是应对风险的正当合法的保护屏障,也是大社会的一个必要的组成部分。这就

---

① 杨雪冬等:《风险社会与秩序重建》,社会科学文献出版社 2006 年版,第 57~58 页。

② [德]威廉·冯·洪堡:《论国家的作用》,林荣远等译,中国社会科学出版社 1998 年版,第 5 页。

③ [德]乌尔里希·贝克:《世界风险社会》,吴英姿、孙淑敏译,南京大学出版社 2004 年版,第 10 页。

④ [英]安东尼·吉登斯:《民族—国家与暴力》,胡宗泽、赵立涛译,三联书店 1998 年版,第 359 页。

⑤ 杨雪冬等:《风险社会与秩序重建》,社会科学文献出版社 2006 年版,第 61~65 页。

⑥ 参见[英]弗里德利希·冯·哈耶克:《法律、立法与自由》(第二、三卷),邓正来等译,中国大百科全书出版社 2000 年版,第 349 页。

风险社会中的法律责任制度改变:以经济法为中心

厦门大学法学院经济法学文库

从社会风险的视角论述了政府这一公共部门存在及其掌握与使用大量物质资源的合理性。① 确实如美国当代著名法学家凯斯·R.孙斯坦所言:"世界各国都尽力降低风险,提高安全,延长寿命。降低风险已经成为现代政府的基本目标。"②

2.风险社会中政府所规制风险的复杂性。首先,风险呈现出不可计算性和不可控性,风险分配的逻辑呈现出平等性与不平等性交织的状态。科学技术的发展并没有使这个世界变得越来稳定和更加有秩序,"这个世界看起来或感觉并不像他们预测的那样。它并没有越来越受我们的控制,而似乎是不受我们的控制,成了一个失控的世界"③。从吉登斯的"失控的世界",我们至少可以发现,风险社会中政府所面临的风险更为复杂。其次,新的全球市场风险成为经济世界风险社会的新的社会和政治动力。亚洲金融危机、美国次贷危机所引发的全球金融危机就是明证。全球市场风险这种极端非个人化的制度形式即使是对自己也无须为此承担任何责任,信息技术使这种风险能够允许瞬间的基金流动来决定谁将成功,谁将遭受损失。④ 再次,从经济风险的视角看,后工业时代与工业时代的经济风险表现形式迥异。工业时代的经济风险主要是微观经济风险,即个体的交易风险以及相关的财产上的风险和人身的风险,这些风险通过以当事人意思自治主义和过错责任为核心的传统民商法可以得到有效的调整或化解。但是在后工业时代,宏观经济风险的地位上升,微观经济风险与宏观经济风险呈现出胶着状态,而宏观经济风险往往并非由个体原因所导致,而是由于市场自身的缺陷乃至政府自身的缺陷所致。这些风险是个体自身无法控制的,必须以政府干预或其他方式来加以防范和化解。最后,风险社会中"被制造出来的风险"成为占主导地位的风险。吉登斯说:"我们今天生活在一个人为不确定性的世界,其中的风险与现代制度发展的早

---

① 参见[英]弗里德利希·冯·哈耶克:《法律、立法与自由》(第二、三卷),邓正来等译,中国大百科全书出版社2000年版,第349~350页。

② [美]凯斯·R.孙斯坦:《风险与理性——安全、法律及环境》,师帅译,中国政法大学出版社2005年版,第1页。钟瑞华翻译的《权利革命之后:重塑规制国》一书将作者姓名译为"凯斯·R.桑斯坦"。

③ [英]安东尼·吉登斯:《失控的世界》,周红云译,江西人民出版社2001年版,第23页。

④ 参见[德]乌尔里希·贝克:《世界风险社会》,吴英姿、孙淑敏译,南京大学出版社2004年版,第8页。

期阶段的风险完全不同。"①"我们生活在这样的一个社会,危险更多地来自于我们自己而不是来源于外界。"②

(二)作为风险制造者的政府

在人为的被制造出来的风险中,政府活动成了风险的重要来源。孙斯坦指出:"绝大部分时候,政府的行为是盲目的。它们经常将资源浪费在小问题而不是亟待解决的大问题上。他们有时会屈从于短视的公共舆论。有时它们不能考虑到采取措施所带来的负面效应。有时它们甚至使情况变得更坏。在规制风险方面,他们投入了高昂的成本,这些成本制造了新的风险,包括价格上涨、工资下跌、失业,甚至疾病和死亡。"③为什么旨在规制风险的政府行为会制造出新的风险?经济学上的政府失灵理论和法学上的"重塑规制国"理论能够为之提供比较合理的解释。

1. 政府失灵理论。政府在社会经济活动中发挥着重要的作用,如纠正市场失灵,对收入进行再分配,并对诸如失业、疾病和退休等各种风险提供社会保险,但是许多政府干预行为并没有达到预期的目的,甚至完全失败。市场失灵为政府行动提供了潜在的合理依据,但政府行动并不见得就是有效的药方。不完全信息、激励与政府的效率、政府的浪费以及对公共项目的反应难以预料是造成政府失灵的主要原因。④ 如政府在提供公共福利资助时需要以能够区分出哪些人到底值得获得福利资助为前提,然由于不完全信息的限制,此种区分所费成本甚高。这不仅可能导致在管理上的花费太多,留给支付受益者的偏少,而且会引发公共部门的权力寻租行为。事实上,政府在确定谁有获得福利资助的资格上享有一定的自由裁量权。

2. 孙斯坦的"重塑规制国"理论。孙斯坦的《权利革命之后:重塑规制国》著作在肯定规制国的基础上,从立法和执法两方面分析了规制失灵的原因。孙斯坦认为:"规制失灵常常源自颁布该系争法律的立法机关的错误,忠实地

---

① [英]安东尼·吉登斯:《超越左与右》,李惠斌、杨雪冬译,社会科学文献出版社2001年版,第82页。

② [英]安东尼·吉登斯:《失控的世界》,周红云译,江西人民出版社2001年版,第31页。

③ [美]凯斯·R.孙斯坦:《风险与理性——安全、法律及环境》,师帅译,中国政法大学出版社2005年版,第1页。

④ 参见[美]斯蒂格利茨:《经济学》(上册),梁小民、黄险峰译,中国人民大学出版社2000年版,第145~149页。

实施一项差劲的制定法不可避免地会使事情变得更糟而不是更好。"①即制定法本身的失灵造成了规制的失灵。组织严密的私人集团利用其势力不当影响规制方案的内容与范围,使得规制立法实质上沦为私人财富转移的工具,而不会促进任何公共目标,这就是所谓利益集团的转移。错误的诊断和拙劣的政策分析表现为,未能认识到貌似有益的规制方案的副作用以及未能使规制功能与规制策略相匹配。孙斯坦指出,禁止在食品添加剂中使用任何致癌物质的德莱尼条款造成了两个不幸的后果——一方面,"已经大大改善的现代检测技术使基本上安全但却有致癌性的物质无法进入市场,而以前被批准的物质却是因为使用了更加粗糙和更加原始的检测技术才得以进入市场的,结果就是安全性更小而不是更大了。另一方面,一些生产商由此开始使用实际上比低风险致癌物质更加危险的食品添加剂。因此,德莱尼条款造成的死亡很可能会超过其防止的死亡。"②孙斯坦认为,将对于洁净的空气和水的利益以及对于安全的工作场所的利益看作一种"权利"是一种特别有害的观念,这种"以健康为依据的""不能剥夺的权利"要求对空气和水提供完全不计成本的保护,而这种保护高到一定的程度,就会威胁整个经济,加剧失业和贫困,并最终危及生命和健康。规制失灵的另一个经常性原因是,立法机关不会理解规制干预所具有的复杂的体系化效应。除了利益集团的转移、错误的诊断和拙劣的政策分析、引人误解的权利修辞而非风险管理、复杂的体系化效应和意料之外,制定法之间的协调失灵、制定法时过境迁和落伍过时以及以技术官僚判断取代政治判断等也是造成制定法本身失灵的主要原因。③

从执法方面看,规制失灵的原因是制定法没有得到充分的实施。组织严密的私人集团常常对规制过程发挥影响,并有可能"俘获"负责规制的行政管理者;规制可能造成比无规制市场中的效率问题更严重的无效率,如食品药品管理局不愿意批准可能具有危险性的物质进入市场,因为它要为错误的批准承担非常巨大的政治成本,但如果拒绝批准非常有益的物质进入市场,它却不必面对类似的公众审查,当然,严格的批准只会带来有限的健康收益,拒不批

---

① [美]凯斯·R.桑斯坦:《权利革命之后:重塑规制国》,钟瑞华译,中国人民大学出版社 2008 年版,第 96 页。

② [美]凯斯·R.桑斯坦:《权利革命之后:重塑规制国》,钟瑞华译,中国人民大学出版社 2008 年版,第 101 页。

③ 参见[美]凯斯·R.桑斯坦:《权利革命之后:重塑规制国》,钟瑞华译,中国人民大学出版社 2008 年版,第 102~109 页。

准和拖延却会导致重大的健康损失。这是一种典型的"棘轮效应"。①

二、双重风险地位与宏观调控的两难

以上是对政府之双重风险地位的一般性分析,在宏观调控领域,政府的双重风险地位又有何具体表现呢?

(一)宏观经济风险的复杂性与两重性

宏观调控法律责任两难的风险根源是政府作为宏观调控主体的双重风险地位,即宏观经济风险的复杂性与两重性。宏观经济风险的复杂性在既往的宏观调控立法中已经得到了充分的反映。被称为"四大魔方"的经济增长、物价稳定、充分就业和国际收支平衡等本身就是一个复杂的风险对立统一体,宏观调控实质上就是依据宏观经济形势对经济衰退、通货膨胀、失业与收支不平衡等四种主要风险的权衡与取舍。当然,是将物价水平的稳定还是将充分就业作为宏观调控的首要目标各国立法的规定不尽相同,前者如德国《经济稳定法》,后者如美国《平衡增长法》。英国经济学家菲利普斯在 1958 年就发现了失业率与通货膨胀率之间的负相关关系,美国经济学家萨缪尔森和索洛将这种负相关关系称为菲利普斯曲线。菲利普斯曲线比较直观地说明了通货膨胀与失业这两种风险的此消彼长,表明政府在进行宏观调控时事实上不可能消除所有的风险,而只能在诸如通货膨胀和失业之类的风险之间加以权衡取舍。

宏观经济风险不仅来自于市场,也可能来源于政府干预市场的行为,甚至政府行为失误是宏观经济风险的主要来源,此即宏观经济风险的两重性。如弗里德曼和施瓦茨的金融危机理论以为,银行业恐慌的破坏性主要是通过影响货币供给,进而影响经济活动,因而,金融动荡的根本原因是货币政策的失误,货币政策的失误引发了金融风险的产生和积累,使得小范围内的金融问题演变为剧烈的金融灾难。② 这种金融危机理论比较鲜明地体现了宏观经济风险的双重性,印证了政府作为风险制造者的风险地位。为了防止或减少此类风险的发生,在西方经济学上也一直存在"货币政策应该按规则还是相机抉择"之争。美国著名经济学家曼昆在谈到美联储联邦公开市场委员会依靠相

---

① 参见[美]凯斯·R.桑斯坦:《权利革命之后:重塑规制国》,钟瑞华译,中国人民大学出版社 2008 年版,第 110~115 页。

② 参见陈雨露、汪昌云:《金融学文献通论》(宏观金融卷),中国人民大学出版社 2006 年版,第 529 页。

机抉择实行货币政策时指出："创造了美联储的法律所提出的规定仅仅是一些关于应该实现什么目标的含糊建议。这些规定并没有告诉美联储如何去实现它可以选择的目标。"①这种制度设计遭到了一些经济学家的批评。相机抉择有两个问题：一是没有限制无能及权力的滥用，中央银行滥用权力的显著例子是利用货币政策来影响大选的结果，当中央银行领导人与政治家联盟时，相机抉择就会引起反映大选日期的经济波动，这种波动就是所谓的政治性经济周期；二是它引起的通货膨胀会高于合意的水平，因为决策的宣言与决策的行动之间存在时间上的不一致性，这使得人们预期的通货膨胀总要高于决策者所宣布要实现的水平。② 正是基于上述原因，美国专栏作家罗杰斯嘲讽："电脑会比美联储做得好。"反对货币政策不应该根据固定规则制定的理由主要有：其一，相机抉择具有灵活性，货币政策决策者面对的情况复杂多变，而且并不是所有的情况都是可以预见的；其二，以固定规则代替相机抉择的最大困难是如何规定正确的规则，什么规则是好的或正确的规则很难达成共识。

(二)政府在宏观调控中的两难

政府的双重风险地位实际上使政府在进行宏观调控干预经济活动时经常处于两难的境地，有关货币政策的相机抉择与固定规则之争就是这种两难的体现。在次贷危机中，有关美国政府是否应当救助华尔街金融机构的争论更是凸显了这种两难，下面不妨以此为例对政府在宏观调控中的两难略作阐述。

1. 备受争议的美国政府救市措施。次贷危机发生以后，美国社会各界对政府是否应当对华尔街金融机构实施救助一直存在较大的争议，但是"危机中的金融机构与美国经济患难与共的事实最终'绑架'了政府的决策"。③ 2008年10月4日，美国国会众议院通过了备受瞩目的7000亿美元救市方案，总统布什随后签署了《2008年紧急经济稳定法案》，这标志着美国历史上最大规模的救市计划正式启动。但正如布什在声明中所言："还有美国人对这一法案表示忧虑，尤其是对政府在该法案实施过程中所扮演的角色以及该法案的具体花费。"这种忧虑甚或不满在2010年2月18日促使美国得克萨斯州男子乔·

---

① ［美］曼昆：《经济学原理》(下册)，梁小民译，机械工业出版社2006年版，第350页。

② ［美］曼昆：《经济学原理》(下册)，梁小民译，机械工业出版社2006年版，第350～351页。

③ 黎四奇：《对美国救市法案之评价及其对我国之启示》，载《法律科学》2009年第1期。

斯塔克驾驶飞机撞上了国税局大楼,造成了 2 死 13 伤。斯塔克在遗言中批判救市方案是生意失败了的富裕银行家和商人们从中产阶级那里偷来财富弥补自己的损失。

2.危机救助是一种两难选择。实施危机救助方案的主要目的是为了维护整个经济和金融体系的稳定。其一,救助有利于化解金融系统风险,维护金融安全。金融业是高负债性的行业,是经营风险的行业。金融脆弱性理论认为,金融系统具有脆弱性,金融市场失灵的突出表现是金融系统风险。所谓金融系统风险,是指金融市场发生系统危机或崩溃的可能性,个别金融机构或环节的问题蔓延开来,最终使整个体系的运作遭到破坏,进而给实体经济部门造成损害的灾难性事件。① 金融系统的脆弱性决定了金融系统需要政府提供监督管理,以维持社会公众的信心,从而维持金融安全。可谓是"银行太大了不能倒闭",否则容易引发多米诺骨牌效应。其二,救助有利于弥补金融市场失灵,发挥政府"有形之手"的积极作用。经济法理论表明,政府干预对弥补市场失灵具有必要性。"因为实践证明,很多情况下由市场机制内在解决市场失灵需要较长的时间,为了能够尽快形成公平和自由竞争的社会基础,并尽可能增强整体经济效益,需要政府对市场介入和规制。"②

反对危机救助的主要理由是,政府救助会助长逆向选择的道德风险,刺激市场投机行为,破坏市场纪律约束。如美国政府允许联邦全国抵押贷款协会和联邦住房抵押贷款公司收购房贷产品,实质上是为做出"坏决定"的投资者买单;美联储为濒临破产的 AIG 公司进行巨额注资,实际上是为其提供了隐性的政府保险,免除了公司破产对公司管理层的压力。美国 AIG 公司的高管用政府救助资金进行奢侈消费的行为就是一种典型的道德风险行为。③

政府救助在短期内会起到缓解金融危机危害的作用,但是从长远来看,政府救助破坏了市场本身对危机的纠正功能,在缓解危机危害的同时,又在重新积聚新的风险。如此一来,旨在解决金融危机的政府救助行为却又在孕育着一场新的更大的危机。政府既成了金融危机的规制者或调控者,又是金融危

---

① 祁敬宇:《金融监管学》,西安交通大学出版社 2007 年版,第 85 页。

② 王全兴:《经济法基础理论专题研究》,中国检察出版社 2002 年版,第 125 页。

③ 参见阳建勋:《美国次贷危机干预的经济法分析与启示》,载《投资研究》2008 年第 11 期。AIG 公司就是美国国际集团公司,是美国最大的保险公司。美国政府在 2008 年对 AIG 提供了高达 1500 亿美元的救助,但 AIG 的高管在获得救助数天后赴度假胜地疗养,花费超过 44 万美元,引起美国民众震怒。

机的推波助澜者或制造者。在该次危机落下帷幕或下一次危机爆发之初，人们不禁又要反思或指责政府在上次危机救助中的"失误"，并要求政府承担责任。然而，随着危机的深入发展，人们可能会"忘记"政府的"失误"，并要求政府承担起危机救助的职责。如此循环往复，政府作为风险规制者与风险制造者的双重风险地位决定了政府在金融危机中实施宏观调控的两难。

三、双重风险地位导致政府责任两难

在风险社会中，政府集风险规制者与风险制造者于一身。从法律视角看，所谓风险规制往往借助于法律责任制度进行，"责任是由于伤害他人所导致的制裁"，"对经济学家来说，制裁就像是价格，并假设人们对制裁的反应就像是对价格的反应一样。"①因而，制裁事实上也是对人们未来行为责任的预先分担，一项制裁就会像价格一样深刻影响着人们未来的行为。从这个意义上看，国家或政府作为风险规制者实质上是对风险的分配或管理。

然而，当政府自身行为引起的风险对于他人造成了伤害，政府就成了自身风险的分配者或管理者，政府是否应当承担责任以及如何承担责任就面临着两难。一方面，制造了新风险的政府行为的本来目的是为了规制风险，新风险到底是政府行为难以避免的"副效应"还是政府机关及其工作人员的过错所致？要做出此种判断殊为不易，何况风险社会中政府所规制的风险甚为复杂多变，大量的风险呈现出不可计算性和不可控性。另一方面，让政府承担责任，尤其是让政府工作人员承担起个人责任，会抑制政府规制风险的积极性。孙斯坦有关食品药品监管的"棘轮效应"就是明证。在金融监管领域，也存在金融监管者之法律责任两难的现象。如在国际银行立法中，出现了注重保护银行监管者这一立法趋势，即有条件地部分免除银行监管者的法律责任，既为银行监管者保留一定的责任风险，也要避免其责任负担过重。因为面对瞬息万变的复杂金融市场，银行监管者不可能保证所有决策无误、所有措施适当、所有行为合法，那样只会将其暴露于巨大的责任风险之下，使得银行监管举步维艰。②

---

① ［美］罗伯特·D.考特、托马斯·S.尤伦：《法和经济学》，施少华、姜建强等译，上海财经大学出版社 2002 年版，第 3 页。

② 参见汪鑫、刘巍：《国外银行监管者保护制度初探》，载《中南大学学报》（社会科学版）2005 年第 5 期。

反之，即使让政府机关承担而不让政府机关工作人员承担规制失灵的责任，这种责任的有效性也值得怀疑。"欲使责任有效，责任还必须是个人的责任（individual responsibility）。在一自由的社会中，不存在任何由一群体的成员共同承担的集体责任（collective responsibility），除非他们通过商议而决定他们各自或分别承担责任。"①"在过去的情形，责任的基本条件，乃是指个人能够自己判断情势，而且是指个人可以毋庸太多想象便可以提出自己的问题，甚至也完全有理由根据自己的情况而非他人的情况来考虑解决这些问题的方案。"②但是，现代风险社会的发展已经推毁了过去个人承担责任的基本条件，处在工业化大都市中的个人连自己的情势都难以作出判断，要求政府机关工作人员对其从事的政府行为的潜在风险作出全面的预测或判断，并基于此要求其承担相应的责任，已经超越了个人理性主义的极限。

按照责任法定的原则，政府机关工作人员承担个人责任要以宏观调控法律的责任规定为前提，但事实上是，"政府在赋予中央银行领导人维护经济秩序的权威时，它并没有给他们以指导，而是允许货币决策者不受约束地相机抉择。"③这也从反面说明，企图以具体的法律责任规则来控制政府宏观调控使之不至于滥用权力是不现实的。宏观调控的合法性与合理性除了符合宏观调控的法定程序之外，在实质上"取决于经济上的合理性，实际上就是经济上的'合规律性'"，④但是经济形势复杂多变，"人们只能判断在某个时期内哪个政策更有效一些，哪个政策在哪方面更好一些，甚至不能断定那些正在盛行的政策其效用在下一次使用的时候到底能持续多久。因此，多数政府不得不用'试错法'来补充理论上的严重不足。"⑤而且，人们对同一经济政策在不同的时期的评价或判断会大为不同，因为经济政策的一些效应具有时滞性，这些效应的

---

① [英]弗里德利希·冯·哈耶克：《自由秩序原理》（上册），邓正来译，三联书店1997年版，第99页。

② [英]弗里德利希·冯·哈耶克：《自由秩序原理》（上册），邓正来译，三联书店1997年版，第100页。

③ [美]曼昆：《经济学原理》（下册），梁小民译，机械工业出版社2006年版，第350页。

④ 张守文．《观调控权的法律解释》，载《北京大学学报》（哲学社会科学版）2001年第3期。

⑤ 刘骏民：《宏观经济政策转型与演变——发达国家与新兴市场国家和地区的实践》，陕西人民出版社2001年版，第1页。

逐渐显现会改变人们以前的政策判断。就像格林斯潘长期奉行的低利率和金融自由化政策曾经被誉为创造了美国经济增长的奇迹,在次贷危机爆发以后却被认为是导致金融危机的重要原因。

总之,企图通过事先立法"将政府的具体宏观调控行为加以规则化是不现实的",是一种"法律万能主义",是"将立法者推到了先知先觉、无所不能的高度,并假定其具有充分理性和完全的认知及行动能力"。① 这也是宏观调控法律责任陷入两难境地的重要原因。

第三节　克服两难的进路评析与宏观调控的软法规制

卢梭说:"既然国家的扩大给予了公共权威的受托者更多的诱惑和滥用权力的办法;所以越是政府应该有力量来约束人民,则主权者这方面也就越应该有力量来约束政府。"② 而政府的双重风险地位表明,风险社会中的政府对人民的约束力量大大增强了,作为主权者的人民约束政府的力量也应当相应增强。尽管主权者用来约束政府的责任制度在法律上,准确地讲是在国家法意义上的法律上陷入了两难困境,但是法律人寻求突破这一困境的努力从未停止过。法律虚无主义与无政府主义只会给人民造成更大的不幸,人民需要政府,政府则必须受人民的规范、约束与监督,也就是要受人民之公意的表达——法律的规范、约束与监督。国家法并非人民之公意表达的唯一形式,"所有社会都具有法律秩序的多样性,'官方的'国家法只是其中之一,并不必然是最强大的。"③ 由于法的理解有"一元主义"与"多元主义"之分,克服政府责任的两难也相应存在着不同的进路:法一元主义下的商业判断规则进路与成本收益分析进路;法多元主义下的软法进路。

---

① 史际春、肖竹:《论分权、法治的宏观调控》,载《中国法学》2006 年第 4 期。

② [法]卢梭:《社会契约论》,何兆武译,商务印书馆 2003 年版,第 75 页。

③ Sousa Santos De Boaventura, *Toward a New Common Sense: Law, Science and Politics in the Paradigmatic Transition*, Routledge, 1995. 84. 转引自邓正来:《谁之全球化? 何种法哲学?——开放性全球化观与中国法律哲学建构论纲》,商务印书馆 2009 年版,第 97 页。

一、商业判断规则进路评析

(一)董事责任的商业判断规则简述

商业判断规则是法院审查公司董事行为的适当性、确定董事责任的司法审查准则，又被称为经营决断规则。从法理上看，它源于董事作为公司之受托人的谨慎职责。在美国特拉法州的经典案例 Sinclair oil Corp. v. Levien 中，法官对商业判断规则的理解是："除非存在重大过失，法院不在事后介入董事会的决断。换言之，在没有相反证据时，法院推定董事会的决策是为了公司合理的目标正确作出的，法官不应事后用自己的观念评断何为正确的决策。"①在 Aronson v. Lcwis 案中，该规则被表述成以下假定："在作出经营决定上，公司董事们在了解情况的基础上出于善意和为了公司的最大利益的正直信念而采取行动。"②这也表明了法院在审查董事的经营行为时所持的谨慎态度。因此，美国著名公司法专家罗伯特·C.克拉克在论及该规则时说，与令董事担忧的注意义务相比，提及经营判断规则就会给公司董事带来舒心的笑容，该规则意味着董事的经营决断不受法院或股东的质疑与推翻，并且董事不对其行使经营决断权的后果负责——甚至对看来曾是明显失策的决断——除非适用某些例外，如欺诈与利益冲突例外。③

(二)政府责任的商业判断规则进路

董事责任的商业判断规则能否适用于政府责任呢？英国学者安东尼·奥格斯并未给出明确的回答，但指出了两者之间确实存在共同之处，也指出了代理责任在公共制度层面遭到的挑战。共同之处是两者都存在委托——代理问题，政府作为规制者的责任问题"其实质与雇佣专家从事盈利性工作时遭遇的问题并无差别"。④我国学者正是基于这种共同性主张在追究官员的责任时借鉴商业判断规则，并称之为"业务"判断规则或"专业"判断规则："如果其对于

---

① 转引自丁丁：《商业判断规则研究》，对外经济贸易大学 2001 博士学位论文，第4页。

② ［美］罗伯特·C.克拉克：《公司法则》，胡平等译，工商出版社 1999 年版，第91页。

③ ［美］罗伯特·C.克拉克：《公司法则》，胡平等译，工商出版社 1999 年版，第90~91页。

④ ［英］安东尼·奥格斯：《规制：法律形式与经济学理论》，骆梅英译，中国人民大学出版社 2008 年版，第114页。

自己所为的某项行为不存在利益冲突，所作决策或判断有充分、可靠的依据，有理由相信其在特定形势或条件下作出此项决策或判断合乎其职责要求、调控目标和公共利益，就可以认为其适当地履行了职责而不必对其行为后果（包括负面后果）承担责任，反之该官员就应当对其行为的不良后果承担法律责任。"[①]该学者并且以宏观调控与企业经营之间的相通为依据来论证商业判断规则作为衡量宏观调控行为之正当、合法与否之标准的合理性。另有学者基于董事注意义务的视角对领导责任进行了法律分析。以为领导责任类似于公司法上的"督导系统责任"："红色警报"和"警察巡逻"的事前义务以及作为免责事由的"业务判断规则"。他指出，在公司法上，业务判断规则与责任保险、赔偿免除或者补偿一样是董事责任的免除机制，以避免董事出于对责任的畏惧而无所作为；将其援引到领导责任的时候，意味着如果过分追究政府官员责任，导致的结果是政府官员的无所作为。[②]

（三）商业判断与政府责任的局限性

不难发现，我国学者在分析商业判断规则与政府责任关系的侧重点明显不同，前者侧重于借鉴商业判断规则解决政府责任判断的难题，以更好地追究政府责任；后者侧重于从政府组织的公共性与业务判断规则的关系论证领导责任免责的必要性。产生此种差异并不奇怪，因为商业判断规则本身就具有两面性：既是判断董事责任成立的规则，也是董事免责的规则。由于组织的公共性不断增强，董事免责或政府官员免责有其合理性，然免责也是有限度的，不可能对其所有行为都予以免责。只是依据商业判断规则，除非发生欺诈或利益冲突的例外，董事免责是推定的，这种推定或假设能否适用于对政府责任的判断呢？换句话，我们是否应该像相信董事是出于善意和公司利益最大化的信念进行经营活动一样相信政府的"善意"呢？霍布斯说，国家这个"利维坦"虽由所有的人民组成，但在身形和力量上远远大于自然人，这个人造之"人"拥有仅次于上帝或者在人间替代上帝的权力。自国家产生以来，权力的滥用或异化给人民带来的伤害或灾难在人类历史上不胜枚举。麦迪逊说："如果人人都是天使，就根本不需要政府了，如果是天使统治人，就不需要对政府

---

① 史际春、肖竹：《论分权、法治的宏观调控》，载《中国法学》2006 年第 4 期。

② 参见邓峰：《领导责任的法律分析——基于董事注意义务的视角》，载《中国社会科学》2006 年第 3 期。

有任何外来的或内在的控制了。"①正是由于政府不是天使,行政法治才要求政府权力必须法定。

另外,还必须强调商业判断规则中董事责任免责推定的前提条件之一:市场竞争特别是公司控制权竞争对董事行为的限制,即商业表现不佳会降低公司股份的价值,从而容易被收购,无能的管理层就会失去对公司的控制权。但是,在公共领域却不存在关心监管规制者绩效的单一的、相同的部门委托人群体,不同的委托阶层存在一系列不同层级的利益;而且规制者绩效的监管也缺乏像股票市场那样可行的利益——损失计算机制;最为关键的是,控制规制者并没有什么市场,作为主权委托者的人民并不能像股东那样轻易地"用脚投票",也就是说,辞退无能的官员要比辞退无能的公司管理人员难得多。② 这或许是公务员职业在全球社会吃香的个中原因。

二、成本收益分析进路评析

(一)成本收益分析方法的渊源

成本收益分析是一种经济分析方法,其分析的对象是被视为"经济人"的市场主体,市场主体的行为目标是所谓的成本最小化或收益最大化。制度经济学将成本收益分析方法引入了政府规制领域或制度领域的研究。科斯在《社会成本问题》中明确指出,政府有能力以低于私人组织的成本进行某些活动,但政府行政机制本身并非不要成本,实际上,有时它的成本大得惊人;导致某些决策改善的现行制度的变化也会导致其他决策的恶化,因此,在设计和选择社会格局时,必须考虑各种社会格局的运行成本以及转成一种新制度的成本,应当考虑总的效果。③ 这就是科斯所提倡的方法的转变,这种方法实质上就是成本收益方法。我国学者在评述科斯的上述思想时指出,科斯证明了那种认为市场交易需要成本,政府矫正手段没有任何代价的观点是虚假的,问题的解决没有普遍的方法,只有对每一情形、每一制度进行具体的分析,才能提

---

① 〔美〕汉米尔顿等:《联邦党人文集》,程逢如等译,商务印书馆 1997 年版,第264页。

② 参见〔英〕安东尼·奥格斯:《规制:法律形式与经济学理论》,骆梅英译,中国人民大学出版社 2008 年版,第115页。

③ 参见〔美〕R. H. 科斯:《社会成本问题》,载〔美〕R. 科斯、A. 阿尔钦、D. 诺斯等:《财产权利与制度变迁——产权学派与新制度学派译文集》,刘守英等译,上海三联书店、上海人民出版社 1994 年版,第22～52页。

出符合实际的、基于成本收益分析选择的特定法律。①

　　经济法学者非常重视经济分析方法的研究与运用,对于成本收益分析方法,我国经济法学者以为,它就是通过成本和收益的比较,来分析、判断和评价法律主体的行为;它与法学上传统的权利—义务分析相比,成本与收益更为直观,比抽象的权利和义务更易于计算。② 依据传统的权利义务理论,政府责任的基础在于政府行为对政府之义务的违反,何以判断政府义务之违反? 其标准甚为不一,即使就商事判断规则而言,也存在较大疑难。反之,对于一项政府行为的成本收益分析是具体而直观的,或许有助于解决政府是否违反义务之抽象判断的难处。美国当代著名法学者孙斯坦在谈到如何判断政府机构实施了不法行为时指出,在美国的司法过程和成文法中存在成本收益默认原则,除非国会有明确的不同规定,政府机构可以通过免除规制规定的小风险,规定法定要求排除微量风险;政府机构可以拒绝制定超越了在经济上和技术上的可行性的规制;政府应当权衡发布规制措施的成本和收益。③

(二)成本收益分析与政府责任的预防

　　"法律责任的分配是通过'惩前'的手段以达到'毖后'的目的,同时也要激励适当,考虑规则对行为人的影响。"④经济法上的政府责任分配既要考虑其对市场主体行为的影响,也要考虑对政府工作人员的影响,也就是要全面考虑此种责任分配可能产生的成本与收益。成本收益分析要求对规制政策效应进行定性分析和定量分析;在收益不能弥补成本的情况下,若政府继续需要采取规制措施,则政府有义务说明相应理由,以增进人们对规制措施实际后果的了解。这就是成本收益分析的最大优点。从风险规制的视角看,成本收益分析能够纠正人们过于关注微小风险的偏见,促使政府考虑风险规制措施自身可能带来的风险负担,防止利益集团利用人们的"直觉毒理学家"式的直觉制定符合其自身利益的法律,以避免政府在风险规制上的"短视"。⑤ 可以说,成本

---

　　① [美]理查德・A.波斯纳:《法律的经济分析》(上册),蒋兆康译,中国大百科全书出版社 1997 年版,译者序言第 5～6 页。

　　② 参见张守文:《经济法理论的重构》,人民出版社 2004 年版,第 166～167 页。

　　③ 参见[美]凯斯・R.孙斯坦:《风险与理性——安全、法律及环境》,师帅译,中国政法大学出版社 2005 年版,第 238～240 页。

　　④ 邓峰:《领导责任的法律分析——基于董事注意义务的视角》,载《中国社会科学》2006 年第 3 期。

　　⑤ [美]凯斯・R.孙斯坦:《风险与理性——安全、法律及环境》,师帅译,中国政法大学出版社 2005 年版,第 363～365 页。

收益分析方法比较全面地考虑了政府的双重风险地位及其影响,在政府作出规制行为之前进行成本收益分析也是对政府责任的预防;在其政府规制行为作出之后的成本效益分析也有助于对政府责任的判断。

任何事物都有两面性,成本收益分析方法也有其自身的局限性。进行充分的成本收益分析需要大量的信息,而哈耶克也早已强调,与市场中的众多参与者所掌握的信息相比,政府严重缺乏信息。在完善信息公开、经济激励等制度提高政府信息能力,以充分发挥成本收益方法之功能的同时,欲克服政府责任的两难仍需要寻求其他的进路。

(三)美国成本收益分析的实践与启示

美国的孙斯坦教授预言,美国和世界上所有进行规制的国家都会或早或晚地成为采用成本收益分析的国家,政府的风险规制措施会越来越受到成本收益方法的评估,并称其为控制和降低风险的真正的全球性革命。美国总统里根早在 1980 年发布的 12291 号行政命令就正式确立了由美国行政管理和预算局对主要规制措施进行审查的制度,规定了各部门在"法律许可的范围内"必须遵守的实质性原则,其中就包括尽量采取成本收益分析;克林顿总统签署的 12866 号行政命令更进一步,要求规制机构必须评估规制措施的成本与收益,并且只有在成本超过收益时才能采取行动;美国国会通过的《毒物控制法》《联邦杀虫剂、除菌剂及灭鼠剂法》等法案明确要求规制机构采取规制措施前比较成本和收益。[①]

美国对政府规制措施的成本收益分析实践值得研究和借鉴。它也启示着我们,政府责任的两难决不应当成为政府逃避责任的借口。与美国相比,我国规制措施的出台随意性较大,成本收益分析尚未起步,政府规制的责任分配不明确。这些因素极大地制约了政府部门决策水平的提高。要解决这些问题,就应当加强对政府规制措施的成本收益分析,并以此为依据进行政府责任分配。与其他部门法学相比,经济分析方法是经济法学研究方法的优势所在,经济法学者应当发挥这一优势,加强政府规制措施的成本收益分析研究,既可以为政府部门提供理论参考,也可以进一步丰富经济法责任理论。

---

① 参见[美]凯斯·R.孙斯坦:《风险与理性——安全、法律及环境》,师帅译,中国政法大学出版社 2005 年版,第 22~26 页。

三、法多元主义的软法进路

(一)法多元主义与软法的兴起

与硬法(hard law)相对应的软法(soft law)最早是在国际法中使用的一个概念,后来扩展到国内法。"在 20 世纪 90 年代早期,欧洲法律与政策制定领域掀起了一轮新的经验主义革命,引发了一大批软法机制的发展。这些软法机制中,以欧盟就业战略(EES)和开放协调机制(OMC)最为明显。"① 欧盟在一片软法与硬法的争议中进入了所谓的"软法时代"。在美国,法律社会学学者诺内特·塞尔兹尼克也指出:"大量的社会问题导致了国家正统性的削弱,于是产生了用'软法法治'取代'硬法法治'的需求。"② 也有意大利学者指出:"软法中的'软性'可以说是一种典型的后现代认识论特征,'软'逻辑在科学和数学推理中发挥着重要的作用,一种'软'的感性和'软'的启发弥漫了哲学、美学和艺术领域。法律人也加入了对软性的追求。"③ 此点与我国学者王申教授对软法产生的社会文化根源的探讨不谋而合,都认为软法深受西方后现代主义思潮的渗透,反映了后现代社会法理论的多样化发展。④ 我国著名行政法学者罗豪才教授指出,世界范围内国家管理的衰落与公共治理的兴起、全球化和国际组织的推动、欧盟软法实践的推动等是近二十年来软法现象在环境保护、劳工和消费者保护等领域兴起的主要社会背景。⑤ 由此可见,软法在西方国家的兴起并不是偶然的,有着深刻的后现代社会背景,软法总是与"活法"、"现实中的法"、"行动中的法"及"法律多元主义"这些后现代主义法学思潮联系在一起。

从风险社会的视角观之,国家规制、管理风险的失灵使得国家管理的正当

① Anna Di Robilant, Genealogies of Soft Law, *The American Journal of Comparative Law*, 2006, 54(3):505.

② [美]诺内特·塞尔兹尼克:《转变中的法律与社会》,张志铭译,中国政法大学出版社 1994 年版,第 3 页。

③ Anna Di Robilant, Genealogies of Soft Law, *The American Journal of Comparative Law*, 2006, 54(3):499.

④ 参见王申:《软法产生的社会文化根源及其启示》,载《法商研究》2006 年第 6 期。

⑤ 参见罗豪才:《公域之治中的软法》,载罗豪才等:《软法与公共治理》,北京大学出版社 2006 年版,第 1～2 页。

性受到了质疑,公域之治发生了从国家管理模式到公共管理模式再到公共治理模式的转型。相应的,软法的兴起在于弥补传统的硬法在应对风险社会复杂多变的各种风险方面的不足。硬法的制定或修改要受到立法主体与立法程序等多方面的制约,这使得硬法往往难以满足应对复杂多变风险的法律需求,而开放性的软法"推崇柔性治理,不同类型的软法的创制方式并非如出一辙",①因而能够比较快速、灵敏地回应实践的需求。如"跨政府组织网络中的国际经济软法有助于弥补传统国际法'造法'机制对国际经济法律规则供给的不足","可在不宜或无法由国际经济条约制定的领域填补空缺"。②

自 2005 年北京大学法学院成立软法研究中心以推动软法研究以来,罗豪才、宋功德教授等一直在呼吁要"认真对待软法",软法研究成为热点。总体上看,国内软法的研究主要集中在宪法与行政法领域,其他领域也偶有涉及者。如经济法学者程信和教授在 2007 年就发表了《硬法、软法与经济法》一文,呼吁将软法现象纳入经济法研究的视野。③ 在当代中国,为什么要认真对待软法? 从国际上看,认真对待软法是全方位的全球化挑战推动中国法治变革的结果。全球化不仅是经济全球化,至少还包括公共事务全球化、人权全球化、环境全球化及法律全球化。④ 从法律的视角看,"作为'国家法与民间法多元互动'的全球化进程"⑤表现出两个重要趋势:法律的"非国家化"和法律的"标本化"或"标准化"——法律不再仅由主权国家制定,各种跨政府组织机构制定着越来越多的法律,或者制定法律范本供各国参考。⑥ 这些非国家法或作为参考标准的法就是所谓的软法。正是由于软法在法律全球化中的重要作用,国外学者才将软法称之为"全球世界语"(Global Lingua Franca)。⑦ 经过了三

---

① 罗豪才、宋功德:《认真对待软法——公域软法的一般理论及其中国实践》,载《中国法学》2006 年第 2 期。

② 徐崇利:《跨政府组织网络与国际经济软法》,载《环球法律评论》2006 年第 4 期。

③ 参见程信和:《硬法、软法与经济法》,载《甘肃社会科学》2007 年第 4 期。

④ 参见张文显:《全球化时代的中国法治》,载《吉林大学社会科学学报》2005 年第 2 期。

⑤ 邓正来:《谁之全球化? 何种法哲学? ——开放性全球化观与中国法律哲学建构论纲》,商务印书馆 2009 年版,第 70 页。

⑥ 邓正来:《谁之全球化? 何种法哲学? ——开放性全球化观与中国法律哲学建构论纲》,商务印书馆 2009 年版,第 9 页。

⑦ Anna Di Robilant, Genealogies of Soft Law, *The American Journal of Comparative Law*, 2006,54(3):533.

风险社会中的法律责任制度改变: 以经济法为中心

厦门大学法学院经济法学文库

十几年改革开放的当代中国已经全面融入了全球经济,但并未真正融入全球规则体系,"融入"过程中在全球规则体系形成中的话语权也亟待增强,尤其是要增强在具有"硬效果"的"软法"形成方面的"软实力"。从国内看,认真对待软法是社会转型中的中国国内公域治理转型的客观需求。已有学者对此做过深入的研究,鉴于本书只是从软法的视角研究如何克服政府在宏观调控中的责任难题,而非专门研究软法,故对此不再赘述。

(二)软法的含义之争

在探讨软法的含义之前,首先应当澄清两种不同意义上的"软法"用语:一是法律现象意义上的软法;二是在执法过程中因某部法律执法不力、存在范围较大的违法现象时,该部法律被称之为的"软法""棉花法""豆腐法"。[①] 后一种意义上的软法实质是指毫无实际约束力的法,这种法虽然具有国家主权者命令的形式,却没有起到法律威慑的作用,可以说是一种"软效果"的硬法;前一种意义上的软法虽不具有国家法的形式,却有"硬效果"。法律现象意义上的软法之争的首要问题是,软法是不是法?

软法是不是法取决于对"什么是法"这个一直令人困惑的法理学命题的回答。庞德对此有过系统的总结:历史法学派中的"法"是一种社会控制或者世代相传的调整社会关系和引导人们行为的原则、律令和技巧;哲理法学派的"自然法"是一套源于理性的理想的原则体系;分析法学派所指的法则是政治上有组织的社会指定的权威性机构(如国家)制定或认可的、以具有威慑力的强制力系统保障付诸实施的规则或原则的总称;现实主义法学派所理解的法就是司法和行政过程,即有组织社会的官方行为;社会法学派主张的法是一种整体意义上的社会控制工具;各种法学流派对法的普遍用法是,法是政治上有组织的社会中以系统的暴力保证实施的调整社会关系和人们行为的制度体系。[②] 对法的这种普遍用法造成了法的国家中心主义,有关法的含义的争议可以归结为"法律一元论"与"法律多元论"。法律一元论是一种国家法中心主义,如分析实证主义法学主张法律是主权者的命令,它是一种以民族国家为核心的法律结构。但是,现代法律"在表现形式方面呈现出多样化的发展态势,除了建立在层级制和单向传达的基础上、具有强制约束力的规范之外,还包括

---

① 袁文峰:《软法在什么时候出现》,载罗豪才等:《软法域公共治理》,北京大学出版社 2006 年版,第 204 页。

② 参见[美]罗斯科・庞德:《法理学》(第 2 卷),封丽霞译,法律出版社 2007 年版,第 5 页。

不具有直接法律效力的,即不依靠作为硬权力的国家公权保障实施的软规则"。① 尤其是在全球化时代,更是如此。

弗朗西斯·施尼德(Francio Snyder)指出:"软法是一种不依靠正式的国家制裁或约束规则,却隐含着有效的规范性承诺的管理制度或治理机制。"② NODEWORKS百科全书中的软法是指"没有强制约束力的类法律文件,或指在跟传统的'硬法'相比的情况下强制约束力相对弱的法律文件"。③ 罗豪才教授认为,软法作为一个概括性词语指称的是一些法现象,这些现象的共同特征是:"作为一个事实上存在的可以有效约束人们行为的行为规则,而这些行为规则的实施总体上不直接依赖于国家强制力的保障。"④

由上可见,尽管学界尚未形成统一的软法概念,却有一个基本共识:软法至少突破了狭隘的国家法观念。这种突破有利于满足全球风险社会法律秩序多样性的需求。事实上,软法规范在国际国内的公共和私人领域早已客观存在,如政法惯例、公共政策、自律规范、专业标准和弹性法条等就是公域软法规范的主要渊源,⑤这些软法规范在实际生活中发挥着重要作用。

(三)软法的基本特征

从法律多元主义视角看,软法也是法,具有法的共性特征:软法也是调整人们行为的社会规则,也具有外在约束力,也具有法律的普适性。只不过与硬法相比,软法以其独特的方式表现出以上共性特征:其一,在法的产生与形成方式上,软法较之于硬法富有弹性,不必像制定硬法那样遵循严格的法定程序,软法的制定者往往不是国家机关,而是各种非政府组织或社会团体,因而

---

① 罗豪才:《公域之治中的软法》,载罗豪才等:《软法与公共治理》,北京大学出版社2006年版,第6页。

② Snyder Francis, The Effectiveness of European Community Law: Institutions, Processes, Tools andTechniques, *The Modern Law Review*, 1993, 56:19.

③ 转引自田成有:《中国法治进程中的软法问题及软法现象分析》,载《昆明理工大学学报》(法学版)2007年第3期。

④ 罗豪才:《公域之治中的软法》,载罗豪才等:《软法与公共治理》,北京大学出版社2006年版,第6页。

⑤ 参见宋功德:《公域软法规范的主要渊源》,载罗豪才等:《软法与公共治理》,北京大学出版社2006年版,第189~201页。此外,弹性法条是不是软法的渊源存在争论,如田成有指出,软法界定"分歧的要害在于要不要包括法律、法规、规章中没有明确法律责任的条款"。弹性法条就是这样的一种条款。笔者以为,弹性法条介于软法与硬法的交叉地带,是软法与硬法相互转换的一个桥梁。

软法具有更高程度的民主协商性;其二,软法的约束力不依赖于国家强制力,而主要是依靠社会公权力;其三,软法效力实现的是非司法中心主义;[①]其四,相应的,软法责任形式与硬法责任形式也大为不同,硬法责任以国家强制力为保障,并由专门的国家机关予以追究,软法责任则更多地体现为"舆论谴责、共同体成员的一致对待或其他某种形式的外部社会压力"。[②]

下面以宏观调控为例,分析软法如何克服政府在宏观调控中的责任两难。

四、宏观调控的软法规制

(一)宏观调控中的自由裁量

政府在宏观调控中享有一定的自由裁量权是一个基本事实。政府在做出宏观调控决策时,需要依据具体的宏观经济形势对四大宏观调控目标进行权衡取舍;政府在实施具体的宏观调控行为时也不能够采取"一刀切式"的机械执法,如我国在历次宏观调控中都始终坚持"区别对待有保有压"的政策。哪些该保? 哪些该压? 这事实上取决于政府宏观调控部门依据社会公共利益最大化原则所进行的自由裁量。一方面,授予政府在宏观调控中以自由裁量权是必要的,因为宏观经济风险复杂多变,"宏观调控涉及面广,体系庞大,调控措施和活动种类繁多……宏观调控内容的多样性和复杂性给立法带来难度,即立法难以覆盖其方方面面",[③]因此,在人们对于什么是好规则达成共识之前,"社会除了让中央银行相机抉择地采取它们认为合适的货币政策之外别无选择"[④]。

另一方面,"一切有权力的人都容易滥用权力,这是一条万古不变的真理。有权力的人一直使用权力到有界限的地方为止。"[⑤]宏观调控部门工作人员对宏观调控自由裁量权的行使又何尝不是如此呢? 宏观调控法治化不仅是要授

---

① 参见罗豪才、宋功德:《认真对待软法——公域软法的一般理论及其中国实践》,载《中国法学》2006 年第 2 期。

② 罗豪才:《公域之治中的软法》,载罗豪才等:《软法与公共治理》,北京大学出版社 2006 年版,第 7 页。

③ 漆多俊:《宏观调控立法特点及其新发展》,载《政治与法律》2002 年第 1 期。

④ [美]曼昆:《经济学原理》(下册),梁小民译,机械工业出版社 2006 年版,第 352 页。

⑤ [法]孟德斯鸠:《论法的精神》(上册),张雁琛译,商务印书馆 1995 年版,第 66 页。

予政府调控部门以宏观调控权,更主要的是要以法律的手段控制宏观调控权的运行。因此,如何以法律制度保证宏观调控自由裁量权的合理行使,是宏观调控法治化建设的重点。如前所述,由于政府的双重风险地位,追究政府及其工作人员在宏观调控中的法律责任陷入了两难。尽管经济法学界建议制定宏观调控基本法的呼声日高,但也有不少人仍然在质疑"宏观调控宜政策化还是制度化"。作为一种公共权力,宏观调控权的行使必须要有法律的授权,遵循法定的程序,接受法律监督,宏观调控不应当脱离法律轨道运行。尽管质疑尚不足以否定宏观调控立法的必要性,但是质疑也值得我们深入反思,为什么我们一贯倡导的法治在宏观调控领域进行得如此之难?难道法律真的无力追究政府及其工作人员在宏观调控中的责任吗?近年来的软法研究表明:"既要有效防治行政裁量权的非理性行使,又要发挥裁量的良性作用,必须合理规制行政裁量行为,建立健全一种一元多样、软硬并举的混合规制机制,依靠相辅相成的硬法规范与软法规范来共同规制行政裁量。"①宏观调控权的良性运行也需要硬法与软法相结合的混合控制。

(二)硬法规制宏观调控裁量的失灵

尽管已有经济法学者如程信和教授呼吁将软法现象纳入经济法研究的视野,但并未有多少经济法学者真正关注之,绝大多数经济法学者仍然沉浸在传统的硬法氛围中。以宏观调控法为例,由于我国过去法治传统的匮乏,以及实践中宏观调控的行政倾向特别严重、法治化程度不高,②严格依法调控自然就成为法律人的诉求。一讲到严格依法调控,自然就会想到要以国家强制力为保障。这种根深蒂固的国家法中心主义传统将"依法调控"中的"法"局限于硬法。而从硬法的视角看,法律人所设计的严格依法调控机制包括以下三个方面:一是宏观调控程序的法定化;二是宏观调控行为可诉,即国家司法审查权将宏观调控自由裁量权纳入司法审查的范围;三是宏观调控主体的法律责任。在经济法研究中,以法定程序来控制宏观调控权的运行并无多少争议,争议较大的是后两者。宏观调控主体的责任问题与宏观调控行为的可诉性具有密切的联系,但并不完全对应。如果宏观调控主体承担的只是政治责任或道义责任,宏观调控行为自然不具有可诉性;反之则不然。追究调控主体的责任是为

① 参见罗豪才教授在《法学论坛》2009 年第 7 期、第 8 期主持"软法与行政裁量专题研究"专题的主持人语。

② 如为了应对次贷危机的 4 万亿投资决策程序就受到了不少人的质疑。

了救济被调控主体的权利,但是法的可诉性不同于权利的可救济性,救济的途径除了诉讼、仲裁以外,还有其他方式,如社会保障制度对失业者劳动就业权、获得物质帮助权等权利的救济。① 因此,即使宏观调控主体有承担法律责任的可能,也并不意味着一定要通过诉讼的方式来实现。虽然有不少经济法学者对政府的宏观调控法律责任进行了制度设计,甚至主张宏观调控法律责任的独立性,但正如该学者所言,决策本身并不是宏观调控决策法律责任产生的依据,它产生于对法定决策程序的违反,而对于没有违反法定程序的所谓"合法宏观调控决策"造成的损害,调控主体及其工作人员是否需要承担责任以及如何承担责任则仍然是一个难题。② 硬法上的法律责任制度在规制宏观调控自由裁量权方面具有先天性不足。

宏观调控权是独立的国家经济调节权还是传统的行政权抑或是行政权与立法权的综合?③ 无论如何定性,政府在宏观调控中享有较大的自由裁量权是一个基本事实。因而,行政法学者从软法视角对行政裁量控制模式的研究可以为经济法学界研究宏观调控法律责任提供有益的借鉴。有行政法学者指出,硬法在控制行政裁量方面具有先天不足——"只能设定行政裁量的合法边界,无法进入裁量范围之内防治行政裁量权的滥用问题,而后者恰恰是裁量控制的重点所在。"④以上不足直接导致了硬法规制行政裁量的失灵,硬法控制模式的失灵又催生出了硬法与软法相结合的混合法控制模式。这种失灵表现在宏观调控法领域,就是宏观调控法律责任的两难。事实上,硬法对宏观调控权控制的成功之处在于要求调控主体遵循法定的宏观调控程序,而对于宏观调控行为是否符合总体上的宏观调控目的、宏观调控裁量是否正当或合理,法律难以预设判断的规则,"法律不可能通过对宏观调控具体行为的事先规范来

---

① 参见王全兴:《经济法基础理论专题研究》,中国检察出版社 2002 年版,第 61 页。
② 参见张德峰:《宏观调控法律责任研究》,中南大学 2007 年博士学位论文。
③ 笔者倾向于宏观调控权是立法权与行政权的综合。杨三正博士以为,宏观调控权是市场经济条件下生成的一种新型的国家经济权力,在外延上包括决策权、执行权和监督权。参见杨三正:《宏观调控权论》,西南政法大学 2006 年博士学位论文。
④ 宋功德:《行政裁量控制的模式选择——硬法控制模式的失灵催生混合法控制模式》,载《清华法学》2009 年第 3 期。姜明安教授以为,硬法在规范和控制行政裁量方面的作用本身就是有限的,承担此方面主要任务的只能是软法。参见姜明安:《行政裁量的软法规制》,载《法学论坛》2009 年第 4 期。

实现宏观调控的'合规律性'和经济稳定与经济增长的最终目标"。[1]

(三)宏观调控权需要硬法与软法相结合的混合控制

宏观调控法律责任的两难实质上只是硬法上的责任两难,因为"法治不仅是硬法之治,同时还应当是软法之治;硬法与软法在法治化的过程中能够并行不悖,应当各展其长、各得其所"。[2] 对公共领域的治理需要"软硬兼施",软法与硬法在法律功能上可以优势互补;在法律规范上可以进行互相转化,如公共政策可以通过法定程序转化为硬法规定,软法往往是为硬法制定积累经验的试验性立法,硬法也可能衍生出新的公共政策,对硬法文本的解释会产生大量的地方行政性规范文件。[3] 程信和教授曾指出,仅从硬法的角度认识经济法制是不够的,经济法制中的软法现象并不鲜见,尤其是在公共治理主导的框架下,社会规范呈现出多样化趋势,经济领域的硬法机制走向成熟,软法机制也脱颖而出。[4] 史际春教授在 2009 年经济法年会上发言时指出,经济法学界将法与政策对立跟不上国际形势,在国际上,政策纳入了法的体系,法越来越政策化,但总体上是"小软大硬"——小的方面越来越政策化,大的方面是硬的。这一发言实际上也内含了软法与硬法相结合的思想。同样,宏观调控的法治化也不能仅仅依赖于宏观调控硬法,在继续强化硬法控制力的同时,还应当注意充分发挥宏观调控软法的功能,以破解宏观调控法律责任(硬法责任)的两难。

总之,软法的概念并非法学者的凭空臆造,而是以国内外公共领域与私人领域广泛存在的软法规范为基础。事实上,在我国历次宏观调控中,软法发挥着重要作用。下文就以中央银行问责制及其在美国次贷危机之后的新发展为例,从政府在宏观调控中的软法责任的视角进一步探讨一下软法何以能规制宏观调控权。

风险社会中的法律责任制度改变:以经济法为中心

厦门大学法学院经济法学文库

---

[1] 史际春、肖竹:《论分权、法治的宏观调控》,载《中国法学》2006 年第 4 期。

[2] 罗豪才:《人民政协与软法之治》,载《中国政协理论研究》2009 年第 1 期。

[3] 参见罗豪才、宋功德:《认真对待软法——公域软法的一般理论及其中国实践》,载罗豪才等:《软法与公共治理》,北京大学出版社 2006 年版,第 62~65 页。

[4] 参见程信和:《硬法、软法与经济法》,载《甘肃社会科学》2007 年第 4 期。

第四节　软法规制宏观调控的个案分析：
　　　　　中央银行问责制

一、中央银行问责制的缘起：独立性与硬法责任之难

(一)中央银行的独立性凸显了中央银行的法律责任问题

　　何谓"中央银行的独立性"？目前理论界大都是从货币政策的角度诠释之,是指"中央银行具有不依附于政府的独立制定和实施货币政策的法定权力和职责"。[①] 换言之,中央银行作为货币当局"在目标设置(目标独立性)和工具选择上(工具独立性)的自由"。[②] 从经济学角度分析,赋予中央银行独立制定和实施货币政策的主要原因有二:一是便于中央银行依据复杂多变的宏观经济环境对货币政策进行相机抉择,以确保实现货币政策目标;二是排除政府部门尤其是财政部门因为过度支出对中央银行的货币政策施加非经济性的影响,防止引发经济波动等。从政治学角度分析,由于中央银行独立于政府,不受选举周期引起的政府更迭之影响,"可以避免选举性商业周期或者党派性周期造成的扭曲,将货币政策与机会主义、党派性的影响隔离"。[③]

　　不过,如前文所述,独立性显著的美国联邦储备银行已经遭到了广泛的批评与质疑,因为其独立的货币政策权事实上有被滥用的可能。尽管批评与质疑之声不断,但是并未导致美国彻底改变美联储的独立性地位,只不过进一步凸显了其滥用权力或不当履行职责应当承担何种法律责任的问题。

　　笔者以为,仅从货币政策角度分析中央银行的法律地位失之片面,还应当从金融监管的角度分析中央银行的法律地位。因为各国中央银行不仅是制定和实施货币政策,而且也是重要的金融监管机构。如美国联邦储备银行和我国的中央银行都负有重要的金融监管职能。尤其是在金融机构陷入破产困境

　　① 许多奇:《中央银行独立性的法律探析》,载漆多俊主编:《经济法论丛》,中国方正出版社 2002 年版,第 262 页。
　　② 程均丽:《中央银行独立性:责任与透明度》,载《上海金融》2004 年第 11 期。
　　③ 程均丽:《中央银行独立性:责任与透明度》,载《上海金融》2004 年第 11 期。

时,中央银行是否实施紧急援助对于单个的金融市场主体及整个金融市场都具有重要的影响。中央银行在制定和实施金融监管政策时是否也独立于政府部门呢？以银行监管为例,控制银行监管决定必要性已经成为共识："大多数法域,规定了行政框架内某种形式的控制方式,以及独立的司法机构审查。"[①] "对于崇尚'三权分立'的国家而言,将关乎一国金融稳定的大权完全赋予监管机构中那些未经选举的官员,会形成'政府管理的第四分支',意味着它们将脱离传统'三权分立'制衡机制的约束。"[②]在一个民主法治国家,不可能存在一个只有权力没有义务的不受约束的机构。可见,中央银行的独立性是相对的,是指在货币政策方面的独立性。即使在货币政策方面而言,其独立性也必须要以相应的责任制度加以约束。

(二)中央银行在硬法上的责任两难及其软法路径

中央银行作为宏观调控机构在硬法上的责任两难已经在前文论述。除此之外,作为银行监管机构的中央银行在硬法上也存在责任两难。巴塞尔银行监管委员会"核心原则"第 1 条就规定"应当具有法律或者其他机制确保决断者在行使监管职权时不致承担法律责任,并鼓励其在必要时采取行动"。该条对银行监管者的责任豁免式的法律保护为许多国家法律所吸收。同时,监管机构的决定很可能损害银行股东、存款人及其他债权人的利益,绝对豁免其行为免受法律追究显然不符合现代法治国家原则。然而,如何确定监管机构承担责任的基础呢？如何去证明监管机构违背了监管职责且导致了损害的发生呢？国外的研究表明:"多数法院在认定银行监管机构责任、认定原告所受损害时,采取较高的标准。适用的法律与司法实践均对认定银行监管的责任保持了相当的限制。"[③]在三河区自治会诉英格兰银行及总裁案中,法院依据英国 1987 年《银行法》关于英格兰银行的善意作为或不作为不受责任追究的规定驳回了原告诉讼请求,因为原告未能证明英格兰银行有恶意行为。在美国法上,《联邦侵权赔偿法》规定:"针对任何联邦部门或雇员行使自由裁量权行为提起的诉讼,无论其是否存在滥用判断,均不予追究。"这种"自由裁量例外"规定是联邦银行监管机构免责的主要依据。在美国诉高博特案和艾姆赫诉美

①　[瑞士]艾娃·胡凯普斯:《比较视野中的银行破产法律制度》,季立刚译,法律出版社 2006 年版,第 111 页。

②　周仲飞:《银行监管机构问责性的法律保障机制》,载《法学》2007 年第 7 期。

③　[瑞士]艾娃·胡凯普斯:《比较视野中的银行破产法律制度》,季立刚译,法律出版社 2006 年版,第 130 页。

国案中,法院最终都依据"自由裁量例外"规定驳回了针对银行监管机构的诉讼请求。在德国怀特施泰因案中,德国最高法院确认了监管机构有职责保护单个债权人免受高风险银行行为的侵害,并赋予了受害人起诉权;在赫斯塔特案件中,法院确认监管机构的行为属于正当行使自由裁量权。不过,怀特施泰因案和赫斯塔特案的原告均没有得到任何赔偿。在阮坤宇诉香港律政司案和戴维斯诉拉德克里夫案中,法院甚至驳回了存款人的起诉。[1]

通过考察已经发生的极少数针对银行监管机构的诉讼案件,我们可以发现,英美德等国家试图在传统法律责任体系的框架下来寻求解决银行监管机构的责任问题,解决的具体路径是将其纳入国家侵权责任范畴,进而要求原告依据侵权责任的一般原则证明以下事项:监管机构的行为导致原告受到损害的事实;监管机构对其行为存在重大过失或恶意,同时又宣称对监管机构的"善意作为或不作为"或"自由裁量行为"免责。其结果无一例外,就是原告从未获得赔偿,监管机构及其雇员也从未被追究过赔偿责任。事实上,无论原告如何举证,也难以达到所谓的"重大过失或恶意"之标准,况且原告也缺乏举证能力。原告无从获得赔偿与监管机构从未被追责的事实表明,监管机构在硬法上存在着责任两难。中央银行作为银行业监管机构之一也不例外,英格兰银行作为英国的中央银行就曾被起诉、美联储作为美国的中央银行业曾被起诉,但结果都是没有被追究责任。如何破解中央银行的责任困境呢?软法规制路径下的中央银行问责制或许是一个不错的选择。

二、中央银行问责制的含义与软法性及危机前的实践

(一)"问责制"的含义及其软法性质

1."问责制"的含义。一般意义上的问责制是指行政管理中的行政问责制(accountability system),问责的目的是改善政府管理,强化和明确政府责任,建设责任政府。建立健全问责制必须解决如下问题:问责主体,即由谁来实施问责行为;问责客体,即向何种对象进行问责;问责事项,即政府对谁负责、对什么事项负责,这是公共责任的核心;问责结果,即被问责的政府及其雇员应

---

[1] 关于上述案例的详细情况可以参见苏洁澈:《论银行监管机构的侵权责任——以银行破产和英美法为例》,载《法学家》2011年第1期;[瑞士]艾娃·胡凯普斯:《比较视野中的银行破产法律制度》,季立刚译,法律出版社2006年版,第126~140页。

当承担何种形式的责任,行政责任、政治责任、道德责任抑或法律责任等。

从更广泛的视野看,问责制还包括公众问责,即由社会公众对政府的问责。公众问责的方式有三种:垂直问责(vertical-accountability)、平行问责(horizontal-accountability)和社会问责。"公众和社会团体在传统上是通过投票这样的垂直问责方式来参与问责,现在则开始趋向于通过平行问责方式来参与问责。"[①]垂直问责与选举机制紧密相连,公众组成社会团体"以压力集团的形式出现,通过院外的游说活动或公民运动的形式,对政府构成压力,从而影响政治经济决策和政治过程。"[②]不过,选举的周期性使得社会公众对行政直接问责的实现程度比较低。因为以民主方式制定的决策权利的独占存在着一种基于民主君主制的矛盾图景:"民主制的规则被限定在政治代表的选择和政治程序的参与上。一旦当权,就不仅是发挥独裁领导品质并将其决定以自上而下的独裁方式强制加以推行的'一段时间的君主'忘记了民主权利;受这些决定影响的行动主体、利益群体和公民群体也忘记了他们的权利,并变成了无疑义地接受国家对统治权的要求的'民主主体'。"[③]正是选举的周期性与民主君主制造成了"作为政治失势的民主化",导致了国家干预力量的丧失以及社会团体问责的平行问责与社会问责。

美国学者奥多纳针对选举问责缺陷提出了平行问责的问责模式,"它是指存在这样的国家机构,它们在法律上有能力也获得了授权,事实上也有意愿和能力来采取各种行动,包括从日常监督到对其他代理人和国家机关的(可以被认定为)非法行为或疏忽采取法律制裁或者提出弹劾"。[④] 可见,奥多纳的平行问责理论主要关注的是国家机构内部的关系,是基于权力分立与制衡的一种共和主义或自由主义诉求。不过,奥多纳也指出:"所有公民都平等地有权在一个现存的制度框架内参与集体决策的制定,在这个民主申明的基础之上

---

① Marie Goetz Anne & Jenkins Rob, *Reinventing Account-ability*:*Making Democracy Work for Human Development*, Palgrave Macmilian, 2005, pp. 79~80.

② 蔡磊:《非营利组织对国家干预失灵的克服》,载单飞跃、卢代富:《需要国家干预:经济法视域的解读》,法律出版社 2005 年版,第 280 页。

③ [德]乌尔里希·贝克:《风险社会》,何博闻译,译林出版社 2004 年版,第 235~236 页。

④ O'Donnell Guillermo, Horizontal Accountability in New Democracies [A]. Schedler, A&Diamond, L. & Plattner M. *The Self-restraining State*:*Power and Accountability in New Democracies*, Lynne Rienner Publishers, 1999, p. 38.

又增加了一个共和主义的禁令,即任何人(包括那些治理者)都不应凌驾于法律之上,以及一个自由主义的提醒,即某些自由和保证是不应被侵犯的。"①这就为施密特将平行问责的讨论从国家内部的关系拓展到国家和公民社会关系提供了可能,而平行问责恰恰关注的是后者。还有一点,社会公众平行问责的另一契机是新公共管理改革。新公共管理改革注重将商业部门的管理原则和实践经验应用到政府部门,在绩效评估这一政府责任之激励和约束机制的推动下,政府责任向管理主义的方向转变,传统复杂而模糊的政治责任机制转变为由公共管理者对公众直接负责的责任机制。② 行政管理的复杂化和专业化,相应地增加了问责机制建设的重要性,而且政府部门的绩效评估需要专业化的评估方法。新公共管理这种以"以市场为导向的行政改革改变了行政部门及管理者的角色,行政管理者的工作被看作是满足'顾客和消费者'需要的市场服务,在这种新的环境下,公众问责的实现程度得到加强"。③

社会问责是学者们在考察拉美国家的民主政治经验之后提出的一种问责机制。拉美公民社会的兴起及其对公共权力形成的社会控制正在或已经形成了一种新的问责机制——社会问责。社会问责机制十分依赖于各种各样的公民协会的行动和运动,而不是选民的投票,因此它不会像选举问责制那样受制于时间限制,可以随时启动问责,其合法性来源于诉求与请愿的权利。④ 社会问责也与20世纪90年代出现的治理和善治理论颇有渊源,表明政府不再是公共管理合法权力的唯一拥有者,公民社会同样也是合法权力的来源,也反证了哈贝马斯克服当代资本主义国家合法性危机的出路:自发的、非政治化的社会有机体的健康发展,以强而有力的参与式公民社会促使国家更加负责地行动。

2.问责制的软法性质。作为追究政府责任的一种方式,问责制的软法性质至少体现在以下几个方面。

---

① O'Donnell Guillermo, Horizontal Accountability in New Democracies [A]. Schedler, A&Diamond, L. & Plattner M. *The Self-restraining State: Power and Accountability in New Democracies*, Lynne Rienner Publishers, 1999, pp. 32~33.

② 参见[澳]欧文·E·休斯:《公共管理导论》,彭和平等译,中国人民大学出版社2001年版,第263~304页。

③ Romzek S. Barbara, Enhancing Accountability [A]. Perry. L. James, *Handbook of Public Administration*, Jossey-Bass Inc., 1996, p. 10.

④ 参见马骏:《政治问责研究:新的进展》,载《公共行政评论》2009年第6期。

首先，问责制的主要依据是软法。如规定了中央银行问责制的《货币与金融政策透明度良好做法守则：原则宣言》旨在为各国改善货币与金融政策的透明度提供指导性意见，并不具有硬法上的强制性，但事实上又为国际货币基金组织成员方所遵守，是国际金融领域的软法。又以我国国内行政问责制中的节能减排问责制为例，最初提出节能减排目标的《"十一五"规划纲要》就不是传统意义上的硬法，而是属于软法中的公共政策。《"十一五"规划纲要》从形式上看是经过了全国人民代表大会的审议通过，但并不是全国人民代表大会的所有活动都是立法活动，全国人民代表大会审议通过该规划行使的是对重大事项的决定权；从《"十一五"规划纲要》的目的和内容看，它只是明确了我国未来五年经济和社会发展的目标、战略以及政府的行动方向，是一个以产业和相关政策为主的纲领性文件，应当属于公共政策范畴。① 公共政策又可以分为国家性政策、政党性政策和社会性政策。《"十一五"规划纲要》兼有国家性政策和政党性政策的特点，它反映了执政党的执政目标，指向公共领域，具有公共性；它由国家机关为了实现公共目标而制定，是与硬法制度安排相呼应的国家性政策网络中的重要组成部分。②

其次，问责主体的非司法性。问责制不同于以往政府责任追究方式的重要区别之一在于实施问责的主体不是司法机关，而是立法机关、行政机关乃至社会公众组成的社会团体等。立法机关问责是由选民选举出来的代表所组成的立法机关对政府部门及其组成人员进行监督，问责的方式包括"年报、向议会的专门委员会报告、接受议会的质询、议会派代表参加监管机构的管理层或监督层"。③

最后，问责制的责任形式多元化。被问责的政府部门及其工作人员承担的责任呈现出多元化趋势，包括政治责任、声誉责任。问责制不再将责任、法律责任限定于违法责任，在深层次上突破了以往静态的、狭隘的法律责任观，是"一种超越'违法责任'的责任机制，代表着现代社会经济条件下'责任'作为一种系统性的制度结构所具有的整合和调节功能"。④ 在问责制下，被问责主

---

① 参见薛克鹏：《"十一五"规划的经济法解读》，载《法学杂志》2007 年第 1 期。

② 宋功德：《公域软法规范的主要渊源》，载罗豪才等主编：《软法与公共治理》，北京大学出版社 2006 年版，第 194～195 页。

③ 周仲飞：《银行监管机构问责性的法律保障机制》，载《法学》2007 年第 7 期。

④ 史际春、冯辉：《"问责制"研究——兼论问责制在中国经济法中的地位》，载《政治与法律》2009 年第 1 期。

体依据其角色所承担的责任实质上是一种软法责任。

(二)中央银行问责制的含义

　　前文已经论证,中央银行作为宏观调控机构或金融监管机构,难于让中央银行及其雇员对其宏观调控或金融监管行为承担硬法上的责任,中央银行问责制是软法规制政府责任的路径选择。依据2000年国际货币基金组织对《货币与金融政策透明度良好做法守则:原则宣言》的解释,中央银行问责制是指中央银行用以说明其行为和报告其活动的方式、方法和程序,不仅包含对中央银行行为事后的责任追究,更为重要的是对其行为的事前和事中监督。随着中央银行独立性的日渐增强以及中央银行在预防和应对金融危机方面的功能凸显,尤其是货币主义学派对中央银行相机抉择之货币政策权力的质疑,必须要设计相应制度对中央银行进行制衡。中央银行问责制的产生及其不断强化正是因应了制衡中央银行的制度需求。

(三)次贷危机前的中央银行问责制实践

　　1.立法机关问责的实践。美国早在1978年的《充分就业与平衡增长法》中就规定了美国国会参、众议两院有权对美联储问责,美联储每年必须向参议院和众议院分别提交两次书面报告,美国国会可以就重大的经济与金融问题举行听证,并对美联储及其官员进行质询。美国国会下设了美国政府问责局,负责独立调查美国联邦政府包括美联储的规划与支出,政府问责局的领导人——美国总审计长由美国总统任命,任期15年,独立行使审计监督权,政府问责局是属于国会的下属机构,只对国会负责。《欧共体条约》规定,欧洲中央银行有义务向欧洲议会提交一份关于过去一年和当年货币政策的年度报告。我国的中央银行法《中国人民银行法》也规定,中国人民银行应当向全国人民代表大会常务委员会提交有关货币政策情况和金融业运行情况的报告。

　　2.行政机关问责的实践。行政机关对中央银行的问责在《南非储备银行法》和《印度尼西亚银行法》中都有规定。如《南非储备银行法》第31、32条规定,储备银行应当报告资产负债情况,提交资产负债表,储备银行总裁每年要向总理提交货币政策执行情况报告;印度尼西亚银行应当向总统提交年度货币政策执行报告、财务报告等。[①]

　　3.社会公众问责的实践。加强社会公众对中央银行的问责,首先需要提高中央银行的透明度,确保社会公众"在通俗易懂、容易获取和及时的基础上"

---

　　①　参见罗欢平:《中央银行问责制的各国实践》,载《上海金融》2004年第10期。

了解货币政策目标,获取货币与金融政策的相关数据或信息。因为中央银行作为货币当局也有其私人目标,如中央银行货币政策制定者会受其个人声望、收入及工作条件等多种因素的影响。提高中央银行的透明度可以抑制中央银行的道德风险,防止货币当局在制定和实施货币政策时追逐私人目标。其次,量化并公开中央银行的货币政策目标,以便于社会公众监督。最后,可以聘请中央银行之外的专家对其货币政策框架进行评估,如英国、新西兰等国已经实行了这种问责方法。

三、次贷危机后美国中央银行问责制的变革及其启示

(一)次贷危机与美国中央银行问责制的变革

美国次贷危机发生之后,作为美国中央银行的美国联邦储备银行(简称"美联储")尽管采取了大量干预危机的措施,但是未能有效阻止危机的蔓延,使得危机演变成为自 20 世纪大萧条以来最严重的一次全球性金融危机,进而引发美国社会各界对美联储的广泛质疑与猛烈批评。2008 年 10 月,美国国会就本次金融危机对美联储及其官员进行了问责。在众议院举行的听证会上,前美联储主席格林斯潘、前任财政部长约翰·斯诺(John Snow),以及美国证券交易委员会主席克里斯托弗·考克斯(Christopher Cox)等金融领域的关键人物都被传召。众议院政府监察与改革委员会的主席亨利·韦克斯曼(Henry Waxman)暗示,前美联储主席格林斯潘"应该为'不负责任的借贷模式'负责,称格林斯潘在美联储主席任期内拒绝了外界要求美联储介入对次级抵押贷款行业监管的呼声"。[①] 格林斯潘承认部分过失。大规模全球金融危机的发生再次凸显了加强和完善中央银行问责制的现实意义,如何进行新的制度设计来满足问责中央银行的现实需求成为危机后美国金融监管制度改革的一项重要内容。

(二)美国中央银行问责制变革的主要内容

在危机之后的美国金融监管改革中,此前备受批评的美联储的权力不减反增,《多德-弗兰克法案》赋予美联储以系统性风险监管职能,银行、保险、证券等金融行业的大型金融机构被纳入了美联储的监管范畴。在扩大美联储权

---

① 腾讯财经:《美国国会问责金融危机 格林斯潘承认部分过失》,http://finance.qq.com/a/20081023/003430.htm,最后访问日期:2013 年 12 月 16 日。

力的同时,《多德-弗兰克法案》也进一步加强了对美联储的问责力度。该法在第十一章专章规定了"联邦储备体系条款",该章九个条文成为制约、监督和问责美联储的新的利器。

该章第1101条修订了《联邦储备法案》关于紧急贷款职权的规定,规定美联储实施紧急贷款援助计划必须要经过财政部部长的事前批准,并向参议院银行、住房和城市发展委员会及众议院金融服务委员会提供证明该援助正当性的报告。援助计划须经财政部长批准的规定在一定程度上降低了美联储的独立性。该章第1102条规定,美国总审计长可以对联邦储备体系的特殊信用工具进行审计。该章第1103条规定了美联储的信息公开与披露义务,如在其网址上标注"审计"的链接,确保信息在公布之后6个月内的合理时间向公众开放。该章第1104条规定了美联储为陷入流动性危机的机构提供担保的程序及审查问题,该担保必须要经过美联储委员三分之二以上投票赞成并经财政部部长书面同意才能实施,同时美国总审计长应当对上述决定进行审查并向国会报告。该章第1108条加强了美联储的内部监督,规定设立一名副主席席位负责监督,该副主席有权对美联储的金融业监管提出政策建议,并出席国会听证。该章第1109条要求美国总审计长对美联储自2007年12月1日起至该法颁布之日止提供的所有贷款及金融资助进行一次性审计,并向国会提交报告,要求美联储在2010年12月1日之前在其网上公布上述贷款及金融资助情况。①

(三)美国中央银行问责制变革的启示意义

1. 我国中央银行的法律地位及中央银行问责制的现状分析。依据《中国人民银行法》第7条的规定,中国人民银行作为我国的中央银行,在国务院领导下独立制定和执行货币政策,履行职责,开展业务,不受地方政府、各级政府部门、社会团体和个人的干涉。这表明我国中央银行具有一定的独立性。为了保障我国中央银行货币政策的独立性,《中国人民银行法》第12条规定,设立货币政策委员会,货币政策委员会的职责、组成和工作程序由国务院规定,报全国人民代表大会常务委员会备案。不过,与欧美国家的中央银行相比,我国中央银行的独立性并不强,只是国务院下属的一个行政机构,而且中国人民银行就年度货币供应量、利率、汇率和其他重要事项作出的决定,要报国务院

---

① 参见董裕平、全先银等,译:《多德-弗兰克华尔街改革与消费者保护法案》,中国金融出版社2010年版,第675～689页。

批准之后才能执行。

关于我国中央银行的法律责任,现行《中国人民银行法》第47条规定当事人可以对中国人民银行作出的行政处罚决定提起行政诉讼;第48条规定对违法提供贷款、对单位和个人提供担保及擅自动用发行基金的中国人民银行工作人员给予行政处分直至追究刑事责任;第50条规定了中国人民银行工作人员泄露国家秘密或商业秘密的法律责任;第51条规定了中国人民银行工作人员贪污受贿、徇私舞弊、滥用职权、玩忽职守等的法律责任。但是,该法对于中国人民银行制定和实施货币政策等宏观调控行为并没有规定法律责任。另外,该法第6条规定中国人民银行应当向全国人大常委会提出有关货币政策情况和金融业运行情况的报告,正如有人对该条规定的分析一样,该条"标志我国中央银行问责制的正式确立……最突出的不足在于缺乏操作性,例如它没有规定中国人民银行向全国人大常委会提交报告的周期和频率"。①

2. 美国中央银行问责制变革对完善我国中央银行问责的启示意义。如何克服我国中央银行法律制度存在的不足,完善我国中央银行问责制呢?"他山之石,可以攻玉。"次贷危机后美国的中央银行问责制变革对于完善我国中央银行问责制具有一定的启示意义。首先,不可过于强调中国人民银行法律地位的独立性,可以在行政体系内部适当加强对中国人民银行宏观调控行为的权力制衡。从危机后美国财政部对美联储在紧急贷款及其他金融资助方面的事前批准制约机制可以发现,美联储作为中央银行尽管扩展了部分权力,但是其权力行使已经受到了财政部的极大约束,其独立性已经相对下降。其次,应当加强对中国人民银行制定和实施货币政策、履行职责和开展业务等活动的审计审查,加强对中国人民银行及其工作人员的审计与问责力度。再次,应当明确规定中国人民银行向全国人民代表大会常务委员会提交有关货币政策和金融业运行情况报告的时间及频率,建立全国人民代表大会常务委员会对中国人民银行及其工作人员的听证与质询制度,对社会关注的重要政策及法律法规及决定等事项进行听证与质询,可以借鉴美国的做法设立一名专职的副行长处理上述事项。最后,应当建立健全中国人民银行的信息披露制度,进一步提高中国人民银行货币政策、紧急稳定措施及其他金融资助等决定的透明度。

---

① 汪鑫:《中央银行制度发展的新主题:完善问责制》,载《武汉金融》2005年第6期。

第六章

风险社会中的诉讼机制变革
与经济法责任的实现

拉德布鲁赫说:"如果将法律理解为社会生活的形式,那么作为'形式的法律'的程序法,则是这种形式的形式,它如同桅杆顶尖,对船身最轻微的运动也会作出强烈的摆动。"①那么,作为桅杆顶尖的程序法对经济法给法律之船航行的变化作出了怎样的摆动或者应当作出怎样的摆动呢? 这些"摆动"对于经济法责任的实现具有重要的影响。② 事实上,经济法学者在研究经济法责任问题时,也往往会考虑到经济法的可诉性问题,因为诉讼毕竟是救济当事人权利、保障法律责任得以实现的主要途径之一,为了实现经济法责任,也应当尽力发挥诉讼机制的作用。至于如何发挥? 是借助于传统的诉讼机制还是要求与经济法相对应的独立的诉讼程序? 经济法学界、民事诉讼法学界在这个问题上也存在与经济法独立性之争、经济法责任独立性之争类似的"经济法之诉讼程序的独立性"争议,围绕这一争议的研究也产生了一些富有价值的理论成果。③ 不过,这些研究侧重于从经济法的实体法特征来论证其特有的程序法

---

① [德]拉德布鲁赫:《法学导论》,米健、朱林译,中国大百科全书出版社 1997 年版,第 120 页。

② 本章所讨论的是法一元主义下的经济法责任,经济软法责任的实现是借助于非国家强制力。

③ 有关这一争议的主要观点,可以参见顾培东等:《经济诉讼的理论与实践》,四川人民出版社 1988 年版;颜运秋:《公益诉讼理念研究》,中国检察出版社 2002 年版;王新红:《经济法纠纷司法解决机制研究》,中南大学 2004 年博士学位论文;颜运秋:《公益经济诉讼:经济法诉讼体系的构建》,法律出版社 2008 年版。

需求,并以此为经济法的独立性定位增加论证的新注脚。实际上,"在程序法的发展过程中,以极其清晰的对比反衬出社会生活的逐渐变化"。[①] 风险社会对法律制度的挑战是全面的,社会生活的变化对法律的影响并不局限于实体法,还包括程序法,法律程序除了工具性价值之外还有其独立的价值。因此,从探寻风险社会中诉讼机制变革的一般性规律出发,可以为经济法责任实现的诉讼机制的选择与创新提供有益的借鉴。

第一节　风险社会中的诉讼机制变革

一、传统诉讼模式的形成及主要特点

(一)传统诉讼模式的形成

诉讼程序在古罗马的《十二铜表法》、古巴比伦的《汉谟拉比法典》以及我国古代的《唐律》中均有规定,但是诸法合体的这些法律都未将民事诉讼与刑事诉讼相区分。在 18、19 世纪大规模法典编纂运动中相继形成了现代意义上的独立的民事诉讼、刑事诉讼以及行政诉讼,与法典编纂运动配套的法律文化的整体发展推动了现代意义上的民事诉讼与刑事诉讼及行政诉讼的独立,但其根本动力在于社会冲突的诉讼机制需求。在近代法典编纂运动以后,当时社会冲突的类型主要集中在民事与刑事两个方面,一方面,在民商合一的趋势下,独立意义的商事冲突不再存在,商事诉讼随之消失;另一方面,民主政治的建立,要求政府行为受制于社会成员与社会机制的约束,行政争议与冲突凸显,于是独立的行政诉讼在法国、德国等国相继创设。[②] 法国与德国都建立了颇具本国特色的行政法院系统。意大利学者莫诺·卡佩莱蒂在论及民法法系与普通法法系的差异时指出,在民法法系国家中司法阶梯的上层,高等法院存在二分法:一是涉及普通民事和刑事上诉事务,如法国的最高法院;二是主管

　　① ［德］拉德布鲁赫:《法学导论》,米健、朱林译,中国大百科全书出版社 1997 年版,第 120 页。

　　② 参见顾培东:《社会冲突与诉讼机制》,法律出版社 2004 年版,第 43～44 页。

行政事务,如法国的最高行政法院。① 美国学者阿瑟·库恩也指出:"在英美两国,不像法国与欧洲大陆上其他国家,关于商事或行政事件,并无特别法院的设置。此类事件,均由普通法院管辖。"②

卡佩莱蒂与库恩对法院设置方面的发现实际上反映了大陆法系的行政诉讼与普通法法系的司法审查之间的差别。行政诉讼的概念源于大陆法系,司法审查则是普通法系国家的制度。美国《联邦行政程序法》第702条规定:"因行政行为而致使其法定权利受到不法侵害的人,或根据有关法律规定的意义受到行政行为的不利影响或损害的人,均有权诉诸司法审查。"③而美国1946年联邦侵权赔偿法明确规定:"凡联邦政府之任何人员对于职务范围内因过失、不法行为或不行为,致人民财产上之损害或损失,或人身上之伤害或死亡,于当时环境,美国联邦如处于私人地位,依据行为或不行为发生地之法律对请求人负赔偿责任。"④可见在美国,"只有刑事诉讼与民事诉讼,刑事诉讼与刑法相对应,民事诉讼则与民商法、行政法、劳动法相对应。"⑤目前国内有人使用的"美国行政诉讼"概念,实际上是在依据我国制度理解美国的司法审查活动基础上的另一种表述而已。⑥

(二)传统诉讼模式的主要特点

传统诉讼模式以区分"公""私"为基础。严格地把实体法和权利分为"公的"和"私的"是传统的法律原则,尤其是民法法系世界中的基本原则。私权属于私人,公权属于由国家或共和国所代表的公众。于是,在程序法上,诉讼资格的传统原则是把起诉权要么授予私人,要么在公权的情形下授予国家本身,国家通过其机构,即国家的代理人向法院起诉。因此,在民事诉讼中,起诉资

---

① 参见[意]莫诺·卡佩莱蒂:《比较法视野中的司法程序》,徐昕、王奕译,清华大学出版社2005年版,第66页。

② [美]阿瑟·库恩:《英美法原理》,陈朝璧译,法律出版社2002年版,第43页。

③ 英美法国家的司法审查不限于法院对行政行为的合法性及合宪性进行审查,法院还可以对国会的立法是否合宪予以审查。

④ 王名扬:《美国行政法》,中国法制出版社1995年版,第738～739页。

⑤ 王全兴:《关于公益诉讼研究的零散思考》,载颜运秋:《公益诉讼理念研究》,中国检察出版社2002年版,第5页。

⑥ 参见胡卫列:《美国行政诉讼中几类特殊原告及其启示》,载《国家检察官学院学报》2001年第3期。

格排他性地属于私人;而在刑事诉讼中,起诉的"垄断权"归于检察官。[①]

传统诉讼模式是一种个人主义的、自由放任主义的诉讼观。传统诉讼模式形成于 19 世纪,那是个人主义、自由放任主义盛行的时代,理性的个人被推向了极致,法典编纂运动本身也就是个人理性主义被极度推崇的产物。形成于 19 世纪的传统诉讼模式反映的正是 19 世纪人们对于社会的普遍看法:"即认为宏大的社会和经济安排乃是源于所有自主的个人行为的结果。"[②]庞德也说过,在当时的背景下,法院仅被看作与私人秩序相关联,民事司法裁判的主要功能就是对私人之间的交易纠纷作出公平的解决。[③]

在英美法系的美国,也存在传统民事诉讼模式与公法诉讼模式之分。美国的艾布拉姆·蔡斯教授总结了传统民事司法的五个显著特征:(1)诉讼是两极的,是两个个体或代表两种利益的双方组织的一场对抗,两方利益直接相对,胜者获得从诉讼中获得的一切利益;(2)诉讼是回顾性的,争执围绕着如何确认过去的事件是否发生过、如何发生及其对双方法律关系的影响如何;(3)权利与救济相互依赖;(4)诉讼是一个自足的事件,判决的影响力仅及于双方;(5)诉讼过程由当事人发动并由当事人控制。[④] 这些特征与大陆法系传统诉讼模式所持的个人主义、自由主义放任主义的诉讼观也是一致的。公法诉讼则推翻了传统诉讼观念的许多特征:诉讼的范围不是外生的,而是主要由法官和当事人形成的;当事人结构不是严格的双方,而是发散的和不定型的;事实调查不是历史性的、裁判性的,而是前瞻性的、立法性的;救济不是由法官施加的,而是协商得出的;判决或法令不意味着司法对该事件介入的终止,对判决或法令的执行要求法院继续参与;法官是积极地,既对事实评价,也组织与规划诉讼;诉讼的主题不是私人当事人之间关于私权的纠纷,而是关于公共政策的执行问题。[⑤]

传统诉讼模式的建立无疑是人类法治文明的伟大成果,也为保障人民权

---

① 参见[意]莫诺·卡佩莱蒂:《比较法视野中的司法程序》,徐昕、王奕译,清华大学出版社 2005 年版,第 374 页。

② 徐卉:《通向社会正义之路:公益诉讼理论研究》,法律出版社 2009 年版。

③ Pound · Roscoe, *An Introduction to the Philosophy of Law*, Yale University Press, 1922, p. 189.

④ 参见[美]斯蒂文·N.苏本:《民事诉讼法——原理、实务与运作环境》,傅郁林等译,中国政法大学出版社 2004 年版,第 500 页。

⑤ 参见[美]斯蒂文·N.苏本:《民事诉讼法——原理、实务与运作环境》,傅郁林等译,中国政法大学出版社 2004 年版,第 503～504 页。

利、维护社会秩序发挥过重要作用。不过,随着工业化社会以来经济社会生活的发展变化,诉讼的社会基础在发生改变,诉讼不再仅仅是私人双方关于私权利的争执,诉讼的目标甚至还包括为宪法权利或法律政策辩护,传统诉讼模式在后工业社会时代的风险社会中面临着全面的挑战。

二、风险社会对传统诉讼模式的挑战

(一)不断涌现的新的社会冲突挑战着传统的诉讼

从历史发展的动态过程看,社会冲突对于社会的发展具有促进意义,但是在法学意义上,社会冲突与现实的社会秩序不相协调,严重的社会冲突会危及统治秩序或法律秩序的稳定,抑制或解决社会冲突就是诉讼机制的基本价值,解决社会冲突的需求也会对现实的诉讼分类提出挑战。[①]

风险社会不断涌现的各种新的社会冲突就对传统的诉讼模式提出了严峻的挑战。频发的公共风险事故是社会冲突的极端表现形式,它往往会引发大量的诉讼。2005 年我国"松花江污染事件"导致哈尔滨市全城停水的第二天,哈尔滨市民丁宁向法院起诉,要求造成污染事件的吉林石化公司向其支付人民币 15 元的象征性赔偿,并在媒体上公开正式道歉,法院不予受理的事实已经反映了环境污染事故对传统诉讼模式的挑战。这些挑战不仅发生在环境领域,而且在反垄断、消费者欺诈、证券欺诈及其他的公司行为等领域广泛存在。

风险社会是一个大规模生产、大规模消费、大规模风险系统生产的社会,风险的破坏力被越来越多地释放出来,"财富—分配"社会的社会问题和冲突开始和"风险—分配"社会的相应因素结合起来,即便人类的想象力也为之不知所措,风险社会产生了新的利益对立和新型的受威胁者团体,形成于 19 世纪的传统诉讼模式不可能预料到风险社会中这些新型的社会冲突。在风险社会,我们面对的是一个物质上如此诱人而危险无处不在的世界,这就是贝克所言的全球风险社会。全球风险社会中的法律要维护社会秩序的和谐与稳定,就必须承担起以往社会所未知的任务,要完成这些任务,传统诉讼模式的变革成为必然。

(二)超个人的集体利益主体的诉讼资格问题凸显

风险的外部性越来越频繁地导致如下的情形:即一项单独的人类行动可

---

① 参见顾培东:《社会冲突与诉讼机制》,法律出版社 2004 年版,第 17 页。

能对许多人有益或有害,这表明以严格区分"公""私"为基础的法律制度已经不能全面反映风险社会更加复杂和多元化的社会现实。风险社会中人类社会的集体性特征明显,在人和国家之间出现了许多的团体、社区与集体。这些团体、社区与集体强烈要求享有一种超个人的、集体的和社会的权利与义务。这种权利不同于受 18 或 19 世纪自然法观念支配的个人权利,而是一种受 20 世纪初期兴起的社会法学思想激励的社会权利,如"获得健康环境、社会保障的权利,以及保护免受大规模的金融、商业、公司甚至政府的压迫和欺诈的权利"。① 这些社会权利的出现是为了应对工业革命所带来的社会问题和日益严重的社会公害。

权利一经产生自然就会寻求司法的保护,不过,这些集体的、"分散的"社会权利"在很大程度上与在法律程序中发挥如此重大作用的体制、观念和假定不相容"。② 如前所述,在传统诉讼模式里,诉讼资格的传统原则是把起诉权要么授予私人,要么在公权的情形下授予国家本身,而这些权利在传统意义上既不能归于"公",也不能归于"私"。这是因为固守古罗马"公""私"区分导致了个人与国家之间的"大裂缝",为了填补这一裂缝或者在两者之间架起联系的桥梁,在个人与国家之间出现了团体、社区和集体,③它们通过各种形式的社会运动如消费者运动、环境保护运动、女权运动等强烈要求享有特定权利及其相应的司法保护。"司法的合法性,就在于它回应了,实际上也就是调和了我们这个社会对正义的深远而持续的需求。"④在以区分"公"与"私"为基础的传统诉讼模式中,这些团体、社区或集体的诉讼资格也成问题,面对这些集体的、"分散的"权利和利益,法律应当改革与复杂的风险社会不再相适应的两极传统诉讼体制,并设计出新型救济程序,实现社会正义。这是现代司法演进中必须解决的问题,也是风险社会对传统诉讼模式的首要挑战。

---

① [意]莫诺·卡佩莱蒂:《比较法视野中的司法程序》,徐昕、王奕译,清华大学出版社 2005 年版,第 372 页。

② [意]莫诺·卡佩莱蒂:《比较法视野中的司法程序》,徐昕、王奕译,清华大学出版社 2005 年版,第 374 页。

③ [意]莫诺·卡佩莱蒂:《比较法视野中的司法程序》,徐昕、王奕译,清华大学出版社 2005 年版,第 375 页。

④ [美]斯蒂文·N. 苏本:《民事诉讼法——原理、实务与运作环境》,傅郁林等译,中国政法大学出版社 2004 年版,第 504 页。

(三)风险社会中个人诉讼成本的增加使其远离司法

风险社会中的风险具有不可计算性,科学理性在界定风险方面的垄断地位被打破,极端个人理性主义破产,在风险社会中高度不确定的风险面前,"任何人都不是专家,也可以任何人都是专家"。[①] 当受害人对其遭受损害的风险事故进行起诉时,风险结果的认定、因果关系的认定、责任主体的认定等都很困难,贝克也感叹现代化风险形成有害影响的曲折途径是多么的不稳定和不可预测,风险、损害与责任之间暗含的因果关系常常维持着或多或少的不确定性和暂时性,[②]风险的市场开拓支持了一种普遍的在揭露和掩盖风险之间的摇摆,结果使得没有人清楚责任如何通过因果的推测被掩盖或取消了,[③]以至于出现了"有组织地不负责任"。受害人与侵害人之间的不平等风险地位使得受害人通过诉讼获得救济的难度加大。美国州法院中心对 10 个州的卷宗研究发现,在审判中,只有 51% 的侵权诉讼原告人胜诉,而产品责任案件和医疗事故案件中,原告的胜诉率则比这个比例低得多。[④] 诉讼尽管带有对诉诸审判的社会冲突作伦理、政治和情感评价的因素,但当事人也不会忽视对诉讼耗费与实际收益之间的关系的分析。产品责任案件和医疗事故案件中原告的胜诉率低,就意味着其作为受害者的原告不仅得不到实际收益,还要支付诉讼耗费。高昂的诉讼费用、遥遥无期的诉讼周期、渺茫的胜诉希望会使受害人基于诉讼成本收益的衡量远离司法。英国的沃夫爵士针对英国法院存在着的诉讼延迟、费用高昂、程序复杂、诉讼结果不确定等诸多弊端呼吁,民事诉讼改革的目标就是"接近司法"。如何通过诉讼机制改革,促进社会公众对司法的接近,成为风险社会中传统诉讼模式面临的又一挑战。

---

① [德]乌尔里希·贝克等:《自反性现代化》,赵文书译,商务印书馆 2001 年版,第 14 页。

② [德]乌尔里希·贝克等:《自反性现代化》,赵文书译,商务印书馆 2001 年版,第 27 页。

③ [德]乌尔里希·贝克等:《自反性现代化》,赵文书译,商务印书馆 2001 年版,第 53 页。

④ [美]斯蒂文·N.苏本:《民事诉讼法——原理、实务与运作环境》,傅郁林等译,中国政法大学出版社 2004 年版,第 509 页。

三、诉讼机制对风险社会挑战的回应

传统诉讼模式要应对风险社会的上述挑战，一是要适时适度地扩大当事人资格；二是要完善配套制度，降低受害人的诉讼成本，提高其诉讼收益，使其既可能也愿意"接近司法"，而不是选择文明社会之前通行的"私力救济"。

(一)当事人资格的扩大：集团诉讼与公益诉讼的兴起

卡佩莱蒂曾经评价了解决分散利益领域中诉讼资格问题的四种方式。[①]其一，授予直接受损害的个人以诉讼资格，但是个人只代表自身起诉，却不能维护有关团体、社区或阶层的利益。以消费者案件为例，单个消费者的个人利益太小不足以鼓励其起诉，即使有某个消费者起诉，也不会对违法者产生足够的威慑。其二，授予政府代理人作为国家总代表以诉讼资格，但事实上，政府代理人很少运用此种权力。其三，设立专门性政府代理人，如消费者监察专员、公平交易主任等，不过，这些管制机构往往被其所监控的利益集团所"俘获"。其四，"私人检察官"的解决方案：允许私人性的个人或组织为普遍或团体利益而向法院起诉，即使他们自己的个人权利可能未直接受到损害，从而把私人的热情与政府机构的主动监控结合起来，[②]而所谓私人热情的激发就是通过集团诉讼与公益诉讼得以实现的。

产生于 19 世纪英国衡平法的集团诉讼本身就是为了对抗关于提起诉讼资格的限制而产生的，"当某人所受的损害较小，不够出庭资格时，可以利用集团成员的人数与个人数目的乘积作为所受损害的数值，从而满足关于出庭资格的要求"。[③] 集团诉讼成熟于 20 世纪 60 年代的美国。美国有学者以为："集团诉讼，是我们对一系列公共与私人相互关系——可能是对大多数人生存状态至关重要的关系——的意识日趋凸显的表现，这些关系以制度或行政的方式处理，不能再视为私人个体的双边交易。从另一个角度看，集团诉讼是对我们的社会中日益增多的，或紧密或松散的组织体的一种反应，表现了一种将

---

① 其所言的"分散利益领域"实质上就是社会公共利益领域。

② [意]莫诺·卡佩莱蒂：《比较法视野中的司法程序》，徐昕、王奕译，清华大学出版社 2005 版，第 377～392 页。

③ 颜运秋：《公益诉讼理念研究》，中国检察出版社 2002 年版，第 99 页。

某些很重要的利益视为集体利益的趋势。"① 日本学者田中英夫和竹内昭夫以为，集团诉讼与股东代表诉讼出于同一思路："即在拥有共同利害关系的人为多数的场合，其中的 1 人可以代表其他人诉讼。"② 集团诉讼之所以为美国1966 年《联邦民事诉讼规则》第 23 条所增补和完善，是因为化学、生物学等现代科学技术在美国现代化大生产中的广泛运用恶化了共同的生存环境，导致了大量的群体性纠纷，这些群体纠纷中的当事人拥有共同的利害关系，而这些群体性纠纷的解决需要补充和修改原有的集团诉讼规定。

　　集团诉讼的集团成员要代表其他成员并不需要书面的授权，被代表的成员不做任何表示就视为认可，因而集团诉讼中的"集团"是拟制的松散的集团，因而集团诉讼的"当事人结构不是严格的两方，而是发散的和不定型的"，③ 这就扩大了当事人的资格范围。集团诉讼的主题也不再纯粹是当事人之间私权的纠纷，而且还关系到公共政策的执行。有人甚至说："以传统模式的观点来看，这个过程之所以还被称作是诉讼，只不过因为它在法院的房间里进行，由一个叫做法官的官员主持。"④

　　依据我国学者的整理，公益诉讼的含义有三种理解。⑤ 其一，"公共利益＋诉讼"意义的公益诉讼，如此理解，则刑事公诉也属于公益诉讼。其二，诉讼法意义的公益诉讼，即将其作为新的诉讼类型，这种类型诉讼的原告缺乏足够的利益关系联结，因为原告起诉并非一定由于自己的权利受到直接的侵害，而是为了维护抽象的社会公共利益，所以在传统诉讼中原告的诉讼存在起诉资格之障碍，只是立法为了维护公共利益的需要就相关问题赋予某些主体对并未直接侵犯自己权益的行为提起诉讼的权利。其三是民权意义上的公益诉讼，其基本理念是公共利益、人权保护与社会变革，其外延也更为广泛。无论哪种对公益诉讼的理解，都离不开公共利益这一核心，当然，第二种理解更符

　　① ［意］莫诺·卡佩莱蒂：《比较法视野中的司法程序》，徐昕、王奕译，清华大学出版社 2005 版，第 501 页。

　　② ［日］田中英夫、竹内昭夫：《私人在法实现中的作用》，李薇译，法律出版社 2006 年版，第 35 页。

　　③ ［美］斯蒂文·N. 苏本：《民事诉讼法——原理、实务与运作环境》，傅郁林等译，中国政法大学出版社 2004 年版，第 503 页。

　　④ ［美］斯蒂文·N. 苏本：《民事诉讼法——原理、实务与运作环境》，傅郁林等译，中国政法大学出版社 2004 年版，第 504 页。

　　⑤ 参见林莉红：《对话与讨论的基础——谈对公益诉讼含义的理解》，载陈光中等：《诉讼法理论与实践》，北京大学出版社 2006 年版，第 892～893 页。

合现代公益诉讼制度产生与发展的历程。

美国是现代公益诉讼制度的创始国,其公益诉讼制度也比较健全。美国的《谢尔曼法》规定,对于违反托拉斯法案的公司,司法部门、联邦政府、团体乃至个人都可以提起诉讼;美国1970年《清洁空气法》和1972年《清洁水法》在世界上首创了环境公民诉讼制度。美国程序法上的相关人诉讼、市民提起的职务履行令请求诉讼、纳税人提起的禁止令请求诉讼等都是典型的公益诉讼。美国纽约州法院曾在1901年的一判决中允许私人以相关人身份(即以州或州附属机构的名义)起诉,对批准在道路上经营报亭的行政行为给予处分;新泽西州的市民和纳税人曾以违宪为由请求法院对公立学校强迫学生读圣经发出禁止令,该州最高法院在判决中认为该案对于原告具有诉讼之利益。[①]

美国的纳税人诉讼制度在二战后美军占领日本期间作为制度改革的一项内容被引入日本,即日本《地方自治法》第242条之2的居民诉讼,后来的日本《行政案件诉讼法》还规定了"民众诉讼"——"为纠正国家或公共团体机关的违法行为,以选举人资格和法律上无利害关系之资格所提起的诉讼。"不过,连日本学者自己也认为,民众诉讼是为了法律体系的完整才设置的,并没有产生多大的效果,如居民诉讼只在与地方公共团体发生纷争的场合才被予以承认,在与国家的关系上不被承认。[②] 可见,日本的民众诉讼是一种受到较大限制的公益诉讼。

在印度,"如果侵犯了某一个人或某一阶层的人的法律权利而对其造成了法律上的错误或损害,但该人或这一阶层的人由于社会经济地位造成的无力状态不能向法院提出救济时,任何公民和社会团体都可以向高等法院或最高法院提出请求,寻求对这一阶层的人遭受的法律错误或损害给予司法救济。"[③]这就大大放松了诉讼主体资格的限制,在世界范围内首次将原告资格拓宽到每一个公民。此外,这也表明印度的公益诉讼是以司法能动主义为理

---

① 参见[日]田中英夫、竹内昭夫:《私人在法实现中的作用》,李薇译,法律出版社2006年版,第53~55页。

② 参见[日]田中英夫、竹内昭夫:《私人在法实现中的作用》,李薇译,法律出版社2006年版,第59~60页。

③ 印度最高法院法官巴瓦蒂在S. P. 古塔诉政府一案中对公益诉讼的阐述,转引自蒋小红:《通过公益诉讼推动社会变革——对印度公益诉讼制度的考察》,载贺海仁:《公益诉讼的新发展》,中国社会科学出版社2008年版,第298页。

论基础,其目的在于保障社会弱势阶层能够进入法院并获得正义。①

(二)降低诉讼成本与提高诉讼收益之配套制度的完善

扩大当事人的诉讼资格只是诉讼机制应对风险社会挑战的第一步,如果难以胜诉或者胜诉以后所获得的收益不大,甚至诉讼成本高于所获得的诉讼收益,那么诉讼行为就缺乏经济方面的合理性,被赋予了诉讼资格的当事人便会放弃诉讼。因此,还应当致力于完善旨在降低诉讼成本与提高诉讼收益的配套制度。

如何降低诉讼成本呢?诉讼成本不仅包括诉讼活动所耗费的费用,还包括当事人进行诉讼活动所耗费的时间与精力,这是一种机会成本。因此,降低诉讼成本不仅是要减免诉讼费用或者提供免费法律援助服务,还要求法院提高诉讼效率,避免诉讼迟延。

如何提高诉讼收益呢?为了防止胜诉后获取的诉讼收益小于诉讼成本,法律可以设置收益激励机制。美国《联邦民事欺诈索赔法案》规定,个人可以代表美国政府起诉任何收到或使用政府资金并从中获利的个人或实体的欺诈行为,并按照所得赔偿额的一定比例给予奖励。最为有名的收益激励机制是美国集团诉讼中的胜诉酬金制度。它对律师们提起集团诉讼有巨大的激励作用,律师在胜诉以后提取胜诉酬金的比例一般高达 30%,律师因而被认为是集团诉讼的最大受益者,集团诉讼律师也从所谓的"私人检察官"变成了私利牟取者。

第二节　经济法责任实现的诉讼机制选择与创新

一、经济法责任实现的诉讼模式之争

(一)实现经济法责任的几种诉讼模式

经济法责任的追究应当通过何种诉讼程序来实现?学界相关的研究不少,争议也较多,争议的中心是"经济法之诉讼程序的独立性",围绕这个中心产生了几种不同的诉讼模式主张。王新红教授在其博士论文《经济法纠纷司

---

① 参见何兵、王轩:《印度的公益诉讼制度》,载《行政法学研究》2007 年第 3 期。

法解决机制研究》总结了"综合经济法诉讼说""独立经济法诉讼说""经济公益诉讼说""大民事诉讼说"等几种模式,并提出了"新综合经济法诉讼模式"。① 颜运秋教授在其博士论文《公益经济诉讼:经济法诉讼体系的构建》中将学界的主张总结为"民事诉讼说""行政诉讼说""独立经济诉讼说""经济法诉讼说""公益诉讼说"等,并在此基础上提出了"公益经济诉讼说"。② "行政诉讼说"将解决经济争议的一切程序都理解为经济诉讼,不符合对诉讼特征的基本认识。除此之外,上述诸多观点以"经济法之诉讼程序的独立性"为中心可以归为三类。

第一类,"综合诉讼说"。"综合诉讼说"有新旧之分,旧"综合诉讼说"被王新红教授称为"关于经济法诉讼的一种朦胧的意识",认为经济诉讼包括经济刑事诉讼、经济民事诉讼与经济行政诉讼,是"大经济法"观的产物。③ 新"综合诉讼说"主张在现有诉讼模式的基础上,根据解决特殊经济法纠纷的需要,通过对现有制度的改良如创建特别的民事诉讼制度(如公益民事制度)和特别的行政诉讼制度(如公益行政诉讼)等来实现经济法的可诉性。④

第二类,"民事诉讼说"。该说以为经济诉讼属于民事诉讼。支持此说的理由主要有:其一,经济诉讼适用的是民事诉讼程序;其二,经济诉讼是关于经济方面的涉及财产内容的诉讼,原来的经济审判庭主要受理的也是各类经济合同纠纷案件、技术合同纠纷案件与涉外或涉港澳台经济纠纷案件、企业破产案件等;其三,经济审判庭的撤销与大民事审判格局的建立实际上终结了"独立经济诉讼说"。此外,"大民事诉讼说"是基于英美法诉讼模式的一种制度设计,即将政府行为尤其是政府管理、参与经济活动的行为都纳入民事范畴,如美国一样,没有行政诉讼,只有民事诉讼和刑事诉讼。依据"大民事诉讼说",也不会有独立的经济诉讼。

第三类,"独立诉讼说"。该说包括"独立经济诉讼说"、"独立经济法诉讼说"、"经济公益诉讼说"或"公益经济诉讼说"。"独立经济诉讼说"为我国民事诉讼法学者顾培东教授等在 20 世纪 80 年代的《经济诉讼的理论与实践》一书中提出,从经济冲突的特殊性出发论证经济诉讼独立于传统的三大诉讼,后为

---

① 参见王新红:《经济法纠纷司法解决机制研究》,中南大学 2004 博士学位论文。

② 参见颜运秋:《公益经济诉讼:经济法诉讼体系的构建》,中南大学 2006 年博士学位论文。

③ 参见王新红:《经济法纠纷司法解决机制研究》,中南大学 2004 博士学位论文。

④ 参见王新红:《经济法纠纷司法解决机制研究》,中南大学 2004 博士学位论文。

风险社会中的法律责任制度改变:以经济法为中心

厦门大学法学院经济法学文库

一些经济法学者如颜运秋教授等赞同,并着力从经济法视角进一步论证之。"独立经济法诉讼说"是一些经济法学在经济审判庭撤销之后基于经济法的独立性而进行的独立的程序法诉求。"经济公益诉讼说"或"公益经济诉讼说"都是经济法学将公益诉讼理论与经济法理论结合的研究成果,两者在实质上并无多大区别,要说有区别的话,就是"公益经济诉讼说"坚持"独立经济法诉讼说"更为彻底,以为公益经济诉讼是经济法独特的司法程序。

(二)产生几种诉讼模式之争的主要原因

为什么围绕"经济法之诉讼程序的独立性"会产生如此之多的争议呢? 个中原因甚多,主要原因如下:

1.确实存在缺陷的传统诉讼模式对现实社会经济生活的法律需求回应不足。从比较法视角看,我国现行的诉讼模式移植的是大陆法系的传统诉讼模式。我国现行《民事诉讼法》第108条规定的第一个起诉条件是原告要与本案具有直接利害关系;《行政诉讼法》第41条规定,提起行政诉讼的首要条件是原告认为具体行政行为侵犯其合法权益。这个"直接利害关系人"原则对当事人诉讼资格的限制与19世纪英国的情况如出一辙。"除非某个人有着自己的个人冤情,否则,法院是不愿意让任何人跨进自己大门的。一般来讲,一个人必须指出他自己的哪些合法权利受到侵犯或哪些财产受到了侵害,如果他仅是成百或成千的受害者之一,他就没有资格来法院起诉。"①以形成于19世纪的传统诉讼模式来应对20世纪、21世纪的风险社会挑战,其缺陷已经是非常明显。"直接利害关系人"原则对当事人诉讼资格的限制使得大量公共危险事件的受害人告状无门,许多案件以"不予受理"为由就将社会纠纷重新推向了社会,即使具备了诉讼资格的当事人出于高昂的诉讼成本和诉讼结果的不确定性也"自觉"地远离司法,或者选择信访,或者选择"私力救济"。当今中国社会,信访事件层出不穷,信访部门几乎成了"第二种司法部门",其中原因值得深思。造成信访现状的因素固然是多方面的,但现行诉讼模式的缺陷不能不说是一个重要原因。我们所固守的传统诉讼模式在其来源地国早就被证明不合理且已对其做过重大改革。这种模式早就不能完全满足我国当今现实社会生活的法律需求,必须对其进行改革以弥补其缺陷。围绕"经济法之诉讼程序的独立性"的争议之所以如此激烈,最根本的原因就在于改革我国现行诉讼模式应对风险社会挑战的现实需求。

---

① [英]丹宁:《法律的训诫》,杨百揆等译,法律出版社1999年版,第125页。

2. 经济法学者加强经济法的可诉性和论证经济法之独立性的主观追求。现实需求是争议产生的客观原因，争议的产生还有其主观上的原因，这就是经济法学者加强经济法的可诉性和论证经济法之独立性的主观追求。在我国经济法产生与发展的初期，经济法学界与民法学界曾经就经济法的独立地位问题展开过激烈的论战。大规模的论战早就已经偃旗息鼓，但暗地里的较量似乎并没有停止，只不过这种较量已经从以往的调整对象之争转到了经济法责任之争与经济法诉讼之争，仍然有不少经济法学者期望通过论证经济法责任与经济法诉讼的独立性为经济法的独立性增加新的注脚。加之过去我国审判实践中设置过经济审判庭，似乎为学者们的"独立经济诉讼说"提供了现实依据；而经济审判庭的撤销与大民事审判格局的建立又为否定"独立经济诉讼说"和肯定"民事诉讼说"提供了现实依据。不过，主张独立经济法诉讼的经济法学者并没有就此一蹶不振，他们敏锐地看到了现行诉讼模式在维护社会公共利益、解决现代社会冲突等方面的缺陷，将公益诉讼与经济法理论相结合，从而发展出"独立经济诉讼说"的新形态——"公益经济诉讼说"。

3. 法律语言的混乱也是造成争议的重要原因。在上述有关诉讼模式的争议中，呈现出法律语言上的混乱状况。以公益诉讼为例，为什么公益诉讼制度到了中国会产生如此之多的变种呢？经济公益诉讼、公益经济诉讼、民事公益诉讼、行政公益诉讼、刑事公益诉讼、公益民事诉讼、公益行政诉讼等等，真可谓五花八门，足以让每一个法律学人应接不暇，更不用说社会公众了。这些法学学者们在创造这些概念的时候，有没有想过这些容易引起误解的新词语会对法学和法律实践带来怎样的危害呢？当然，造成此种混乱的背后原因是两大法系之间的制度差异。古罗马法上虽然有"私诉"与"公诉"之分，但现代意义上的公益诉讼制度毕竟源于和成熟于英美法系国家中的美国。我国是大陆法系国家，在移植英美法系国家的公益诉讼法律制度时应当结合我国具体实际情况予以本土化，然本土化并不意味着对一项移植的法律制度就可以随意称呼。如何结合我国本土法治资源给"公益诉讼"以适当的称谓确实是在移植该制度的过程中需要重视的问题。

二、从诉讼机制变革看经济法的选择

(一)诉讼机制变革的一般规律

1. 实体法与程序法不存在完全的对应关系。诉讼机制变革必然要涉及实体法与程序法的关系，在经济法诉讼模式的争议上就曾涉及独立的经济法与独立的经济法诉讼之间的关系。"众所周知,实体法与程序法是内容与形式的关系,内容决定形式,形式服务于内容,不同内容往往表现为不同形式,同一形式也往往表现不同内容,因而,这是一个不完全的对应关系。即是说,虽然一定的实体法部门与程序法部门相对应,但实体法部门与程序法部门之间不一定都是'一对一'的关系。"①换言之,独立的经济法并不一定要求与之相对应的独立诉讼程序。

2.诉讼机制变革要考虑制度成本。制度成本包括两个方面:一是制度变迁本身引发的成本;二是变迁以后的制度的运行成本。放弃既有的诉讼机制另辟独立蹊径的"独立诉讼说"的制度变迁成本显然会高于新"综合诉讼说"。此外,"由于社会关系的日益复杂化,社会冲突越来越趋于综合性。同一冲突兼具民事、经济、行政以及刑事诸方面的不同性质,或者包容着多个不同性质的冲突。要将这些冲突按照人们主观划定的框架逐一进行分解,然后依不同程序加以解决,不仅成本甚高,而且没有可能。"②此论表明,"独立诉讼说"的制度运行成本会高于新"综合诉讼说"的制度运行成本。当然,这种成本的比较是以两者具有共同的收益为前提,即两种不同进路的制度变迁都能够解决好经济法纠纷,都能够克服传统诉讼模式的缺陷。综合观之,"独立诉讼说"的制度成本会高于新"综合诉讼说"的制度成本。

3.诉讼机制变革的主要内容。诉讼机制对风险社会挑战的回应已经表明了诉讼机制变革的主要内容:扩大当事人资格的集团诉讼与公益诉讼的兴起;降低诉讼成本与提高诉讼收益之配套制度的完善。实际上,无论是"公益经济诉讼说"还是新"综合诉讼说",都是通过集团诉讼或公益诉讼来克服传统诉讼模式的缺陷。

(二)我国经济法诉讼模式的选择

经济法诉讼模式之争不仅涉及经济法这一实体法的程序法需求,更加关系到整个诉讼机制的变革。因此,经济法诉讼模式的选择不仅要考虑到经济法自身的程序法需求,也要服从整个诉讼机制变革的大局,遵循诉讼机制变革的一般规律。诉讼机制变革的实践表明,实体法与程序法并不存在完全的对应的关系,独立的经济法并不一定要求与之相对应的独立诉讼程序;诉讼机制

① 王全兴:《关于公益诉讼研究的零散思考》,载颜运秋:《公益诉讼理念研究》,中国检察出版社 2002 年版,第 5 页。
② 顾培东:《社会冲突与诉讼机制》,法律出版社 2004 年版,第 46 页。

变革要考虑制度变迁的成本,综合观之,"独立诉讼说"的制度成本会高于新"综合诉讼说"的制度成本。因此,在经济法诉讼模式的选择上,宜以新"综合诉讼说"为上,既要充分利用现有的诉讼制度资源,也要正视现行诉讼模式中的缺陷和经济法的程序法需求,通过创建特别的诉讼类型来克服传统诉讼模式的缺陷,满足经济法责任实现的程序法需求。

三、实现经济法责任的诉讼机制创新

(一)理念创新:私人诉讼与私人在法实现中的作用

我国以往经济法的实施主要通过行政机关,即经济法责任的实现主要是通过行政程序而非诉讼程序。此点与日本颇为相似,而与美国不同。美国虽然没有形式上的经济法,但是美国绝对不缺乏实质上的经济法。美国的《谢尔曼法》《克莱顿法》《联邦贸易委员会法》等等都是典型的经济法,在美国的经济法实施中,司法程序起着极为重要的作用,而且非常注意发挥私人诉讼在经济法实现中的作用。此点早已为当年在美国留学的日本学者田中英夫和竹内昭夫所发现。两位日本学者分析了美国消费者协会对尼克松总统向国会提交的关于保护消费者的国情咨文的批评。该咨文提出,只有在司法部对犯有11项特定欺诈行为的商人或制造业提起法律诉讼并胜诉以后,消费者才可以以集团诉讼的方式请求损害赔偿。美国消费者协会认为这是一种倒退,因为一切政府机关根本不具有这一权力,对理由不充足之诉讼的一切否决权只能属于法院。两位学者在对比分析了日本《禁止私人垄断及确保公正交易法》(以下简称《禁止垄断法》)第25条、第26条之后认为,[①]日本法倾向于由行政机关垄断法律的实施,缺少在法的实现中为补充行政机关能力而鼓励私人诉讼的思想,这直接影响到了法律实施的效果,使得一些法律规范如《禁止垄断法》第25条成为一纸具文。[②]

两位日本学者以美国法为参照对日本法的检讨在某种程度上也揭示了我国经济法可诉性不强的部分原因。近年来围绕经济法诉讼模式的争议为加强

---

① 第25条赋予了受害人对实施垄断行为的事业者的特别损害赔偿请求权,但第26条又规定,这种请求赔偿的诉讼只有在公正交易委员会的审决确定之后才能提起,若公正交易委员会决定不予追究,则此种赔偿请求诉讼不能提起。

② 参见田中英夫、竹内昭夫:《私人在法实现中的作用》,李薇译,法律出版社2006年版,第1~4页。

经济法的可诉性提供了许多有益的建议,尤其公益诉讼的研究为加强经济法的可诉性提供了一条可行之路,因为公益诉讼对于发挥私人在法实现中的作用具有重要意义。利用诉讼程序追究经济法责任,关键也在于发挥私人在经济法实现中的作用。这应当是实现经济法责任之诉讼机制创新的基本理念。

(二)诉讼类型创新与配套制度的完善:以《反垄断法》第50条为例

经济法诉讼机制创新的核心就是创建特别的诉讼类型。如反垄断公益诉讼、消费者公益诉讼、纳税人诉讼等。鉴于本书非专门研究公益诉讼问题,在此仅以我国反垄断立法中有关反垄断法执行的争议为背景,从诉讼类型创新与配套制度完善的角度谈谈我国《反垄断法》第50条的不足及其克服。

1.反垄断立法中有关反垄断法执行的争议。反垄断法执法存在司法模式和行政模式之分。在我国反垄断立法过程中,由于对反垄断行政执法机关的设置争执不下,有人提出借鉴美国的司法模式,由检察院提起公诉,禁止限制竞争的行为,最终的立法是采取了行政模式。[①] 此外,在起草反垄断法立法中,还有一种声音,就是强调私人在反垄断法实施中的作用,主张建立反垄断私人诉讼制度。反垄断私人诉讼起源于美国,美国的《谢尔曼法》第7条规定,任何因反托拉斯法所禁止的事项而遭受财产或营业损害的人,可在被告居住的、被发现或有代理机构的区向美国区法院提起诉讼;《克莱顿法》第4条还规定了著名的反垄断损害三倍赔偿。这两条实质上扩大了提起反垄断诉讼的原告的资格,提高了诉讼收益。由于反垄断私人诉讼具有自发性优势和比较优势,具有赔偿功能和威慑功能,一直以行政模式实行反垄断法的欧盟各成员国也开始了私人诉讼的改革,因此,我国有学者在起草过程中建议,应当将反垄断主管机构和私人诉讼这两大反垄断的执行力量协调,以最大限度地发挥反垄断法的制度功能。[②]那么,我国的《反垄断法》到底有没有规定反垄断私人诉讼这一制度呢?

2.《反垄断法》第50条及其主要不足。我国《反垄断法》第50条规定:"经营者实施垄断行为,给他人造成损失的,依法承担民事责任。"《最高人民法院关于认真学习和贯彻〈中华人民共和国反垄断法〉的通知》规定:"当事人因垄断行为提起民事诉讼的,只要符合民事诉讼法第一百零八条和反垄断法规定

---

① 参见王晓晔:《关于我国反垄断执法机构的几个问题》,载《东岳论丛》2007年第1期。

② 参见时建中:《私人诉讼与我国反垄断法目标的实现》,载《中国发展观察》2006年第6期;王健:《反垄断法私人执行的优越性及其实现》,载《法律科学》2007年第4期。

的受理条件,人民法院应当依法受理,并依法审判。"据此可以判断,我国《反垄断法》已经初步建立了反垄断私人诉讼。不过,这种诉讼是传统诉讼模式下的民事诉讼。《民事诉讼法》第 108 条规定的起诉条件要求"原告是与本案有直接利害关系的公民、法人与其他组织"。也就是说,依据现行法律对实施垄断行为的经营者提起诉讼的"他人"只能是与该垄断行为具有直接利害关系的人,这实质上大大限制了原告的诉讼资格,[①]并没有解决风险社会条件下"超个人的集体利益主体的诉讼资格问题",也不利于实现《反垄断法》"维护消费者利益和社会公共利益"的立法目的。

此外,对于反垄断私人诉讼的举证责任如何分配语焉不详。如果按照"谁主张举证"的规则,那么原告首先要举证证明作为被告的经营者实施了垄断行为。这对于国家反垄断主管部门都是一个难题,对于一般的当事人则无疑是一项沉重的负担,"风险社会中个人诉讼成本的增加"由此可见一斑了。

事实上,在被誉为我国"网络反垄断第一案"的唐山市人人信息服务有限公司(以下简称"人信公司")诉北京百度网讯科技有限公司(以下简称"百度")一案中,承担证明百度垄断地位责任的正是原告。该案的基本案情如下:人信公司为了提高其创办的全民医药网的点击率,与百度河北代理商签订了《竞价排名协议》,在竞价协议期内,全民医药网点击率大增,在降低与百度的竞价费用之后,该网站访问量大减;人信公司认为,这是百度对该网站的自然排名结果进行全面屏蔽的结果,百度利用中国搜索引擎市场的支配地位对全民医药网进行屏蔽的行为,构成滥用市场支配地位,是强迫进行竞价排名交易;百度辩称,百度减少该网站收录,是因为其具有大量垃圾链接的行为,与减少竞价排名价格无关;原告也提交了一些企图证明百度具有市场支配地位的证据,如易观国际网站的报道(64.4%)、《中国证券报》的报道(65.8%)以及百度公司自己发布的新闻(70%)。[②] 2009 年 12 月 18 日,法院经审理认为,原告没有证据能够证明百度公司具有市场支配地位,百度减少对"全民医药网"的收录的行为正当,原告败诉。此案判决一出,笔者相信,在法律没有修改之前,理性的当事人将会远离司法,转而寻求其他救济方式。当然,出于炒作目的,以诉讼

---

① 比如作为社会团体的消费者协会就很难说与垄断行为具有直接利害关系,就不能作为原告起诉。

② 王文波:《反垄断第一案今日开庭　百度否认自己是搜索引擎"老大"》,http://www.chinacourt.org/html/article/200904/22/354088.shtml,最后访问日期:2010 年 5 月 9 日。

之名行广告之实者另当别论。

3. 不足何以克服？我国的《反垄断法》第 50 条与日本《禁止垄断法》第 25 条颇为相似，该条所规定的特别损害赔偿诉讼被日本学者称为"缺乏动力的损害赔偿诉讼"，因为"日本的民事诉讼程序不能够让受害人充分搜集到举证违反禁止垄断法行为以及举证损害额的证据"。[①] 要避免我国《反垄断法》第 50 条重蹈日本《禁止垄断法》第 25 条之覆辙，就必须加以修正。修正的方式就是前文所述的诉讼机制对风险社会挑战的两点回应。一是引入集团诉讼和公益诉讼等新的诉讼类型，以扩大原告资格。可以通过目的解释的方法，从"维护消费者利益和社会公共利益"的反垄断法之立法目的出发，将"他人"解释为"不仅是指受到垄断行为直接损害的人，还应当包括受垄断行为间接损害的人，从而赋予间接购买者以原告资格"。[②] 同时，还应当赋予消费者协会、行业协会等有限的诉权。

二是完善降低诉讼成本与提高诉讼收益的配套制度。降低诉讼成本者如德国《反限制竞争法》第 89(a)条规定，"一方当事人证明，依全部诉讼标的价值的诉讼费用将严重危害其经济状况的，应其申请法院可以下令，该当事人应付的法院费用依其经济状况调整过的部分诉讼标的价值予以缴纳。"提高诉讼受益者如美国的反垄断三倍损害赔偿制度。这些是直接降低诉讼成本或提高诉讼收益的措施，此外，间接措施如行政机构对私人诉讼的援助也非常重要。

从机能上看，私人诉讼"起到了零时替代政府机关履行职责的作用。因此，行政机关应当把对私人诉讼的适当援助理解为是对自己任务的有效履行"。[③] 美国行政机关援助私人诉讼的下述方式及其实践经验颇值得我国借鉴。

(1)证据的收集。在反垄断法和证券交易法领域，政府对私人诉讼在证据收集方面的援助尤为重要。美国的做法是，行政机关先起诉，并将证据提交给法院，私人则可以利用该证据在其后起诉。在我国的"网络反垄断第一案"中，原告在起诉之前就向国家工商总局反垄断处提交了《反垄断调查申请书》，但自始至终，反垄断行政机关没有任何反应，更不用说帮助原告收集证据。反垄

---

① [日]村上政博：《日本禁止垄断法》，姜珊译，法律出版社 2008 年版，第 79 页。

② 叶吉伟：《论反垄断法私人诉讼原告资格的确定》，中国政法大学 2008 年硕士学位论文。

③ [日]田中英夫、竹内昭夫：《私人在法实现中的作用》，李薇译，法律出版社 2006 年版，第 87 页。

第六章　风险社会中的诉讼机制变革与经济法责任的实现

断行政机关的"中立"也是该案原告败诉的重要原因之一,也许是反垄断行政机关担心法院"分享"了其反垄断执法权吧。

(2)政府胜诉判决的初步证据效力。美国《克莱顿法》第 5 条(a)款规定,美国政府根据反托拉斯法提起的民事、刑事诉讼的终审判决,可在他人依据同一法律对同一被告提起损害赔偿请求的诉讼中,为当事人之间产生争议的一切事项充当初步证据。这就大为减轻了原告举证证明被告违法事实的责任。我国《反垄断法》的执行是一种行政模式,不存在政府就垄断行为起诉经营者的问题。在我国,行政机关对反垄断案件的处理决定,在他人对同一对象提起的反垄断私人诉讼中也应当具有初步证据效力。当然,这要以私人诉讼中的原告知悉政府决定为前提。不过,依据我国《反垄断法》第 44 条规定,"反垄断执法机构对涉嫌垄断行为调查核实后,认为构成垄断行为的,应当依法作出处理决定,并可以向社会公布"而不是"应当"向社会公布。这有可能使原告难以获悉反垄断执法机构的处理决定。

(3)法院之友制度。法院之友在欧美甚为流行,"其目的是请当事人(含参加人)以外的第三者提供于案件的解决有用的意见和资料,辅助法院对案件的审理"。① 美国联邦证券交易委员会通过法院之友的形式,发挥其专业知识和行政经验为法院所用。行政机关以"法院之友"身份参与诉讼的主要目的是为了维护社会公共利益。不过,行政机关作为法院之友参与诉讼务必要慎重,因为政府的陈述对法院判决的形成事实上会产生一定的影响。

风险社会中的法律责任制度改变:以经济法为中心

厦门大学法学院经济法学文库

---

① [日]田中英夫、竹内昭夫:《私人在法实现中的作用》,李薇译,法律出版社 2006 年版,第 96 页。

结　论

　　自从贝克提出风险社会理论以来,全球社会与日俱增的大量环境危机、金融危机及食品药品安全危机等大规模的风险事件印证了风险社会理论的现实基础,表明人类社会已经进入了风险社会的时代。随着风险社会时代的来临,产生于风险社会之前的传统法律责任制度面临着极大挑战。为了应对挑战,传统法律部门试图通过内部修正其法律责任形态来满足风险社会现实的责任制度需求。这种路径无疑有助于保持法律制度的稳定性,也确实能够解决风险社会中的部分责任难题。然而,事物内部修正式的发展并不能否定新生事物的产生与发展。在风险社会中,就产生了一种新的法律现象——经济法。经济法的产生及其责任制度的拓展是应对风险社会挑战的另一种选择。经济法领域出现的传统法律责任体系难以包含或解释的责任形态表明,无论是把经济法作为一个新的法律领域,还是将其视作一种法律思想方法在各个领域的适用,它对于传统法律责任体系的冲击、解构与重构是客观存在的。

　　本书正是基于风险社会的语境,研究了经济法责任的含义、地位及市场主体与政府之经济法责任特征等相关理论问题,并结合近年来金融危机背景下金融领域的法律责任变革实际进行了个案分析,得出如下主要结论:

　　1.定义思维方式的缺陷以及经济法自身的先天性语言困境表明,经济法责任研究需要进行语言学的转向,即从经济法责任的特定语境对其进行语义分析,阐明经济法责任的含义,探讨经济法责任的地位及特征。从言语环境的角度而言,经济法责任的独立性之争产生于不同部门法语境的冲突,如民法现代化语境与经济法语境的冲突、多重行政法语境与经济法语境的冲突以及不同经济法语境之间的冲突等。从非言语环境的角度看,经济法责任的独立性之争又源于风险社会语境下变革传统法律责任体系的不同路径选择。如民事责任的现代化与经济法责任的产生是民法学者、经济法学者与富于风险变幻的客观现实之间的一种主客观互动。它们都源于客观变化的现实基础,又是一种深受自身理论框架影响与制约的主观建构。从民法理论的"先见"或者传统法律责任体系框架的"前见"去评判经济法责任的独立性,本身就预设了对经济法责任的否定,实无争论的必要与可能。

经济法责任的独立性是指经济法责任作为经济法的部门法责任在整个法律责任体系中与民事责任、行政责任、刑事责任等并列。这实质上是经济法学者的一种应然判断,是为了满足风险社会责任制度需求的一种主观建构,这种应然判断也有其一定的实然基础,在经济法领域确实出现了一些新的责任形态,如惩罚性赔偿、禁止令、恢复原状、缺陷产品强制召回、信用减等,但这些责任形态还不如传统法律责任形态那样具有较强的系统性。从这个意义上看,经济法责任是一种正在形成中的独立的部门法责任,主张独立的经济法责任的新型责任论者具有一定的前瞻性。经济法责任的独特性应当成为建构独立之经济法责任的重点,政府之经济法责任则是建构独立之经济法责任的难点所在。

2. 经济法责任(市场主体责任)的社会性反映了解决风险社会外部性问题、满足人类社会共同需求的迫切需要。它有其深刻的社会根源。这一根源就是,经济法责任产生与发展时代其责任主体行为风险的外部性凸显,而解决外部性的以往法律责任制度存在诸多不足,经济法责任在解决外部性方面的优势能够弥补以往法律责任制度的不足:经济法责任主体具有外延的广泛性和形态的多样性;经济法责任归责原则的社会化;经济法责任的认定与归结不一定以发生损害结果为要件等。这使经济法责任能更好地预防和控制风险,弥补传统法律责任制度在解决外部性方面的不足,以满足人类社会生存与发展的共同需求,实现效率的最大化。

3. 市场主体风险地位的不平等性决定了其责任的身份性。基于不平等风险地位的身份调整及其相应的角色责任的加强,实质上是以法律制度的方式对不平等风险地位的平衡,或者说是法律制度对风险的重新分配。这种分配在法律形式上表现为主体之间权利义务的调整,调整的原则是对弱势主体的倾斜保护原则。

4. 政府救助金融危机易引发市场主体的道德风险,如何在政府与市场主体之间重新分配责任,以纠正因政府救助所致的政府干预与市场调节之间的失衡,是后金融危机时代法律关注的重点。对大型金融机构征收金融危机责任费,让其最终承担起政府救助成本,有助于恢复二者之间的平衡。金融危机责任费对市场主体权利义务的重新调整与责任的重新分配,突破了传统的法律责任理论,具有明显的社会性和身份性;而金融风险的外部性、大型金融机构与中小金融机构之间的不平等风险地位是金融危机责任费的风险根源。金融危机责任费对于完善我国金融机构救助制度、金融机构高管薪酬控制制度及金融机构社会责任督促机制等金融法制具有重要的启示意义。

5. 政府责任是经济法责任构建中的一个难题。以宏观调控为例，政府的宏观调控法律责任是一个两难。政府责任两难源于政府集风险规制者与风险制造者于一身的双重风险地位。克服两难存在法一元主义下的商业判断规则进路与成本收益分析进路，以及法多元主义下的软法进路。其中成本收益分析方法在美国得到比较好的运用，在政府责任分配方面发挥着重要作用，值得我国在未来政府规制中加以借鉴。在法多元主义的视野下，两难也只是硬法上的责任两难，因为硬法在规制宏观调控裁量时存在失灵，宏观调控权需要硬法与软法的混合控制。因此，宏观调控的法治化也不能仅仅依赖于宏观调控硬法，在继续强化硬法控制力的同时，还应当注意充分发挥宏观调控软法的功能。

中央银行问责制就是软法规制宏观调控的现实例子。欧美各国的中央银行独立性以及金融危机的发生凸显了中央银行的责任追究问题。在次贷危机之前，欧美各国不乏通过司法审查追究中央银行责任的案例，但是结果是没有一个中央银行被追究责任，这体现了中央银行责任追究在硬法上的责任两难。欧美各国转而通过软法路径——问责制来追究其责任，也不乏中央银行问责制方面的实践。在次贷危机之后，美国既扩展了美联储的权力，又加强了对美联储的权力制约与问责，美联储的独立性有所下降，财政部对美联储权力行使有很大的制约权。同时，《多德-弗兰克法案》进一步明确和加强了美国国会下属的政府问责局对美联储的审计。危机后美国中央银行问责制的变革对于完善我国中央银行问责制度具有重要的借鉴意义。

6. 传统诉讼模式在风险社会中面临着不少挑战，扩大原告的诉讼资格、降低诉讼成本或提高诉讼收益是诉讼机制变革对挑战的回应，集团诉讼、公益诉讼等新的诉讼类型的创新则是变革的具体实践。经济法责任实现的诉讼机制选择与创新既要反映经济法的程序法需求，也要服从风险社会中诉讼机制变革的大局。考虑到制度变迁的成本，实现经济法责任的诉讼模式以新"综合说"为上，即在充分利用现有诉讼制度资源的基础上，通过创建特别的诉讼类型来克服传统诉讼模式的缺陷或满足经济法的程序法需求。具体而言，就是通过集团诉讼、公益诉讼等新类型的诉讼，辅之以行政机关对私人诉讼的援助，以充分发挥私人在经济法实现中的作用。

诚然，受时间和水平所限，笔者的观点及其论证在很大程度上是一种尝试，尝试总是与风险相随，加之经济法的责任理论本身就是一个"难垦之域"，尽管笔者力求以"小心求证"之心态进行尝试，然而在这些尝试中也难免存在诸多缺陷，有些论证如经济法责任与软法责任的关系、经济法责任实现的诉讼机制问题等尚有待加强，敬请各位老师及学友指正。您的批评与指正也是笔者继续这些尝试的动力之一。

参考文献

一、著作

(一)中文著作

[1]安建:《中华人民共和国反垄断法释义》,法律出版社 2007 年版。

[2]陈乃新:《经济法理性论纲》,中国检察出版社 2004 年版。

[3]崔建远主编:《合同法》,法律出版社 2000 年版。

[4]戴凤岐等主编:《经济法》,经济科学出版社 1996 年版。

[5]邓正来:《谁之全球化,何种法哲学?——开放性全球化观与中国法律哲学建构论纲》,商务印书馆 2009 年版。

[6]杜飞进:《论经济责任》,人民日报出版社 1990 年版。

[7]冯必扬:《不公平竞争风险》,社会科学文献出版社 2007 年版。

[8]顾培东:《社会冲突与诉讼机制》,法律出版社 2004 年版。

[9]顾培东等:《经济诉讼的理论与实践》,四川人民出版社 1988 年版。

[10]郭明瑞、房绍坤、於向平:《民事责任论》,中国社会科学出版社 1991 年版。

[11]韩忠谟:《法学绪论》,中国政法大学出版社 2002 年版。

[12]胡肖华:《走向责任政府——行政责任问题研究》,法律出版社 2006 年版。

[13]江平、米健:《罗马法基础》,中国政法大学出版社 2004 年版。

[14]李步云主编:《法理学》,经济科学出版社 2000 年版。

[15]李昌麒:《经济法学》,法律出版社 2007 年版。

[16]李昌麒:《经济法学》,中国政法大学出版社 1999 年版。

[17]李昌麒:《经济法——国家干预经济的基本法律形式》,四川人民出版社 1995 年版。

[18]李寿平:《现代国际责任法律制度》,武汉大学出版社 2003 年版。

[19]李宜琛:《民法总则》,台湾正中书局 1977 年版。

[20]梁慧星:《民法总论》,法律出版社 2005 年版。

[21]梁慧星:《民法解释学》,中国政法大学出版社 2000 年版。

[22]梁慧星:《民法学说判例与立法研究》,国家行政学院出版社 1999 年版。

[23]梁慧星、王利明:《经济法的理论问题》,中国政法大学出版社 1986 年版。

[24]刘骏民:《宏观经济政策转型与演变——发达国家与新兴市场国家和地区的实践》,陕西人民出版社 2001 年版。

[25]刘瑞复:《经济法学原理》,北京大学出版社 2000 年版。

[26]鲁篱:《经济法的基本范畴研究》,法律出版社 2008 年版。

[27]吕忠梅、陈虹:《经济法原论》,法律出版社 2007 年版。

[28]吕忠梅、刘大洪:《经济法的法学与法经济学分析》,中国检察出版社 1998 年版。

[29]潘静成、刘文华:《经济法基础理论教程》,高等教育出版社 1994 年版。

[30]漆多俊:《经济法基础理论》,法律出版社 2008 年版。

[31]祁敬宇:《金融监管学》,西安交通大学出版社 2007 年版。

[32]乔耀章:《政府理论》,苏州大学出版社 2003 年版。

[33]邱本:《经济法总论》,法律出版社 2007 年版。

[34]邱本:《经济法原论》,高等教育出版社 2001 年版。

[35]邱聪智:《民法研究》,中国人民大学出版社 2002 年版。

[36]沈开举、王钰:《行政责任研究》,郑州大学出版社 2004 年版。

[37]沈宗灵:《法理学》,北京大学出版社 2000 年版。

[38]史际春:《经济法》,中国人民大学出版社 2005 年版。

[39]石少侠:《经济法新论》,吉林大学出版社 1996 年版。

[40]苏惠详、邱本:《经济法原理》,吉林大学出版社 1997 年版。

[41]陶和谦:《经济法基础理论》,法律出版社 1986 年版。

[42]涂纪亮:《维特根斯坦后期哲学思想研究》,江苏人民出版社 2005 年版。

[43]王成栋:《政府责任论》,中国政法大学出版社 1999 年版。

[44]王克稳:《经济行政法基本论》,北京大学出版社 2004 年版。

[45]王全兴:《经济法基础理论专题研究》,中国检察出版社 2002 年版。

[46]王名扬:《比较行政法》,北京大学出版社 2006 年版。

[47]王名扬:《美国行政法》,中国法制出版社 1995 年版。

[48]王铁崖:《国际法》,法律出版社 1995 年版。

[49]王哲:《西方政治法律学说史》,北京大学出版社 1988 年版。

[50]王泽鉴:《法律思维与民法实例》,中国政法大学出版社 2001 年版。

[51]魏杰:《宏观经济政策学通论》,中国金融出版社 1990 年版。

[52]肖江平:《中国经济法学史研究》,人民法院出版社 2002 年版。

[53]谢邦宇、李静堂:《民事责任》,法律出版社 1991 年版。

[54]刑会强:《宏观调控权运行的法律问题》,北京大学出版社 2004 年版。

[55]徐卉:《通向社会正义之路:公益诉讼理论研究》,法律出版社 2009 年版。

[56]徐国栋:《民法基本原则解释——成文法局限性之克服》(增订本),中国政法大学出版社 2001 年版。

[57]薛克鹏:《经济法的定义》,中国法制出版社 2003 年版。

[58]严存生:《西方法律思想史》,法律出版社 2004 年版。

[59]颜运秋:《公益经济诉讼:经济法诉讼体系的构建》,法律出版社 2008 年版。

[60]颜运秋:《公益诉讼理念研究》,中国检察出版社 2002 年版。

[61]杨立新:《人身权法》,中国检察出版社 1996 年版。

[62]杨雪冬等:《风险社会与秩序重建》,社会科学文献出版社 2006 年版。

[63]杨紫烜:《经济法》,北京大学出版社,高等教育出版社 1999 年版。

[64]尹田:《法国现代合同法》,法律出版社 1995 年版。

[65]曾世雄:《损害赔偿法原理》,中国政法大学出版社 2001 年版。

[66]张守文:《经济法理论的重构》,人民出版社 2004 年版。

[67]张守文:《经济法学》,北京大学出版社 2005 年版。

[68]张文显:《二十世纪西方法哲学思潮研究》,法律出版社 2006 年版。

[69]张文显:《法理学》,法律出版社 2004 年版。

[70]张文显:《法哲学范畴研究》,中国政法大学出版社 2001 年版。

[71]张志勇:《行政法律责任探析》,学林出版社 2007 年版。

[72]周林彬:《法律经济学论纲》,北京大学出版社 1998 年版。

[73]朱崇实:《共和国六十年法学论争实录·经济法卷》,厦门大学出版社 2009 年版。

[74]朱崇实:《经济法》,厦门大学出版社 2002 年版。

[75]朱新力、余军:《行政法律责任研究——多元视角下的诠释》,法律出版社 2004 年版。

[76]庄友刚:《跨越风险社会——风险社会的历史唯物主义研究》,人民出版社 2008 年版。

(二)译著

[1][奥]凯尔森:《法与国家的一般理论》,沈宗灵,中国大百科全书出版社 1996 年版。

[2][澳]欧文·E. 休斯:《公共管理导论》,彭和平等译,中国人民大学出版社 2001 年版。

[3][澳]皮特·凯恩:《法律与道德中的责任》,罗李华译,商务印书馆 2008 年版。

[4][德]恩格斯:《家庭、私有制和国家的起源》,中共中央编译局译,人民出版社 1972 年版。

[5][德]海德格尔:《在通向语言的途中》,孙周兴译,商务印书馆 2004 年版。

[6][德]卡尔·拉伦茨:《德国民法通论》(上册),王晓晔、邵建东等译,法律出版社 2003 年版。

[7][德]康德:《法的形而上学原理》,沈叔平译,商务印书馆 1991 年版。

[8][德]考夫曼:《法律哲学》,刘幸义等译,法律出版社 2004 年版。

[9][德]柯武刚、史漫飞:《制度经济学》,韩朝华译,商务印书馆 2000 年版。

[10][德]拉德布鲁赫:《法学导论》,米健、朱林译,中国大百科全书出版社 1997 年版。

[11][德]罗尔夫·斯特博:《德国经济行政法》,苏颖霞、陈少康译,中国政法大学出版社 1999 年版。

[12][德]《马克思恩格斯选集》(第1卷),中共中央编译局译,人民出版社 1995 年版。

[13][德]《马克思恩格斯全集》(第1卷),中共中央编译局译,人民出版社 1956 年版。

[14][德]《马克思恩格斯全集》(第25卷),中共中央编译局译,人民出版社 1974 年版。

[15][德]《马克思恩格斯全集》(第6卷),中共中央编译局译,人民出版社 1961 年版。

[16][德]魏德士:《法理学》,丁晓春、吴越译,法律出版社 2005 年版。

[17]［德］威廉·冯·洪堡:《论国家的作用》,林荣远等译,中国社会科学出版社 1998 年版。

[18]［德］乌茨·施利斯基:《经济公法》,喻文光译,法律出版社 2006 年版。

[19]［德］乌尔里希·贝克、约翰内斯·威尔姆斯:《自由与资本主义》,路国林译,浙江人民出社 2001 年版。

[20]［德］乌尔里希·贝克:《世界风险社会》,吴英姿、孙淑敏译,南京大学出版社,2004 年版。

[21]［德］乌尔里希·贝克:《风险社会》,何博闻译,译林出版社 2004 年版。

[22]［德］乌尔里希·贝克等:《自反性现代化》,赵文书译,商务印书馆 2001 年版。

[23]［法］卢梭:《社会契约论》,何兆武译,商务印书馆 2003 年版。

[24]［法］孟德斯鸠:《论法的精神》(上册),张雁琛译,商务印书馆 1995 年版。

[25]［韩］金东熙:《行政法》(下册),赵峰译,中国人民大学出版社 2008 年版。

[26]［韩］金东熙:《行政法》(上册),赵峰译,中国人民大学出版社 2008 年版。

[27]［美］阿尔温·托夫勒:《第三次浪潮》,朱志炎译,三联书店 1983 年版。

[28]［美］阿瑟·库恩:《英美法原理》,陈朝璧译,法律出版社 2002 年版。

[29]［美］本杰明·N.卡多佐:《法律的成长—法律科学的悖论》,董炯、彭冰译,中国法制出版社 2002 年版。

[30]［美］伯纳德·施瓦茨:《美国法律史》,王军等译,中国政法大学出版社 1997 年版。

[31]［美］查尔斯·德伯:《公司帝国:公司对政府和个人权利的威胁》,闫正茂译,中信出版社 2004 年版。

[32]［美］查尔斯·沃尔夫:《市场或政府——权衡两种不完善的选择/兰德公司的一项研究》,谢旭译,中国发展出版社 1994 年版。

[33]［美］德怀特·杜蒙德:《现代美国》,商务印书馆 1984 年版。

[34]［美］E.博登海默.《法理学:法律哲学与法律方法》,邓正来译,中国政法大学出版社 2004 年版。

[35]［美］弗朗西斯·福山:《历史的终结及最后之人》,黄胜强、许铭原译,中国社会科学出版社 2003 年版。

[36]［美］弗朗西斯·福山:《大分裂——人类本性与社会秩序的重建》,刘榜离等译,中国社会科学出版社 2002 年版。

[37]［美］汉米尔顿等:《联邦党人文集》,程逢如等译,商务印书馆 1997 年版。

[38]［美］凯斯·R.桑斯坦:《权利革命之后:重塑规制国》,钟瑞华译,中国人民大学出版社 2008 年版。

[39]［美］凯斯·R.孙斯坦:《风险与理性——安全、法律及环境》,师帅译,中国政法大学出版社 2005 年版。

[40]［美］理查德·A.波斯纳:《法律的经济分析》(上册),蒋兆康译,中国大百科全书出版社 1997 年版。

[41][美]罗伯特·C.克拉克:《公司法则》,胡平等译,工商出版社1999年版。

[42][美]罗伯特·D.考特、托马斯·S.尤伦:《法和经济学》,施少华、姜建强等译,上海财经大学出版社2002年版。

[43][美]罗斯科·庞德:《通过法律的社会控制》,沈宗灵,商务印书馆1984年版。

[44][美]罗斯科·庞德:《法理学》(第1卷),余履雪译,法律出版社2007年版。

[45][美]罗斯科·庞德:《法理学》(第2卷),封丽霞译,法律出版社2007年版。

[46][美]罗斯科·庞德:《法理学》(第3卷),廖德宇译,法律出版社2007年版。

[47][美]罗斯科·庞德:《法理学》(第4卷),关保民、王玉译,法律出版社2007年版。

[48][美]玛丽·安·格伦顿:《权力话语——穷途末路的政治言辞》,周威译,北京大学出版社2006年版。

[49][美]曼昆:《经济学原理》(下册),梁小民译,机械工业出版社2006年版。

[50][美]诺内特·塞尔兹尼克:《转变中的法律与社会》,张志铭译,中国政法大学出版社1994年版。

[51][美]平狄克、鲁宾费尔德:《微观经济学》,张军等译,中国人民大学出版社2000年版。

[52][美]斯蒂格利茨:《经济学》(上册),梁小民、黄险峰译,中国人民大学出版社2000年版。

[53][美]斯蒂文·N.苏本:《民事诉讼法——原理、实务与运作环境》,傅郁林等译,中国政法大学出版社2004年版。

[54][美]约翰·罗尔斯:《正义论》,何怀宏等译,中国社会科学出版社1988年版。

[55][日]村上政博:《日本禁止垄断法》,姜珊译,法律出版社2008年版。

[56][日]川岛武宜:《现代化与法》,申政武、渠涛译,中国政法大学出版社2004年版。

[57][日]金泽良雄:《经济法概论》,满达人译,中国法制出版社2005年版。

[58][日]美浓部达吉:《公法与私法》,黄冯明译,中国政法大学出版社2003年版。

[59][日]穗积重远:《法理学大纲》,李鹤鸣译,中国政法大学出版社2005年版。

[60][日]田中英夫、竹内昭夫:《私人在法实现中的作用》,李薇译,法律出版社2006年版。

[61][日]星野英一:《私法中的人》,王闯译,中国法制出版社2004年版。

[62][瑞士]艾娃·胡凯普斯:《比较视野中的银行破产法律制度》,季立刚译,法律出版社2006年版。

[63][意]莫诺·卡佩莱蒂:《比较法视野中的司法程序》,徐昕、王奕译,清华大学出版社2005年版。

[64][英]安东尼·奥格斯:《规制:法律形式与经济学理论》,骆梅英译,中国人民大学出版社2008年版。

[65][英]安东尼·吉登斯:《失控的世界》,周红云译,江西人民出版社2001年版。

[66][英]安东尼·吉登斯:《超越左与右》,李惠斌、杨雪冬译,社会科学文献出版社2001年版。

[67][英]安东尼·吉登斯:《民族-国家与暴力》,胡宗泽、赵立涛译,三联书店1998年版。

[68][英]边沁:《政府片论》,沈叔平等译,商务印书馆1995年版。

[69]［英］丹尼斯·劳埃德：《法理学》，许章润译，法律出版社 2007 年版。

[70]［英］丹宁：《法律的训诫》，杨百揆等译，法律出版社 1999 年版。

[71]［英］弗里德利希·冯·哈耶克：《法律、立法与自由》（第二、三卷），邓正来等译，中国大百科全书出版社 2000 年版。

[72]［英］弗里德利希·冯·哈耶克：《自由秩序原理》，邓正来译，三联书店 1997 年版。

[73]［英］H. L. A. 哈特：《法律的概念》，许家馨、李冠宜译，法律出版社 2006 年版。

[74]［英］哈特：《法律的概念》，张文显等译，中国大百科全书出版社 1996 年版。

[75]［英］亨利·梅因：《古代法》，沈景一译，商务印书馆 1984 年版。

[76]［英］亨利·梅因：《古代法》，沈景一译，商务印书馆 1959 年版。

[77]［英］洛克：《政府论》（下），瞿菊农、叶启芳译，商务印书馆 1964 年版。

[78]［英］施米托夫：《国际贸易法文选》，赵秀文译，中国大百科全书出版社 1993 年版。

[79]［英］韦恩·莫里森：《法理学——从古希腊到后现代》，李桂林等译，武汉大学出版社 2003 年版。

[80]［英］亚当·斯密：《国民财富的性质和原因的研究》（下卷），郭大力、王亚南译，商务印书馆 1974 年版。

[81]［英］伊恩·布朗利：《国际公法原理》，曾令良、余敏友等译，法律出版社 2000 年版。

（三）英文著作

[1] Beck, Ulrich., *Risk Society: Towards a New Modernity*, London: Sage Publications, 1992.

[2] Luhman, N, *Risk: A Sociological Theory*, Berlin: De Gruyter, 1993.

[3] Pound, Roscoe, *An Introduction to the Philosophy of Law*, New Haven: Yale University Press, 1922.

[4] Pound, Roscoe, *Interpretation of Legal History*, London: Cambridge University Press, 1923.

[5] Marie, Goetzanne & Jenkins, Rob, *Reinventing Account-ability: Making Democracy Work for Human Development*, New York: Palgrave Macmilian, 2005.

[6] Walter, Probert. *Law, Language and Communication*, Springfield: Charles C. Thomas Publisher, 1972.

二、论文

（一）中文论文

[1]［英］安东尼·吉登斯：《失控的世界：风险社会的肇始》，周红云译，载薛晓源、周战超：《全球化与风险社会》，社会科学文献出版社 2005 年版。

[2]［意］阿尔多·贝特鲁奇：《从身份到契约与罗马的身份制度》，徐国栋译，载《现代法学》1997 年第 6 期。

[3][奥]阿兰·斯科特:《风险社会还是焦虑社会? 有关风险、意识与共同体的两种观点》, 载[英]芭芭拉·亚当等:《风险社会及其超越:社会理论的关键议题》,赵延东、马缨等译,北京出版社 2005 年版。

[4][德]奥特温·伦内:《风险的概念:分类》,载[英]谢尔顿·克里姆斯基、多米尼克·戈尔丁:《风险的社会理论学说》,徐元玲、孟焕、徐玲等译,北京出版社 2005 年版。

[5][英]芭芭拉·亚当、约斯特·房龙:《重新定位风险:对社会理论的挑战》,载[英]芭芭拉·亚当等:《风险社会及其超越:社会理论的关键议题》,赵延东、马缨等译,北京出版社 2005 年版。

[6][美]保罗·斯洛维克:《风险感知:对心理测量范式的思考》,载[英]谢尔顿·克里姆斯基、多米尼克·戈尔丁:《风险的社会理论学说》,徐元玲等译,北京出版社 2005 年版。

[7][日]北川善太郎:《关于最近之未来法律模型》,李薇译,载梁慧星:《民商法论丛》(6),法律出版社 1997 年版。

[8]毕雁英:《社会公法中的软法责任——一种对软法及其责任形式的研究》,载罗豪才等:《软法与公共治理》,北京大学出版社 2006 年版。

[9][苏]勃拉图西:《苏维埃部门法:概念、对象、方法》,载《法学译丛》1980 年第 2 期。

[10]蔡从燕:《风险社会与国际争端解决机制的解构与重构》,载《法律科学》2008 年第 1 期。

[11]蔡磊:《非营利组织对国家干预失灵的克服》,载单飞跃、卢代富:《需要国家干预:经济法视域的解读》,法律出版社 2005 年版。

[12]成素梅:《语境论的科学观》,载《学术月刊》2009 年第 5 期。

[13]陈云良:《傲慢与偏见——经济法的现象学分析》,载《法商研究》2009 年第 4 期。

[14]陈云良:《中国经济法的道路与模式:转型国家经济法》,中南大学 2006 博士学位论文。

[15]程宝山:《中国经济法纲要的理论定位》,载胡旭晟:《湘江法律评论》(3),湖南人民出版社 1999 年版。

[16]程东峰:《角色论——责任伦理的逻辑起点》,载《皖西学院学报》2007 年第 4 期。

[17]陈刚:《从身份到契约》,载《南京师大学报》(社会科学版)2005 年第 1 期。

[18]程信和:《硬法、软法与经济法》,载《甘肃社会科学》2007 年第 4 期。

[19]程均丽:《中央银行独立性:责任与透明度》,载《上海金融》2004 年第 11 期。

[20]党宪中:《"经济责任"质疑》,载《政治与法律》1990 年第 6 期。

[21]邓峰:《领导责任的法律分析——基于董事注意义务的视角》,载《中国社会科学》2006 年第 3 期。

[22]邓峰:《论经济法上的责任——公共责任与财务责任的融合》,载《中国人民大学学报》2003 年第 3 期。

[23]丁丁:《商业判断规则研究》,对外经济贸易大学 2001 年博士学位论文。

[24]董保华、周开畅:《也谈"从契约到身份"——对第三法域的探索》,载《浙江学刊》2004 年第 1 期。

[25]董保华、郑少华：《社会法——对第三法域的探索》，载《华东政法学院学报》1999 年第 1 期。

[26]傅浩：《证券投资者赔偿制度国际比较研究》，载《证券市场导报》2002 年第 1 期。

[27]高巍：《抽象危险犯的概念及正当性基础》，载《法律科学》2007 年第 1 期。

[28][美]格兰特·吉尔莫：《契约的死亡》，曹士兵等译，载梁慧星：《民商法论丛》(3)，法律 出版社 1995 年版。

[29]管斌、崔征、康健：《第十一届全国经济法理论研讨会综述》，载《法商研究》2004 年第 2 期。

[30]郭贵春：《"语境"研究纲领与科学哲学的发展》，载《中国社会科学》2006 年第 5 期。

[31]郭洁：《经济法的法律责任探讨》，载《辽宁大学学报》(哲学社会科学版)2004 年第 2 期。

[32][美]Guttman Dan：《美国的环境信息公开》，载《环境保护》2008 年第 13 期。

[33]韩秋红：《"能否言说"与"有无意义"——现代西方语言哲学转向的真实意蕴》，载《社 会科学战线》2009 年第 5 期。

[34][英]H. L. A. 哈特：《法理学中的定义与理论》，载[英]H. L. A. 哈特：《法理学与法哲 学论文集》，支振锋译，法律出版社 2005 年版。

[35]郝艳兵：《风险社会下的刑法价值观念及其立法实践》，载《中国刑事法杂志》2009 年第 7 期。

[36]韩志红：《关于经济法中以"新型责任"弥补"行政责任"缺陷的思考》，载《法商研究》 2003 年第 2 期。

[37][德]何意志：《德国现代行政法学的奠基人奥托·迈耶与行政法学的发展》，载[德]奥 托·迈耶：《德国行政法》，刘飞译，商务印书馆 2004 年版。

[38]何兵、王轩：《印度的公益诉讼制度》，载《行政法学研究》2007 年第 3 期。

[39]侯国跃：《契约附随义务研究》，西南政法大学 2006 年博士学位论文。

[40]胡鞍钢：《中国如何应对全球气候变暖的挑战》，载张坤民：《低碳经济论》，中国环境科 学出版社 2008 年版。

[41]胡光志：《论宏观调控行为的可诉性》，载《现代法学》2008 年第 2 期。

[42]胡锦光、刘飞宇：《论国家行为的判断标准及范围》，载《中国人民大学学报》2000 年第 1 期。

[43]胡元聪：《法与经济学视野中的外部性及其解决方法分析》，载《现代法学》2007 年第 6 期。

[44]胡卫列：《美国行政诉讼中几类特殊原告及其启示》，载《国家检察官学院学报》2001 年 第 3 期。

[45]黄茂钦：《经济法"语言"：形塑现代社会生活的真实》，载《理论与改革》2006 年第 1 期。

[46]季卫东：《"应然"与"实然"的制度性结合》，载[英]尼尔·麦考密克、[奥]奥塔·魏因 贝格尔：《制度法论》周叶谦译，中国政法大学出版社 2004 年版。

[47]姜明安:《行政裁量的软法规制》,载《法学论坛》2009 年第 4 期。

[48]蒋小红:《通过公益诉讼推动社会变革——对印度公益诉讼制度的考察》,载贺海仁:
《公益诉讼的新发展》,中国社会科学出版社 2008 年版。

[49]江平:《罗马法精神与当代中国立法》,载《中国法学》1995 年第 1 期。

[50][美]R. H. 科斯:《社会成本问题》,载[美]R. 科斯、A. 阿尔钦、D. 诺斯等:《财产权利与
制度变迁——产权学派与新制度学派译文集》,刘守英等译,上海三联书店,上海人民
出版社 1994 年版。

[51][苏联]B. B. 拉普捷夫:《经济法的主体》,载中国人民大学苏联东欧研究所编译:《苏联
经济法论文选》,法律出版社 1982 年版。

[52]劳东燕:《公共政策与风险社会的刑法》,载《中国社会科学》2007 年第 3 期。

[53]李昌麒:《发展与创新:经济法的方法、路径与视域》,载《山西大学学报》(哲学社会科
学版)2003 年第 3 期。

[54]李昌麒:《论市场经济、政府干预和经济法之间的内在联系》,载杨紫烜:《经济法研
究》(1),北京大学出版社 2000 年版。

[55]李刚:《宏观调控行为的可诉性初探》,载漆多俊:《经济法论丛》(7),方正出版社 2003
年版。

[56]李丽平等:《国际贸易视角下的中国碳排放责任分析》,载张坤民等:《低碳经济论》,中
国环境科学出版社 2008 年版。

[57]李瑞昌:《"亚政治"与"新社会运动"》,载《复旦学报》(社会科学版)2006 年第 6 期。

[58]李曙光:《经济法词义解释与理论研究的重心》,载《政法论坛》2005 年第 6 期。

[59]李友根:《论经济法视野中的经营者——基于不正当竞争案判例的整理与研究》,载
《南京大学学报》(人文社会科学版)2007 年第 3 期。

[60]李永军:《从契约自由原则的基础看其在现代合同法上的地位》,载《比较法研究》2002
年第 4 期。

[61]李中圣:《经济法责任论略》,载《法律科学》1993 年第 4 期。

[62]黎四奇:《对美国救市法案之评价及其对我之启示》,载《法律科学》2009 年第 1 期。

[63]黎四奇:《对我国证券投资者保护基金制度之检讨与反思》,载《现代法学》2008 年第
1 期。

[64]梁慧星:《从近代民法到现代民法——二十世纪民法回顾》,载《中外法学》1997 年第
2 期。

[65]林莉红:《对话与讨论的基础——谈对公益诉讼含义的理解》,载陈光中等:《诉讼法理
论与实践》,北京大学出版社 2006 年版。

[66]刘光华:《经济法的语境论研究进路》,载《兰州大学学报》(社会科学版)2002 年第 2 期。

[67]刘普生:《论经济法的回应性》,载《法商研究》1999 年第 2 期。

[68]刘水林:《论民法的"惩罚性赔偿"与经济法的"激励性报偿"》,载《上海财经大学学报》
2009 年第 4 期。

风险社会中的法律责任制度改变：以经济法为中心

厦门大学法学院经济法学文库

scales of justice logo

[69]刘水林：《经济法的基本方法论探讨》，载《中南民族大学学报》（人文社会科学版）2005年第2期。

[70]刘水林：《经济法责任体系的二元结构和二重性》，载《政法论坛》2005年第2期。

[71]刘志云：《商业银行社会责任的兴起及其督促机制的完善》，载《法律科学》2010年第1期。

[72]刘志荣、姜长云：《国外中小企业支持政策的演变趋势》，载《经济研究参考》2009年第64期。

[73]罗豪才：《人民政协与软法之治》，载《中国政协理论研究》2009年第1期。

[74]罗豪才：《公域之治中的软法》，载罗豪才等：《软法与公共治理》，北京大学出版社2006年版。

[75]罗豪才、宋功德：《认真对待软法——公域软法的一般理论及其中国实践》，载《中国法学》2006年第2期。

[76]罗欢平：《中央银行问责制的各国实践》，载《上海金融》2004年第10期。

[77][英]露丝·利维塔斯：《风险与乌托邦的话语》，载[英]芭芭拉·亚当等：《风险社会及其超越：社会理论的关键议题》，赵延东、马缨等译，北京出版社2005年版。

[78]吕忠梅：《经济法律责任论》，载《法商研究》1998年第4期。

[79]马骏：《政治问责研究：新的进展》，载《公共行政评论》2009年第6期。

[80]马骏驹、宋刚：《民事主体功能论——兼论国家作为民事主体》，载《法学家》2003年第6期。

[81]那力：《国际环境损害责任的两个重大变化》，载《法商研究》2006年第6期。

[82][日]内田贵：《契约的再生》，胡宝海译，载梁慧星：《民商法论丛》(3)，法律出版社1995年版。

[83][英]尼古拉斯·斯特恩：《气候变化经济学》（上），季大方译，载《经济社会体制比较》2009年第6期。

[84]潘斌：《风险社会与责任伦理》，载《伦理学研究》2006年第3期。

[85]彭飞荣：《风险与法律：食品安全责任的分配如何可能》，载《西南政法大学学报》2008年第2期。

[86]彭飞荣、王全兴：《规划效力与政府责任的法治化思考——从十一五规划中约束性指标对政府责任的法律效力问题切入》，载吴志攀：《经济法学家》，北京大学出版社2007年版。

[87]漆多俊：《宏观调控立法特点及其新发展》，载《政治与法律》2002年第1期。

[88]齐萌：《美国次贷危机救助的法律规制及启示》，载《财经科学》2009年第4期。

[89]钱亚梅：《风险社会的责任担当问题》，复旦大学2008年博士学位论文。

[90]钱玉林：《内田贵与吉尔莫的对话——解读〈契约的再生〉》，载《北大法律评论》编委会：《北大法律评论》(5)，法律出版社2003年版。

[91]邱本、董进宇、郑成良：《从身分到契约》，载《社会科学战线》1997年第5期。

[92]邱雪梅：《民事责任体系重构之研究——"两分法"民事责任体系的困境与修正》，厦门大学 2007 年博士学位论文。

[93]单飞跃、李莉：《语境中的经济法——关于经济法的话语体系》，载《南京大学学报》（哲学、人文科学、社会科学版）2005 年第 3 期。

[94]单明伟：《论法国国家赔偿之原则》，载罗豪才、应松年：《国家赔偿法研究》，中国政法大学出版社 1991 年版。

[95]时建中：《私人诉讼与我国反垄断法目标的实现》，载《中国发展观察》2006 年第 6 期。

[96][英]斯科特·拉什：《风险社会与风险文化》，王武龙译，载《马克思主义与现实》2002 年第 4 期。

[97][瑞典]斯万·欧维·汉森：《知识社会中的不确定性》，刘北成译，载《国外社会科学》2003 年第 1 期。

[98]史际春、肖竹：《论分权、法治的宏观调控》，载《中国法学》2006 年第 4 期。

[99]史际春、冯辉：《"问责制"研究——兼论问责制在中国经济法中的地位》，载《政治与法律》2009 年第 1 期。

[100]宋功德：《行政裁量控制的模式选择——硬法控制模式的失灵催生混合法控制模式》，载《清华法学》2009 年第 3 期。

[101]宋功德：《公域软法规范的主要渊源》，载罗豪才等：《软法与公共治理》，北京大学出版社 2006 年版。

[102]宋雅芳：《论我国公务员处分救济模式的制度选择——以公正委员会为中心》，载《学报》（哲学社会科学版）2008 年第 6 期。

[103]苏号朋：《论契约自由兴起的历史背景及其价值》，载《法律科学》1999 年第 5 期。

[104]苏力：《语境论——一种法律制度研究的进路和方法》，载《中外法学》2000 年第 1 期。

[105]苏洁澈：《论银行监管机构的侵权责任——以银行破产和英美法为例》，载《法学家》2011 年第 1 期。

[106]孙笑侠：《公、私法责任分析——论功利性补偿与道义性惩罚》，载《法学研究》1994 年第 6 期。

[107]田成有：《中国法治进程中的软法问题及软法现象分析》，载《昆明理工大学学报》（法学版）2007 年第 3 期。

[108]田成有：《歧义与沟通：法律语境论》，载《法律科学》2001 年第 2 期。

[109]田思源：《论政府责任法制化》，载《清华大学学报》（哲学社会科学版）2006 年第 2 期。

[110]童之伟：《法律关系的内容重估和概念重整》，载《中国法学》1999 年第 6 期。

[112]万向群：《美国契约理论的历史发展和思想渊源》，载梁慧星：《民商法论丛》(6)，法律出版社 1997 年版。

[113]王保树、邱本：《经济法与社会公共性论纲》，载《法律科学》2000 年第 3 期。

[114]王健：《反垄断法私人执行的优越性及其实现》，载《法律科学》2007 年第 4 期。

[115]王利明：《美国惩罚性赔偿制度研究》，载《比较法研究》2003 年第 5 期。

参考文献

[116]王路:《论"语言转向"的性质和意义》,载《哲学研究》1996年第10期。

[117]王路:《论逻辑与哲学的融合与分离》,载《哲学研究》1995年第10期。

[118]王路:《弗雷格的语言哲学》,载《哲学研究》1994年第6期。

[119]王全兴、管斌:《经济法与社会法关系初探》,载《现代法学》2003年第2期。

[120]王全兴:《关于公益诉讼研究的零散思考》,载颜运秋:《公益诉讼理念研究》,中国检察出版社2003年版。

[121]王全兴、管斌:《宏观调控法论纲》,载《首都师范大学学报》(社会科学版)2002年第3期。

[122]王申:《软法产生的社会文化根源及其启示》,载《法商研究》2006年第6期。

[123]王晓晔:《关于我国反垄断执法机构的几个问题》,载《东岳论丛》2007年第1期。

[124]王新红:《经济法纠纷司法解决机制研究》,中南大学2004年博士学位论文。

[125]王泽鉴:《事实上之契约关系》,载王泽鉴:《民法学说与判例研究》(第1册),中国政法大学出版社1998年版。

[126]王泽鉴:《法学上之发现》,载王泽鉴:《民法学说与判例研究》(第4册),中国政法大学出版社1998年版。

[127]汪鑫:《中央银行制度发展的新主题:完善问责制》,载《武汉金融》2005年第6期。

[128]汪鑫、刘巍:《国外银行监管者保护制度初探》,载《中南大学学报》(社会科学版)2005年第5期。

[129]魏振瀛:《论债与责任的融合与分离——兼论民法典体系之革新》,载《中国法学》1998年第1期。

[130]吴丙新:《法律概念的解释——法律适用的合法性与妥当性》,山东大学2005年博士学位论文。

[131][德]乌尔里希·贝克:《风险社会政治学》,刘宁宁、沈天宵译,载《马克思主义与现实》2005年第3期。

[132][德]乌尔里希·贝克:《风险社会再思考》,载李惠斌:《全球化与公民社会》,广西师范大学出版社2003年版。

[133][德]乌尔斯·金德霍伊泽尔:《安全刑法:风险社会的刑法危险》,刘国良译,载《马克思主义与现实》2005年第3期。

[134]吴晓燕:《论环境侵权的民事责任》,广西师范大学2006年硕士学位论文。

[135]谢鸿飞:《现代民法中的"人"》,载《北大法律评论》编委会:《北大法律评论》(2),法律出版社2000年版。

[136]谢增毅:《论经济法的社会性》,载《江海学刊》2003年第6期。

[137]熊哲文:《美国行政问责制的特点及启示》,载《特区实践与理论》2009年第2期。

[138]徐崇利:《跨政府组织网络与国际经济软法》,载《环球法律评论》2006年第4期。

[139]徐杰:《论经济法的产生与发展》,载《经济法论文选萃》,中国法制出版社2004年版。

[140]许多奇:《中央银行独立性的法律探析》,载漆多俊主编:《经济法论丛》,中国方正出版社2002年版。

[141]薛克鹏:《十一五规划的经济法解读》,载《法学杂志》2007 年第 1 期。

[142]薛克鹏:《经济法综合责任论质疑》,载《政法论坛》2005 年第 4 期。

[143]颜运秋:《公益经济诉讼:经济法诉讼体系的构建》,中南大学 2006 年博士学位论文。

[144]颜运秋:《论经济法责任的相对独立性与具体形态》,载《贵州警官职业学院学报》
    2004 年第 2 期。

[145]姚尚建:《国内责任政府研究的历史与现状》,载《学术交流》2006 年第 4 期。

[146]姚新华:《契约自由论》,载《比较法研究》1997 年第 1 期。

[147]叶吉伟:《论反垄断法私人诉讼原告资格的确定》,中国政法大学 2008 年硕士学位
    论文。

[148]应飞虎:《从信息视角看经济法基本功能》,载《现代法学》2001 年第 6 期。

[149]应飞虎:《问题及其主义——经济法学研究非传统性之探析》,载《法律科学》2007 年
    第 2 期。

[150]刑会强:《宏观调控行为的不可诉性探析》,载《法商研究》2002 年第 5 期。

[151]杨三正:《宏观调控权论》,西南政法大学 2006 年博士学位论文。

[152]尹志强:《我国民事法律中是否需要导入惩罚性赔偿制度》,载《法学杂志》2006 年第
    3 期。

[153]于雪锋:《合同法给付风险分配的法经济分析》,载《扬州大学学报》(人文社会科学
    版)2008 年第 6 期。

[154]袁文峰:《软法在什么时候出现》,载罗豪才等:《软法域公共治理》,北京大学出版社
    2006 年版。

[155]岳彩申、楚建会:《论金融创新领域法律责任制度的改革与完善——美国次级贷款危
    机的教训与启示》,载《法学论坛》2009 年第 3 期。

[156][德]约克·艾斯勒:《抽象危险犯的基础和边界》,蔡桂生译,载《刑法论丛》2008 年第
    2 期。

[157]张传玺:《中国古代契约资料概述》,载《法律文献信息研究》2005 年第 2 期。

[158]张德峰:《宏观调控法律责任研究》,中南大学 2007 年博士学位论文。

[159]张旻昊:对经济法责任的应然分析,载《甘肃政法学院学报》2005 年第 5 期。

[160]张世鹏:《什么是全球化》,载《欧洲》2000 年第 1 期。

[161]张守文:《金融危机的经济法解释》,载《法学论坛》2009 年第 3 期。

[162]张守文:《宏观调控权的法律解释》,载《北京大学学报》(哲学社会科学版)2001 年第
    3 期。

[163]张文显:《全球化时代的中国法治》,载《吉林大学社会科学学报》2005 年第 2 期。

[164]张文显:《法律责任论纲》,载《吉林大学社会科学学报》1991 年第 1 期。

[165]张艳、张芳:《当代中国民间社会团体发展的"合法性"危机》,载《海南大学学报》(人
    文社会科学版)2008 年第 5 期。

[166]赵书鸿:《风险社会的刑法保护》,载《人民检察》2008 年第 1 期。

[167]郑云瑞:《西方契约理论的起源》,载《比较法研究》1997 年第 3 期。

[168]周大伟:《经济法:一道困扰中国法学界的难题》,载《西部法学评论》2008 年第 5 期。

[169]周凤举、纪祥:《关于 80 年代"法的社会性和阶级性问题"大论战——建国以来法学界重大事件研究(二十一)》,载《法学》1999 年第 2 期。

[170]周仲飞:《银行监管机构问责性的法律保障机制》,载《法学》2007 年第 7 期。

[171]钟雯彬:《经济法律责任社会性研究》,载《四川大学学报》(哲学社会科学版)2004 年第 1 期。

[172][意]朱塞佩·法尔科内:《义务与法锁:追溯债的经典定义之起源》,齐云译,载徐国栋:《罗马法与现代民法》(第 6 卷),厦门大学出版社 2005 年版。

[173]阳建勋:《中国经济法学方法论之回顾、反思与展望》,载漆多俊:《经济法论丛》(16),中国方正出版社 2009 年版。

[174]阳建勋:《美国次贷危机干预的经济法分析与启示》,载《投资研究》2008 年第 11 期。

(二)英文论文

[1] Carleton K. A. , Legal Duties, *The Yale Law Journal*, 1931,40(3).

[2] Robilant, A. , Genealogies of Soft Law, *The American Journal of Comparative Law*, 2006,54(3).

[3] Posner, Richard, Social Norms and the Law: An Economic Approach, *American Economic Review*, 1997,87(2).

[4] O'Donnell, G. , Horizontal Accountability in New Democracies, In Schedler, A. & L. Diamond & Plattner, M. *The Self-restraining State*: *Power and Accountability in New Democracies*, Boulder: Lynne Rienner Publishers, 1999.

[5] Romzek, S. Barbara. Enhancing Accountability, Perry. L. James. *Handbook of Public Administration* [C]. San Francisco: Jossey-Bass Inc. , 1996.

[6] Snyder, Francis. The Effectiveness of European Community Law: Institutions, Processes, Tools and Techniques [J]. *The Modern Law Review*, 1993, (56).

[7] Stephen, Daniel. Punitive Damages: A Real History [J]. *American Bar Association*, Aug. 1986, (8).

三、资料文献

[1]陈雨露、汪昌云:《金融学文献通论》(宏观金融卷),中国人民大学出版社 2006 年版。

[2][英]戴维·沃克:《牛津法律大词典》,李双元等译,法律出版社 2003 年版。

[3]《多德-弗兰克华尔街改革与消费者保护法案》,董裕平、全先银等译,中国金融出版社,2010 年版。

[3]胡军、穗仁宣:《我宁信民间不信专家》,载《羊城晚报》2009 年 11 月 12 日第 4 期。

[4]时建中主编:《经济法基础理论文献辑要》(第 1 辑),中国政法大学出版社 2009 年版。

风险社会中的法律责任制度改变:以经济法为中心

厦门大学法学院经济法学文库

[5]薛波主编:《元照英美法词典》,法律出版社 2003 年版。

四、网站资料

[1]《德国经济稳定与增长促进法》,

　　http://www. wuyuelaw. com/article/germanlaw/200701050182. html.

[2]《格林斯潘:金融危机我有责任》,

　　http://bjyouth. ynet. com/article. jsp? oid=45166469.

[3]《盖特纳称可能延长"金融危机责任费"征收时间》,

　　http://news. xinhuanet. com/world/2010-02/03/content_12924765. htm.

[4]《GDP 翻番要迈能源门槛 能源消耗降低 20％不轻松》,

　　http://news. xinhuanet. com/fortune/2005-10/26/content_3685798. htm.

[5]杨紫烜:《论建立中国特色法律责任体系——兼论经济法责任、民法责任、行政法责任、
刑法责任有无独立性》,

　　http://vip. chinalawinfo. com/newlaw2002/slc/slc. asp? db=art&gid=335574172.

[6]李倩:《爱泼斯坦:金融危机责任费只是妒忌的产物》,

　　http://www. dzwww. com/rollnews/finance/201001/t20100120_5499909. htm.

[7]联合国环境规划署:《亚太地区为发展付出了高昂代价》,

　　http://pfcmc. com/chinese/News/fullstorynews. asp? newsID=8692.

[8]Remarks by the President on the Financial Crisis Responsibility Fee,

　　http://www. whitehouse. gov/the-press-office/remarks-president-financial-crisis-re-
sponsibility-fee.

[9]《是全世界在污染中国》,

　　http://news. xinhuanet. com/world/2007-11/08/content_7032004. html.

[10]王文波:《反垄断第一案今日开庭 百度否认自己是搜索引擎"老大"》,

　　http://www. chinacourt. org/html/article/200904/22/354088. shtml,2010-5-9.

[11]文远竹等:《广州 LPG 能源项目争执再起 环保部门拒评价》,

　　http://huanbao. gongyi. ifeng. com/hbsd/detail_2009_11/03/342259_0. shtml.

[12]叶檀:《拿什么拯救中国经济》,

　　http://news. lanshizi. com/preview/849/.

[13]朱四倍:《美国征收金融危机责任费的启示》,

　　http://news. sina. com. cn/pl/2010-01-16/091919481243. shtml.

参考文献

后　记

　　当鼠标点至"后记"部分时，论文原稿中"2010 年 7 月 28 日于五老峰下"的字眼映入了我的眼帘，我的思绪不禁回到了与母校厦门大学的点点滴滴。

　　2007 年 3 月 23 日，在经过 15 个小时火车的长途跋涉之后，我第一次来到了闻名海内外的海上花园学府——厦门大学，匆匆忙忙在大学路找了一家个体宾馆住下准备第二天的博士入学考试。我无暇顾及美丽的校园风光，也未曾想过未来的三年要在这里度过。毕竟竞争太激烈了。幸运的是，经过漫长的煎熬与等待，我初试过关。5 月 8 日，我第二次来到母校，第一次亲密接触了位于胡里山炮台对面的厦大法学院。青山碧海，蓝天白云，浪涛拍岸，朗朗书声，荣辱不惊。我不禁为她的风采所折服，不禁心向往之。要是能在依山傍海、四季花开、群贤云集、学术至上的厦大法学院求学三年也不枉我四年考博之艰辛。特别幸运的是，一个多月后我梦想成真了。

　　2007 年 9 月 15 日，我辞了工作，告别借住在大姨家的妻子和不满两岁的儿子，带着四个编织袋的书籍和一台廉价的新蓝台式电脑，来到了厦门大学，成了一名厦大人。我入住凌云 6 栋 813 的单间博士生公寓，居然一口气将这些行李从楼下搬到了宿舍。

　　在厦大求学三年，我得到了导师朱崇实教授的悉心教诲与指导，得到了导师组林秀芹教授、卢炯星教授、刘志云教授、肖伟教授、郭懿美教授、李刚博士等各位老师的辛勤教导与帮助，得到了聂鑫老师、刘巧英老师、苏泓尹老师等对我生活上的关心与帮助。正是有了各位老师的奉献与付出，我才能够自强不息，在 2010 年 7 月 25 日顺利通过博士论文答辩。当我在博士论文选题上一筹莫展时，林秀芹老师给了我选择经济法责任这一"难垦之域"的决心和勇

风险社会中的法律责任制度改变：以经济法为中心

厦门大学法学院经济法学文库

气；当我在博士论文写作中陷入困境时，刘志云老师为我指点迷津，并鼓励我坚持写作；当我提交初稿给朱老师时，朱崇实老师当即与我讨论并指出还应当探讨经济法责任实现的诉讼机制问题。"谁言寸草心，报得三春晖。"似海师恩难言谢，自当永驻我心头。

2010年7月29日，我离开了凤凰花开的母校，告别了厦大师友，来到了广州，在广州大学法学院重新登上了三尺讲台。斗转星移，世事万物转瞬即逝。转眼之间，毕业已经三年半了。三年半来，我忙于在这个经济发达、房价飙升的南国之都安身立命、四处奔波，与开发商赛跑，跟政府博弈，替银行打工，身心疲惫。我几乎忘记了自己曾经想要追求的学术理想，似乎失去了当年一口气将数袋行李搬上八楼的魄力与勇气，甚至于当年含辛茹苦憋出来的博士论文也被我束之高阁。我不禁问自己：这还是以前的我吗？我该怎么办？迷茫之际，刘志云老师给我发来邮件，催促我抓紧整理博士论文，争取早日出版。我深感惭愧，半年来紧赶慢赶，对原来的论文结构做了较大的调整，对一些内容做了修改，遂有今日之书稿。

在本书的写作过程中，我曾有幸得到上海财经大学法学院王全兴教授、湖南大学法学院肖海军教授的指导与帮助，在此谨致谢意。此次修改，吸收了武汉大学法学院冯果教授、中南大学法学院陈云良教授等在论文答辩时提出的宝贵意见，在此深表感谢。

最后，感谢一直在背后默默支持我的家人。你们的陪伴、鼓励和支持，是我人生征途的动力之源。

阳建勋

2013年12月21日于广州

图书在版编目(CIP)数据

风险社会中的法律责任制度改变:以经济法为中心/阳建勋著.—厦门:厦门大学出版社,2014.9
(厦门大学法学院经济法学文库)
ISBN 978-7-5615-5034-2

Ⅰ.①风… Ⅱ.①阳… Ⅲ.①经济法-研究 Ⅳ.①D912.290.4

中国版本图书馆 CIP 数据核字(2014)第 064018 号

厦门大学出版社出版发行
(地址:厦门市软件园二期望海路 39 号 邮编:361008)
http://www.xmupress.com
xmup @ public. xm. fj. cn
三明市华光印务有限公司印刷
2014 年 9 月第 1 版 2014 年 9 月第 1 次印刷
开本:720×970 1/16 印张:15 插页:2
字数:261 千字 印数:1~1 200 册
定价:38.00 元
如有印装质量问题请寄本社营销中心调换